O Feitiço da Lua

Da autora:

Cozinha da Bruxa

Revelações de uma Bruxa

O Gozo das Feiticeiras

Márcia Frazão

O Feitiço da Lua

Memórias de uma Bruxa Malcomportada

2ª EDIÇÃO

BERTRAND BRASIL

Capa: projeto gráfico de Leonardo Carvalho

Editoração eletrônica: Imagem Virtual Editoração Ltda.

2000
Impresso no Brasil
Printed in Brazil

CIP-Brasil. Catalogação-na-fonte
Sindicato Nacional dos Editores de Livros, RJ

	Frazão, Márcia
F927f 2ª ed.	O feitiço da lua: memórias de uma bruxa malcomportada / Márcia Frazão. – 2ª ed. – Rio de Janeiro; Bertrand Brasil, 2000. 416p.
	Inclui bibliografia ISBN 85-286-0616-3
	1. Lua. 2. Magia. 3. Feitiçaria. I. Título.
97-1024	CDD – 133.43 CDU – 133.4

BCD UNIÃO DE EDITORAS S.A.
Av. Rio Branco, 99 – 20º andar – Centro
20040-004 – Rio de Janeiro – RJ
Tel.: (021) 263-2082 Fax: (021) 263-6112

Dedico este livro a nós mesmas:
mulheres-pássaros, mulheres-lobas,
mulheres-aranhas, mulheres-sol,
mulheres-lua, mulheres-cadelas,
mulheres-vacas, mulheres-deusas,
mulheres-mulheres,
eternamente banhando as noites
com nossos sonhos de mulheres.

Jornada

Bisavó Luísa e minha prima Maria Luísa

Introdução

Faça a você mesma uma poderosa energia
Traga uma colher e a panela do dia-a-dia
Traga Ar
Traga Fogo
Traga Água
Traga Terra
E você verá que um novo universo se anuncia...

SHEKHINAH MOUNTAINWATER

Durante muito tempo adiei o momento de escrever este livro. Por muitas vezes o vislumbrei encoberto pela cortina diáfana dos meus sonhos e, mesmo acordada, fui por ele furtivamente surpreendida. Tantas vezes pude folhear suas páginas, ouvir o sussurro difuso de suas palavras... Mas como um menino travesso ele me escapava, absorto, como toda criança, nos seus próprios jogos.

Vez por outra, pude surpreendê-lo escondido numa frágil fenda da parede da sala, equilibrado numa tênue teia de aranha recém-construída. Outras vezes, pude vislumbrá-lo escondido e quieto num velho bibelô do armário ou mesmo no caótico buraco do formigueiro do jardim.

Acostumada a um convívio íntimo com meus queridos fantasmas, acabei por me convencer que havia sido adotada por mais um: neste caso, um delicado Pluft entregue a seu velho medo de gente viva. Mas, como tenho dentro de mim o micróbio da curiosidade, várias vezes desrespeitei seu pudor e, como uma alucinada caçadora de borboletas, tentei capturá-lo. Afinal não é todo dia que se acolhe em casa um fantasma abandonado! Eu precisava saber quem estava adotando...

Por mais que me empenhasse em loucas expedições de captura, sempre me frustrava com aquela indizível sensação que se tem quando se tenta segurar o ar com as mãos. Era como se um finíssimo véu sempre o encobrisse, dando-lhe diferentes contornos que me confundiam.

Com o passar do tempo, já exausta por tanta procura, deixei-me levar pela sábia filosofia de vó Vitalina, que me ensinou que somos tolos quando pensamos ter encontrado algo, pois os Deuses estão sempre nos enviando mensageiros que certamente nos acham. Para ela, a sabedoria do buscar residia no ato de entrega ao acaso, na humilde sabedoria de se deixar levar pelo vento até que algo muito mágico nos encontrasse...

Assim, entregando-me aos rodopios do encantado, fui pouco a pouco sendo por este livro encontrada. Docemente, ele me foi revelando seus pequenos segredos, suas aspirações mais íntimas, seus delírios mais secretos.

Embora ele se exibisse tal qual um mágico vaidoso, estranhamente nunca revelava seu rosto. Eu podia perceber que uma luz muito azulada irradiava de seu esguio corpo e que minúsculas estrelas brilhantes voavam ao seu redor, tal qual abelhas em torno de uma roseira na primavera. Porém, seu rosto me foi ocultado por muito tempo.

À medida que fui me entregando a este mágico jogo de esconde-esconde, pequenas mensagens dos Deuses diariamente caíam em minhas mãos. Eu me encontrava totalmente entregue à dimensão dos sonhos, povoada por emoções muito intensas, aconchegada por queridas lembranças e visitada constantemente por meus queridos fantasmas.

Durante este período escrevi *O Gozo das Feiticeiras,* completamente entregue aos caprichos de Dioniso, às orgias das Bacantes e inebriada pela lisérgica fumaça das sacerdotisas de Delfos. Por pouco, muito pouco, não me tornei puro éter acenando como uma lembrança distante, lá dos confins da distante Grécia.

Entre Dioniso e beijos do mar estalando na areia, experimentei também a dor de ter que abandonar minha antiga casa. A despedida melancólica de cada centímetro de parede, das velhas teias de aranha e das pedras que envolviam seu Bicas, o mais novo membro deste meu bizarro clube de fantasmas. Um fantasma tão íntimo e órfão, que acabou por mim sendo adotado, e, por vias transversas deste meu poder de sonhar, transformou-se num querido avô emprestado, hoje tratado com a indecente intimidade que só os netos possuem.

Enquanto escrevia e domava minha nova casa, ainda não batizada por nenhum fantasma, entreguei-me ao lúdico ofício de construir projetos. Me perdi por vielas no sul da Itália, desfiz as malas numa velha pousada de uma estranha velhinha ao norte da Turquia, comprei objetos baratos e fingi que eram preciosos tesouros adquiridos num misterioso antiquário em Beirute.

Vez por outra, pude flagrar esse Pluft assustado, brincando oculto na velha tecla do W, que, por mais que se conserte, continua emperrada, eternamente entregue à preguiça e ao pudor de se expor numa folha de papel. Como uma criança tímida, esse assustado fantasma ia roubando as letrinhas, que misteriosamente sumiam dos originais do *Gozo das Feiticeiras*, causando-me a incômoda sensação de pensar-me esquecida das antigas lições de Português, exaustivamente ministradas pela doce professora Célia, musa dos meus primeiros anos de ginásio.

À medida que desenvolvia as ruidosas falas de Dioniso nos meus ouvidos, traduzindo esta atropelada fala dos Deuses numa linguagem clara, que desse aos leitores uma total compreensão desta ilógica lógica divina, dentro de mim algo muito gentil se instalava.

Mesmo nos momentos mais dolorosos, quando a saudade da antiga casa me projetava à velha rua, onde, de fora do portão, eu assistia à decomposição de meu jardim, o violento estupro do mato sobre minha indefesa horta e o abandono solitário da casa, com as pedras soluçando baixinho a falta do calor de nossas risadas e as intempestivas fúrias de Daniel, meu filho... Mesmo nessas horas, quando o sofrimento me curvou tal qual um arco de violino, eu podia sentir o cálido pulsar de uma luz dentro do meu coração.

Este sentimento era tão forte que podia levar semanas sendo bombardeada por tristes e decepcionantes experiências e, mesmo assim, passava por elas intacta. Nada, definitivamente nada me abalava. Uma enorme lua brilhava dentro de mim e eu possuía a certeza de que meu poder estava definitivamente instalado, da mesma forma que um dia esteve com minhas ancestrais.

Ao mesmo tempo em que escrevia, domava esta nova casa, dando-lhe novos cabelos com os ramos de manjericão que pregava por cima das portas, espalhando perfumes em suas paredes ávidas de aromas e jóias, para que ostentasse vaidosa a suas amigas da rua.

Confesso que muitas vezes fui tentada a pequenas trapaças, quando, por exemplo, como um mercador árabe a convenci de que a mesinha oval da sala havia pertencido a um riquíssimo castelo de um nobre inglês. Não sei se por infinita generosidade ou mesmo por profunda estupidez, mas acabou por ser de tal forma convencida, que sempre a surpreendo esnobe, ostentando essa preciosa relíquia para a humilde casa ao lado.

Embora, com o correr do tempo, a árdua tarefa de domar uma casa já estivesse quase completa, alguma coisa ainda faltava. A casa ainda não havia revelado seus segredos mais íntimos, tornando-se em vários momentos tão enigmática como o livro que ocultava seu rosto. Não sei se por cumplicidade no pudor ou mesmo por pura birra, sei apenas que estabeleceram um pacto no ocultamento de seus seres, a tal ponto que tornou-se comum vê-los, em dias ensolarados, totalmente encobertos por uma espessa fumaça.

Até que, por obra das Deusas do acaso, comecei a sentir uma forte presença em cada cômodo que entrava. Como não havia a menor possibilidade da existência de um fantasma, visto a casa só ter sido habitada por um grande amigo, tratei de tentar decifrar esta presença, classificando-a como calor, janelas fechadas ou mesmo prováveis camundongos. Poucos dias se passaram até que recebi a notícia da morte de meu amigo. A casa havia revelado o último segredo que ocultava!

Talvez por esta alucinada mania de me cercar por mortos, atraí mais um membro para o querido grupo que sempre me aquece com novas histórias. Um querido fantasma Pop, amante dos Rolling Stones e incrivelmente parecido com Humphrey Bogart.

Embora a casa já estivesse me adotando como sua nova dona, dando-me de presente suaves aromas e até uma enorme teia construída por uma formosa aranha, meu assustado livro ainda não revelara sua face.

Como me encontrava absorvida pelos últimos capítulos do *Gozo das Feiticeiras*, deixei que Dioniso me guiasse e, seguindo seus sábios conselhos, durante um tempo esqueci aquele livro que escapulia de mim.

Até que, ao terminar as últimas palavras do *Gozo das Feiticeiras*, percebi um enorme buraco dentro de mim. A princípio, atribuí este fato ao sentimento de término de um livro, com o qual havia me acostumado tanto, que acordava no meio da madrugada para transcrever o que os Deuses pediam. No entanto, o buraco permanecia, por mais que eu atribuísse razões para isso. Era como se de repente não sentisse mais nada, como se estivesse completamente vazia, oca, totalmente oca, como a mais oca infertilidade.

Mesmo com a situação exigindo pânico ou desconforto, nada se passava comigo. Eu me encontrava na mais oca tranqüilidade que se pode imaginar!

Seguindo aquilo que me foi passado por minhas avós, não tentei lutar contra esse oco estado de ser, deixei-me levar tal qual um pequeno barco de papel navegando através de vielas num dia de chuva. Eu tinha certeza de que algo especial estava sendo preparado para mim. Pacientemente o esperei, fazendo bolos, pregando botões, costurando velhas roupas...

Segui pacientemente meu cotidiano, absorvida por milhares de tarefas que espartanamente cumpria até o último momento do dia. Dediquei-me a deliciosas leituras e deixei a porta do ser escandalosamente escancarada, para que entrasse o que tivesse que entrar.

Um dia, numa linda manhã de outono, acordei com uma intensa necessidade de realizar algo muito especial, algo que me desse a certeza de que tudo na vida vale a pena, de que tudo que se experimenta, bom ou ruim, carrega em si o beijo da divindade.

Ao acordar assim, a minha alegria era tão grande, que transformou aquele buraco num louco povoado de partículas atômicas, movimentando-se tão velozmente que pensei estar prestes a sofrer a experiência da desintegração da matéria...

Como, por hábito, acordo todas as manhãs invariavelmente às cinco horas, incomodei alguns amigos com inoportunos telefonemas. Desandei a falar sobre a maravilhosa manhã, do quanto éramos felizes por estarmos vivendo aquele mágico outono e o quanto éramos especiais. Não preciso dizer que obtive como resposta sonolentas afirmativas e meteóricas despedidas!

Embora um tanto decepcionada pela sonada acolhida de meus amigos, o estado de euforia persistia. O pior é que não havia um sentido concreto com o qual eu pudesse me orientar, dizendo "estou feliz por isso e quero realizar aquilo!" Não. Era uma alegria totalmente desprovida de motivos. E se eu, conscientemente, pudesse analisar, acabaria por me definir como louca. Afinal, o momento que passava não era dos melhores. Por um lado, perseguia-me um livro que não se mostrava e eu não conseguia decifrá-lo; por outro, havia as formigas cortadeiras da casa nova que literalmente destruíram a maioria das mudas trazidas da velha horta... Definitivamente, só alguém muito louco estaria feliz num momento como esse!

Lembro que nesse dia, ao me deitar, percebi uma enorme claridade no meu quarto, iluminando todo o ambiente com uma tênue coloração azulada. Rápida, levantei-me e corri à janela. Uma enorme Lua Cheia brilhava no céu!

O mais engraçado em tudo isso era que o dia havia transcorrido chuvoso, com aquela chuva miúda que dura dias. Não havia explicação para aquela noite tão estrelada.

Como me foi ensinado desde pequena a não procurar explicações para o ato mágico, restou-me pedir humildemente à Lua um direcionamento sábio e equilibrado para todo aquele rebuliço em que me envolvera.

Nessa noite fui visitada por vó Vitalina. Em sonho, ela me dizia que eu havia de enfrentar esse livro, que a mim não se revelara somente porque eu não queria ver. Que eu devia encarar de frente minhas inseguranças e caminhar sozinha. A partir desse momento, não mais deveria me escorar nos seus braços, pois já havia me feito Lua e minha voz deveria soar agora límpida, sem o coro de minhas ancestrais. Deu-me um cálido beijo no rosto e se despediu apontando a lua no céu.

Não preciso dizer que acordei me sentindo órfã, abandonada por minha avó e terrivelmente assustada com a idéia de ter que caminhar sozinha. Afinal, todos os meus atos tinham sido até agora gentilmente amparados por minhas avós.

Numa fração mínima de tempo, a euforia deu lugar a uma funda melancolia. Eu estava entregue a mim mesma e isso era avassaladoramente assustador.

Passei aquele dia me arrastando pela casa como uma barata com frio, encolhida pelos cantos, não ousando esboçar um mínimo som. O tempo, como que brincando com meus medos, arrastava-se preguiçoso, e até os ponteiros do relógio pararam sem nenhuma explicação.

Tarde da noite, fui vencida pelo cansaço e, como uma lagartixa velha, me encolhi sob os cobertores, esperando que o sono chegasse rápido. Esqueci o que minha avó havia me dito e lhe pedi muito fortemente que viesse ao meu encontro. Nesse instante, o quarto outra vez se inundou de azul.

Corri à janela e de novo lá estava a lua. Só que, desta vez, dentro dela estavam minhas avós. Nitidamente, como a mais doce bênção, ouvi a voz de vó Vitalina me dizer que nesta noite eu veria a face de meu próximo livro.

Adormeci, invadida por uma tranqüila felicidade, sentindo-me cúmplice de todos os Deuses, plantas, pedras, animais e homens.

Quase no mesmo instante em que fechei meus olhos, fui, como um meteoro, arremessada à dimensão dos sonhos. Eu me encontrava na antiga casa de vó Vitalina, perdida em seus armários, recolhendo pequenos tesouros. Minha avó se encontrava na cozinha, preparando um perfumado doce de laranja-da-terra, quando subitamente fomos despertadas por algumas vozes vindas do seu quarto.

O quarto de vó Vitalina talvez fosse o único tabu que ainda existia na casa. Ela lhe tinha um feroz ciúme e raras vezes permitia que alguém entrasse nele. Era um quarto relativamente simples, composto por uma enorme cama, extremamente alta, um armário negro como o mais negro ébano e uma imponente cômoda guarnecida por infindáveis gavetas. De tudo, havia uma coisa que me seduzia até levar-me ao extremo do delírio: o acolchoado edredom de cetim bordô que se estendia lânguido sobre os lençóis, tal qual uma nua madona recém-saída de uma tela de Rubens.

Alertadas pelas inusitadas vozes, corremos para o quarto quase que simultaneamente. Minha avó, estranhamente, não demonstrava nenhuma apreensão, enquanto eu, pelo contrário, entregue à minha fértil imaginação, já vislumbrava um possível ataque de horrendos bandidos ou bizarros animais selvagens.

Ao entrarmos no quarto, constatei que ele se encontrava com as paredes totalmente recobertas por um brilhante cetim bordô, exatamente igual ao da cama. Uma tênue luz rosada se espalhava pelo ambiente, deixando no ar um delicado aroma de rosas. Bem no centro da cama, uma enorme Lua Cheia rodopiava lentamente, espalhando em todos os cantos uma infinidade de partículas prateadas, que, divertidas, misturavam-se ao rosado do quarto.

O ruído de vozes havia desaparecido, sendo substituído por uma delicada brisa que languidamente entoava uma antiqüíssima canção, pela primeira vez ouvida pelos meus ouvidos. Era como se a própria Terra estivesse cantando, como se a Lua estivesse revelando sua voz para mim!

Inebriada por esta doce canção, não me dei conta de que minha avó havia desaparecido. No aposento restamos somente eu e aquela enorme Lua.

Aos poucos, a Lua foi agilmente aumentando o ritmo de suas voltas até deixar-me completamente tonta. Eu podia sentir em meu corpo pequenas descargas elétricas, penetrando em cada um de meus poros. Um misto de atração e terror foi se espalhando em mim, dando-me, por um lado, uma enorme vontade de sair correndo dali, e, por outro, a irresistível curiosidade de ali permanecer, para observar o resultado daquele intenso movimento. Acabei sendo vencida por minha patológica curiosidade.

No momento em que optei por ali permanecer, percebi que minha avó outra vez se encontrava ao meu lado, acompanhada por vó Luísa, vó Virgínia, vó Maria, vó Ana, vó Raquel e todas as minhas antepassadas. Eu me encontrava num estado de tamanha euforia, que custei a me dar conta de que era carinhosamente despida por essas gentis mulheres.

Quando por fim me dei conta, constatei que me encontrava completamente nua e sendo conduzida por minhas avós ao encontro da enorme Lua da cama. O quarto continuava intensamente rosado e com o mesmo fortíssimo aroma de rosas impregnando todo o ambiente. Era como se cada elemento presente estivesse transformado em flor e o quarto num delicado jardim sideral.

Ao me aproximar desta mágica Lua, presenciei seu insólito rodopio. Ela girava lentamente em torno de si mesma, descrevendo uma alucinada volta que se expandia pelo quarto em infinitas curvas perfeitamente visíveis aos olhos. Milhões de partículas agitavam-se com cintilações inesquecíveis, dando-me nessa hora saudades das aulas de Física, que teimei em não querer gostar. Somente a Física saberia captar em plenitude o estranho fenômeno que ali acontecia...

Perdida na culpa por ter sido uma péssima aluna de Física, custei a perceber que aquela enorme bola ia pouco a pouco sendo moldada por um metafísico escultor. Em pouco tempo se transformara numa mulher tríplice. Três corpos siameses unidos no mais perfeito equilíbrio.

Um dos corpos era representado por uma mulher muito bela, corpo recém-formado e possuindo uma incrível vivacidade no olhar. O outro representava uma sedutora mulher com seios rijos, levemente arredondados e curvas bem definidas espalhando-se pelo corpo também rijo. O último era representado por uma gentil senhora de cabelos prateados com o rosto encoberto por um doce traçado de rugas.

Embora a alguns possa parecer assustador, posso com certeza afirmar que essa visão foi uma das mais delicadas que pude presenciar em minha vida. Não havia nela o grotesco do excesso, tudo se encontrava definido num harmonioso traçado, onde curvas e retas se equilibravam num melodioso silêncio.

Assim, totalmente despida, fui conduzida à estranha mulher. Uma paz indescritível em mim se alojara, não permitindo nenhum sentimento menor em meu coração, o qual pudesse soar como um semitom de desarmonia.

Ao chegar bem próximo, fui banhada pela jovem com uma chuva fina de orvalho. A sedutora mulher derramou um espesso vinho sobre meu corpo, e a anciã trançou meus cabelos com um cipó de hera.

Por fim, numa melodiosa voz em uníssono, as três me falaram: "Você ouviu a voz de minha alma, sentiu o perfume de minha magia, desfaleceu tonta na roda do meu tempo, experimentou o temor de minha fúria. Por minha água foi banhada, por meu sangue foi batizada e com os meus nós foi costurada. Pela Lua você foi consagrada. Agora já é hora de ir embora e escrever minha palavra. Meu corpo e meu rosto a você foram revelados!"

Ao terminar o encantamento tudo no quarto voltou ao cenário habitual. Minhas antepassadas desenharam no ar o cone de poder, desaparecendo numa perfumada nuvem rosada. Sobre a cama restara somente um velho pergaminho em branco...

Ao acordar na manhã seguinte, fui tomada por dois tipos de emoção. Por um lado me sentia extremamente segura, pois agora possuía a certeza de ter sido efetivamente iniciada. Por outro lado, um fortíssimo pânico me convencia de que deveria arrumar minha trouxa e me esconder no lugar mais distante do planeta. Afinal, quem era eu para me meter a escrever sobre a doce Senhora Lua?

Assim como uma criança que de propósito esquece de fazer o dever de casa, dediquei-me à elaboração de mil motivos que me impediriam de escrever. Primeiro, argumentei que era muito cedo, pois mal acabara de escrever o *O Gozo das Feiticeiras*. Depois, porque deveria dar uma atenção especial a Daniel e a Ronaldo, que, achava eu, estavam precisando de um maior convívio comigo... Assim, tentava porque tentava encontrar todo tipo de argumento que me safasse dessa tarefa assumida com a Lua.

O pior e o mais engraçado é que, a cada argumento arranjado com a obsessiva precisão de um excêntrico cartógrafo, uma voz soprava nos meus ouvidos: "Deixa de ser mentirosa, Márcia! Esse negócio de dizer que Daniel e Ronaldo precisam de um maior convívio com você, isso nós duas sabemos que é uma grande mentira. Quem vê, pensa que você é uma dessas escritoras que se trancam num quarto e precisam de silêncio total para escrever! Lembra-se daquele dia em que você estava escrevendo e Daniel entrou procurando briga? E você, escrevendo e discutindo, acabou por escrever a palavra 'boxer' numa frase que falava de coisas delicadas e gentis? E aquele peixe grego que você preparou, ao mesmo tempo em que escrevia um capítulo sobre Afrodite? Ah! Pensa que me esqueci daquela pilha de roupa que foi passada, enquanto você escrevia a conclusão de *Revelações de uma Bruxa?*

A voz, que enlouquecia os meus ouvidos, estava coberta de razões. Eu nunca precisei de pretextos para escrever. Nunca tive que me propiciar um cenário ideal, como também nunca me esqueci que acima de tudo sou uma dona-de-casa que é apaixonada por seu cotidiano de panelas, vassouras, horta e roupa no varal.

Os pretextos que seguia inventando nada mais eram do que um enorme pudor em escrever um livro sobre a Senhora Semente, aquela que aprendi a amar e respeitar com tamanha intensidade, que acabei sendo por ela consagrada e reconhecida como filha. Não, a tarefa era assustadora e mais assustadora ficava quando me lembrava que desta vez teria que caminhar sozinha!

Neste livro, teria que me revelar não mais como eterna aprendiz de minhas avós e sim como mulher adulta, consciente de seu poder e de sua condição de filha da Lua.

Desde pequena, minhas ancestrais me transmitiram que existe um momento na bruxaria em que deixamos de ser completamente humanas e nos enluaramos, ou seja, nos tornamos Lua, sacerdotisas e filhas da Lua. Quando este momento acontece, quando a Lua desce até nós e nos enlua, nosso poder se torna infinitamente duplicado, adquirimos outros sentidos que nos possibilitam decifrar qualquer mistério. Tornamo-nos, assim, plenas em sabedoria e aprendemos a enxergar sem os olhos.

Porém, diziam minhas avós, este momento, por ser tão incomensuravelmente poderoso, exige total e irrestrito compromisso com a Doce Senhora e todos os mundos que ela governa. Um compromisso de tal forma estabelecido, que nunca poderá ser rompido, sob o risco de se ter todo o poder retirado e o mundo à nossa volta furiosamente hostil.

Na verdade, bem lá no fundinho de minha alma, sempre que ouvia essas palavras pedia à Grande Senhora que não virasse seus olhos em minha direção.

Por vezes, quando me encontrava com vó Vitalina em sua varanda, olhando a Lua de rabo de olho, escutava de minha avó essas palavras e agia exatamente igual ao que fazia na escola, quando, ao saber que o professor requisitaria um aluno para ir ao quadro, me encolhia na carteira, procurando ficar o mais invisível que pudesse.

Estando ali na varanda com minha avó, sempre me escorava no argumento de que naquele mesmo instante haveria no mundo uma infinidade de avós ensinando a tradição para suas netas e nada mais justo que a Lua descesse para uma delas! Afinal, eu ainda era muito pequena, tinha o hábito de não fazer nenhum dever de casa e definitivamente era considerada furona em meus compromissos. Com toda certeza, eu estava imune ao olhar da Lua. Eu não era aquela filha de quem ela pudesse se orgulhar!

Agora, à minha frente, estava o pergaminho em branco e não havia como me tornar invisível. Os olhos da Lua haviam me encontrado e por ela havia sido consagrada. Não haveria mais em mim a neta assustada, escondendo-me sob as saias de minhas avós, eu agora estaria por minha conta, dona absoluta de meus atos e pronta a iniciar meus descendentes.

Como as lições que tive se enraizaram em meu ser tal qual mágica planta, só me restava acatar o que a mim era pedido, e, mesmo morrendo de medo, iniciar o trabalho.

No instante em que humildemente aceitei cumprir o doce pedido da Lua, este livro nasceu, mostrou o seu rosto e nele me vi refletida junto a todos vocês.

Janeiro

A LUA DOS ANTEPASSADOS

"Moviam-se como rios com suas meias rendadas,
Suas saias, seus coques, seus corpos
Redondos como árvores. Sobre o fogo da cozinha
Elas escondiam tesouros, e as tigelas pesadas
Do pão de domingo que crescia fiel como a luz.
Sorríamos para elas, embora nunca falassem.
Salientes como pedras, simplesmente olhavam
Quando os pássaros
Caíam nas folhas, ou vassouras se desgastavam,
Ou crianças esfolavam os joelhos e choravam.
Na minha vila, não achávamos estranho nem pedíamos
Que falassem. Em seus vastos braços sabíamos
Que éramos amadas. Lembro de sua alegria
Ao nascimento de crianças. Lembro de suas mãos
Inchadas e duras como madeira. E às vezes no verão,
Quando a noite era repleta de estrelas, elas se reuniam
No jardim. Quase dormindo eu as espiava despejando
O vinho, e pendurando lanternas de papel nas bétulas.
Uma delas pegava então uma pequenina sanfona
E a embalava em seu avental enorme,
Até que a música pendesse como fitas das árvores
E em torno da minha cama. Ó, ainda em meus sonhos
Suavemente elas se reúnem sob as estrelas de verão
E cantam do longínquo Danúbio, de Viena,
Puras como um revoar de garotas esguias e selvagens!"

MARY OLIVER, "AS AVÓS"

Desde pequena lembro com extrema ternura da expectativa que em mim se instalava, aguardando a primeira lua de janeiro. Era como um segundo Natal, quando mais uma vez receberia presentes de Papai Noel. Só que desta vez os presentes não se resumiam à tão sonhada bicicleta, nem tampouco à estonteante boneca que estalava beijinhos no ar. Não, dessa vez eram presentes mágicos, vindos de dimensões completamente desconhecidas pela maioria dos homens.

Eu me sentia como um personagem recém-saído de *Alice no País das Maravilhas*, onde tudo era possível, além de me sentir no "faz-de-conta" de Emília, eterna musa de minha infância. Estas realidades eram inquestionáveis, talvez até mais verdadeiras que a própria existência da matéria. Afinal, o que era a matéria perto desse vulcão de possibilidades que tudo podia, transformando o tempo num submisso menino assustado que cumpria tudo o que os sonhos ordenavam? Nada. A matéria era um mísero grãozinho de areia solto no espaço.

Como uma adolescente sujeita a infindáveis caprichos, perseguia pela casa a silenciosa dona Marina que, com suas mãos de maestro em muda sinfonia, ondulava os panos numa nuvem de espuma e os tornava alvíssimos bailarinos de varal. Eu implorava que ela lavasse todas as minhas roupas e nelas colocasse aquele estranho azul, que tornasse o tanque num espelho do céu, que regesse com seus dedos longos uma sinfonia ainda não feita, que fizesse a espuma arrepiar todos os seus flocos e num jorro de orgasmo gritar a plenos pulmões: BRAVOOOOO!

Atônita por meus rodopios em torno de seu frágil corpo, dona Marina, paciente como uma guerreira estóica, retirava minhas roupas das gavetas e as depositava graciosamente por sobre um lençol, que era depois matematicamente arrematado por um rechonchudo nó, o qual dava à trouxa uma incrível dignidade. Era como se fosse o suntuoso preparativo de um antigo ritual. As roupas desempenhavam o papel de jovens aspirantes ao sacerdócio, e o lençol um guardião do templo.

Vez por outra dona Marina interrompia esse ensaio de orquestra e, sentada em minha cama, conversava com seus mortos. Eu, sentada no chão, bem a seus pés, aguardava, ansiosa, o momento em que tia Carmela, a guardiã do meu quarto, se aproximasse com seu impecável coque, trançado no alto de sua cabeça tal qual uma onírica montanha de cabelos. Tia Carmela havia sido a dona anterior de minha casa, e, pelas conversas dos adultos (sempre extraídas por meus ouvidos atrás das paredes), havia morrido em meu quarto.

Não sei se por extrema ligação com a casa ou por pura necessidade de divertimento, tia Carmela ficou morando no meu quarto, e dava gostosas risadas quando me via correndo assustada, depois de, ao me olhar no espelho, ver a sua imagem refletida!

Como meu medo de fantasmas era fato para lá de conhecido pela família, acredito que tia Carmela, sem o menor conhecimento de psicologia infantil, tenha tomado para si a árdua tarefa de me curar dos meus medos. Não sei se de tanto vê-la, mas o medo foi diminuindo até o ponto de ser substituído por uma irresistível tendência a só me interessar por casas ou objetos que guardassem fantasmas...

Mas, voltando ao assunto. O que me fascinava nesta estranha conversa de dona Marina com seus mortos era a constatação de que, naquele instante, estavam abolidos o Tempo e a Geografia. Seus mortos habitavam um tempo sem tempo, numa terra que ocupava nenhum espaço. Era como uma lembrança eterna, que ora se desvanece completamente, para, num súbito instante, emergir intacta em sua potência. Nesse momento, não havia a louca ideologia das transformações e o tudo era um sempre mesmo.

Hoje, ao escrever este pedaço de minha história, constato a certeza destas primeiras impressões. Mesmo sabendo agora que dona Marina já não existe, posso sentir o cheiro suave do sabão entranhado em seus ossos, ouvir sua voz, aguda e realçada pela mineirice, conversando com seus mortos que, por mágica da história, a resgataram num dia em que a tosse ficou mais forte e o corpo cansou de trabalhar.

Os mortos de dona Marina com o tempo se acostumaram com aquela menina engraçada que sempre perguntava como era o céu. Hoje me visitam, quando a torneira do tanque explode num jorro de água e, em meio ao sabão, meias, lençóis e saias, as mãos ossudas daquela mágica lavadeira me ensinam a reger a orquestra dos varais.

Mas, voltando outra vez à história. A lavagem de todas as roupas da casa era um pequeno feitiço que Virgínia, minha avó, havia ensinado para sua filha Maria, minha mãe. Um feitiço trazido das longínquas terras do Algarve, onde as mulheres estão sempre com seus olhos jogados no mar, suspensas entre o calor do abraço do amado e a dor de sua ausência. Para essas mulheres, cada dia é um estreito convívio com amor e morte, e elas sabem, sem que ninguém lhes bata à porta para revelar, que seus homens se deitam com Afrodite. Aprenderam a conviver com esta amante caprichosa e rezam para que ela não queira ficar com seu homem para sempre.

Não sei se cansadas das infindáveis horas que passavam na beira da praia ou corroídas pelo ciúme da deusa, arranjaram pequenas tarefas que viraram feitiços. Vó Virgínia sempre dizia que lavar uma roupa não era só esfregar sabão e enxaguar. Lavar roupa era um momento para conversar com os deuses.

Pois bem, vinda do Algarve lá pelos anos 30, ninguém falou para minha avó que os homens daqui não tinham caso com Afrodite, e assim ela continuou esse mágico ritual dos panos. Lavava roupa tão bem que as pessoas se assustavam ao ver tanta alegria numa camisa, tanta paixão num lençol, tanta delicadeza numa toalha de mesa e tanto pudor num pequeno lenço de moça... Da noite para o dia, virou uma lavadeira, e de nada adiantava explicar que não era só ela que lavava os panos e que as pessoas só estavam interessadas nas roupas branquinhas. Ninguém queria aprender este onírico idioma e à minha avó só restou a muda comunicação de um rol. O Algarve ficava cada dia mais distante...

Com o tempo passando e as meninas crescendo, vó Virgínia implorou à antiga amante que lhe ajudasse e não deixasse que o mar de Algarve secasse. Juntas, nesta insólita aliança, ela e Afrodite iniciaram as meninas na arte dos feitiços com panos.

Não sei se por fruto desta poderosa aliança, mas as meninas desabrocharam mais bonitas que o esperado e possuidoras de todas as redes da sedução. Claro, pois Afrodite, vaidosa, não iria somente ensinar um pequeno feitiço! Trouxe do mar do Algarve o suor dos amantes das areias noturnas, o espelho das águas onde a lua se mira lânguida, o aroma do sexo desfazendo-se em espuma e, acima de tudo, o pudor obsceno dos olhares oblíquos... Sim, as meninas agora possuíam efetivamente duas mães!

Vó Virgínia, acostumada com os ardis de Afrodite, mais uma vez fingiu não ver e estoicamente aprendeu a conviver com essa dupla maternidade. O engraçado é que, das quatro filhas, duas não aceitaram completamente os sedutores presentes da Deusa e dela desviaram o seu rosto. Mas isso eu conto mais tarde.

Pois bem, agora com apenas duas filhas, Afrodite transferiu todo seu poder para aquelas mocinhas sonhadoras, que, tal qual a divina mãe, viviam suspirando por impossíveis amores. Assim, esfregando o sabão no tenro suéter de *cashmere*, exercitaram a arte das carícias e a curva da obscenidade. No negro da saia de minha bisavó Luísa, bruxa convicta e formada, desenharam um feitiço que lhes trouxesse um mortal com o suor de Apolo e os ouros de Posídon.

Como dizia vó Vitalina: "As bruxas são as únicas que submetem os deuses", e assim foi feito. Maria e Aída, as filhas de Afrodite, muito cedo deixaram o rol e foram embora com seus pares.

Mesmo casada, com empregadas que lavassem seus panos, minha mãe, escondida, continuou com a arte do Algarve e, sem que ninguém compreendesse, em todo janeiro, exatamente o mês que iniciava o ano, as roupas de toda a casa eram lavadas...

Perdida entre o trançado de tradições geográficas diferentes, acabei por construir novos significados, dando aos rituais das minhas avós a brasileirice mulata de uma mágica feijoada. Assim, juntando pedacinhos de torresmo da Turquia de vó Vitalina, com o chouriço português de vó Virgínia, uma pitada de azeite de nozes francesas de vó Luísa, um punhado de tâmaras do Irã de vó Raquel e um tico de insensatez da alucinada vó Maria, acabei por me transformar num ser capenga de realidade, sempre a mil milhas do horizonte.

Dessa forma, sempre à procura de novos ingredientes para esta encantada refeição, acabei descobrindo que, mesmo sendo de terras tão dessemelhantes, minhas avós convergiam para o mesmo ponto. Um cintilante continente que não se encontra em nenhum mapa e que, de tão pequeno, abarca todas as terras do mundo. Assim, sendo uma terra que está não estando, torna-se então a divina encruzilhada de todos os povos. O lugar no qual não se está em lugar nenhum, mas onde se pode fazer amor com o Todo.

Nesta mágica encruzilhada aprendi a escutar os murmúrios do Tempo e tornar-me cúmplice dos caprichos da Lua. Conheci novas avós de terras ainda mais longínquas que me traziam novos feitiços, pedaços de lembranças pedindo o seu trançado e ainda misteriosos aromas de jardins enfeitiçados.

Aprendi que ser feiticeira é fazer amor com o abismo num eterno vôo em que o solo é uma cama de espuma. Decifrei o significado dos vôos noturnos dos livros de feitiçaria e descobri mulheres grávidas do sonho com enormes asas de precipícios.

Envolvida pelas histórias de minhas avós, comecei a perceber que cada dia vivido era para nós algo bem maior que uma simples data no calendário, que os meses eram medidos por mágica costureira e se constituíam em Luas que nos guiavam.

Lembro-me, divertida, do espanto que causei em alguns professores de escola, quando me referi, por exemplo, a fevereiro como Lua do Conhecimento. O fato de eu ter assim escrito no cabeçalho era encarado por eles como uma brincadeira de estudante e nem de longe desconfiavam que eu realmente vivia aquela dimensão. Até hoje sinto que as pessoas preferem fingir que acreditam nas histórias que narro, porque para elas fica muito difícil se imaginarem pulando num abismo que anula toda a verdade que aprenderam a crer. Nem de longe enxergam a possibilidade de se soltarem no tempo e alçarem para além do horizonte.

Estão de tal forma arraigadas num cotidiano que se repete monotonamente, que esquecem de espiar lá fora, ali no lugar sagrado onde as vidas se entrelaçam e descrevem textos para os mais belos sonhos.

Na Lua dos Antepassados aprendemos a espiar lá fora, a costurar lembranças e a tecer encantamentos. Nos desligamos das grossas amarras que nos prendem ao Atlas e, como andarilhas oníricas, nos dirigimos à Terra do Lugar Nenhum. Reencontramos nossos mortos e com eles aprendemos a lição do eterno, aprendemos o caminho das realidades múltiplas e crescemos tal como um encantado Jequitibá.

Quando dona Marina executava o estranho feitiço de lavar todas as roupas da casa nos primeiros dias de janeiro e, talvez já exausta de tanto serviço, aproveitava um cantinho de minha cama para rasgar o tempo e conversar com seus mortos, tive minha primeira lição de como conciliar numa só coisa as tradições que me eram dadas. E com um jeito infantil de apaziguar possíveis ciúmes entre minhas avós feiticeiras, acabei criando rituais que foram por elas bem acolhidos.

Como janeiro era o mês de lavar as roupas, e neste período dona Marina conversava mais do que o habitual com seus mortos, e também era o tempo de colher os frutos da horta de vó Vitalina, tratei de estabelecer uma lógica curvilínea e solenemente decidi que este seria o nosso mês da Lua dos Antepassados!

Como de costume, a primeira avó a ser comunicada foi vó Vitalina, o que, confesso, me causou forte tremor nos joelhos, pois era ela quem conduzia suas tradições com ferro e dentes, como ela mesma dizia. Para mim, chegar aos berros em sua casa e sem mais nem menos declarar que havia "criado" um novo tempo sagrado, era tarefa que me tirava o sono por uns bons longos dias.

Assim, depois de ter sofrido todas as insônias que me eram destinadas, acabei por vencer o medo e, como um condenado à forca, fui procurá-la...

Nesse dia acordei bem mais cedo do que de costume. A Lua ainda se encontrava solta no céu, parecendo uma potranca selvagem com crina de estrelas. Não sei se por intuir a revolução que causaria ou se por extrema necessidade de proteção, aquela potranca Lua surgiu-me como Ártemis, a protetora da eterna rebeldia.

Quando reconheci a proteção da deusa, pacientemente esperei que o café fosse servido e, já saciada por uma gula matinal, rumei para a casa de minha avó.

À medida que subia a ladeira da velha Rua Pereira da Silva, minha confiança em Ártemis ia diminuindo. Para não cair na ofensa da falta de fé, ia construindo milhões de pretextos atenuantes para a ausência de Ártemis a meu lado. Já que a deusa adorava correr pelos bosques com seu arco e flecha, inventei que ela estaria numa irresistível caçada, ou, já que ela também era a salvadora dos animais, imaginei um possível animalzinho preso numa armadilha, ou, quem sabe, havia no momento um provável desentendimento lá pelas bandas do Olimpo, onde Afrodite, furiosa, a acusava do roubo de seu cinturão.

Já cansada de inventar tantos pretextos, apelei para a sabedoria apaixonada de seu Joaquim, um português enorme que secretamente nutria uma louca paixão por minha avó, abençoada por minha cumplicidade, visto ser ele o dono do armazém que tinha umas balas de tamarindo que me tiravam do sério.

Seu Joaquim se encontrava, como sempre, sentado numa antiga cadeira estrategicamente colocada na calçada, talvez para espiar minha avó nas suas intermináveis andanças. Como de costume, vestia uma camiseta que anos mais tarde viraria delírio dos jovens de minha geração, mas que naquela época eu considerava o único empecilho para a união das balas de tamarindo com minha avó.

Esquecendo do meu senso crítico quanto à camiseta, procurei fingir que não via a floresta de pêlos que seu sovaco abrigava e, como criança levada fingindo ser comportada, perguntei-lhe sobre minha avó, se a tinha visto naquele dia e principalmente se ela estava de bom humor.

Até hoje dou boas gargalhadas ao rever esta ridícula cena, quando por pouco, muito pouco, não inventei que minha avó também estava apaixonada por ele e além disso me pedia para que o levasse até sua casa!

Pois bem, já devidamente tranqüilizada pela notícia de que vó Vitalina se encontrava na posse absoluta de seu bom humor e suficientemente abastecida por um punhado de balas, subi outra vez a ladeira, tendo de novo Ártemis como companheira.

Como se já soubesse de minha visita, encontrei minha avó no portão de sua casa. Lembro perfeitamente da incômoda sensação de estar sendo apanhada no exato instante do roubo, aquele instante em que o desejo se trança na culpa e o ácido da fruta arrepia a alma.

Minha avó, com sua habitual mania de ver por detrás das roupas, logo me perguntou do porquê daquele olhar assustado e dos pêlos todos arrepiados. Nessa hora observei que meu corpo parecia um sobrevivente de alguma descarga elétrica e que muito pouco faltava para me transformar num excêntrico ouriço...

Ártemis, extremamente avessa a mortais covardes, já se encontrava a léguas de distância de mim, talvez entretida num sangrento combate junto às Amazonas, decepando cabeças de atarantados guerreiros, só pela vergonha de, por momentos, ter estado lado a lado com abominável barata!

Sentindo-me completamente vazia de divindade, apelei para a doce maternidade de Deméter, protetora das filhas desvalidas, mas Deméter não veio em meu socorro. Nesse dia, descobri que essa deusa não era aquela mãe pateta que acolhia as mocinhas igualmente patetas, heroínas de abomináveis fotonovelas, onde a história era um rosário açucarado. A Deusa, para conceder sua proteção, exigia um mínimo de dignidade, coisa que havia escorrido pelo ralo no instante em que meus olhos avistaram a figura de minha avó.

Percebendo meu lastimável estado, vó Vitalina, com a laminar precisão de uma guilhotina, lançou-me esse encantamento que até hoje carrego:

"Os fracos tremem de medo
Quando miram o clarão da Lua.
Eles não sabem que muito cedo
Sua vergonha estará na rua!"

A idéia de ver meu medo espalhado aos quatro cantos, exposto no pátio do colégio, na piscina do clube e nos ouvidos das meninas mais bonitas do que eu era assustadora, mil vezes maior do que o medo que estava sentindo naquela hora! Assim, movida por um terror infinitamente maior, atropeladamente expus o meu primeiro ato de independência na Arte.

Inexplicavelmente, não encontrei nenhuma resistência por parte de minha avó, que, contrariando todas as minhas expectativas, mostrou-se tal qual uma adolescente se preparando para o primeiro baile. Começou a falar consigo mesma que a menina tinha razão, que não havia o menor sentido possuirmos apenas oito festas para o decorrer de um ano todo, e que ficaríamos bem mais felizes se festejássemos a cada mês. Compreendi, então, o motivo de tamanho entusiasmo. Festas eram o ponto fraco de minha avó!

Eu já havia escutado histórias fantásticas do tempo em que ela ainda era jovem e viajava léguas para chegar numa festa. Escutara até uma nebulosa história, sussurrada entre dentes e cochichos, sobre um tio que morrera muito pequeno, acho que com uns três anos, incendiado numa fogueira de São João, enquanto vovó dançava a quadrilha. Mas nunca pude ouvir de seus lábios a verdadeira narrativa. Adotei esse tio como um pequeno heroizinho, consumido nas labaredas das saias rodadas de minha avó.

Mas, voltando à história. Vovó logo me indagou sobre os meses seguintes, visto que somente expus o mês de janeiro. Confesso que me senti um cientista manco expondo uma teoria pela metade. Eu não havia ainda pensado em fevereiro e nem tampouco preenchido completamente o mês de janeiro!

Naquele dia decidimos que não iríamos mais usar a abominável folhinha que marcava os dias do ano. Nosso ano nunca acabaria no dia 31 de dezembro e também não utilizaríamos aqueles nomes sem graça para nos referirmos aos meses. Tomaríamos nosso próprio caminho, donas absolutas do Tempo.

Ártemis, neste momento, abandonou a sangrenta batalha, largou intacta a cabeça de um atarantado guerreiro e, vaidosa, retornou a meu lado. Nesse dia, tive a primeira lição de como os deuses também possuíam fraquezas...

Assim decidido, começamos a preparar nosso primeiro mês: o da Lua dos Antepassados. A idéia de dedicarmos este tempo aos nossos mortos foi prontamente acolhida por vovó, visto que, como eu, ela também possuía uma irresistível atração por fantasmas.

Juntas organizamos um conjunto de pequenos procedimentos que facilitariam esta insólita combinação. Decidimos que os mortos recentes, ainda não completamente estabelecidos no acampamento do outro lado, deveriam ser lembrados sempre no período da Lua Nova. Colocaríamos seus pertences, retratos, ou mesmo seus nomes, escritos em perfumadas folhas de papel que estariam sobre o altar. Conversaríamos com eles, mas não lamentaríamos a sua ausência, já que precisariam de total liberdade nesse período de adaptação às novas terras. Cantaríamos as suas canções prediletas e acima de tudo os tranqüilizaríamos, pois tudo aqui estava bem. Se por acaso soubéssemos que seus descendentes mais próximos padeciam de dificuldades, arranjaríamos um jeito de solucioná-las da melhor maneira. Assim, nosso recente fantasma não sofreria ao ver sua família com problemas que ele não poderia mais resolver.

À Lua Crescente doamos nossas crianças mortas, aquelas criaturinhas travessas que vez ou outra nos pregam sustos, esquecidas que os mortais se assustam com fantasmas, mesmo quando se trata de uma alminha ingênua. Seria um tempo em que brincaríamos com aquelas crianças, exagerando na expressão de terror ao depararmo-nos com a face do sapeca saindo por detrás de um vestido no armário. Prepararíamos seus doces preferidos e nos entupiríamos de sorvete de chocolate com muita calda.

Não choraríamos a sua ausência, pois crianças choram quando assistem ao pranto dos adultos. Acariciaríamos suas lembranças e teríamos sempre guardado conosco um delicado mimo que as alegrasse, quando nossa saudade as entristecesse. Com elas, iríamos aos lugares onde as crianças explodem em sonhos e o mundo se torna um dourado carrossel. Morreríamos de medo na roda-gigante, engasgaríamos com pipocas mastigadas na montanha-russa, explodiríamos de tanto rir do palhaço e voltaríamos para casa suspirando de amores pela frágil contorcionista.

Nesta Lua nos dedicaríamos de corpo e alma ao riso e à gula. Teríamos sempre crianças à nossa volta e não fecharíamos nossos rostos com expressões adultas de reprovação. Nossas crianças mortas sentiriam orgulho de nós e em sonhos revelariam a seus companheirinhos vivos que o mundo é lindo e que é uma bênção viver.

À Lua Cheia doamos nossas mulheres mortas, bravas guerreiras que pariram seus homens e os iniciaram no sexo. Transformamos aquele curto bailado da Lua, quando em sete noites ela se apronta para parir seus rebentos, num íntimo *coven* regado às mais novas fofocas vigentes entre nós: as feiticeiras vivas. Além de ser o momento para a troca de estranhos e poderosos feitiços que nossas irmãs haviam surrupiado dos deuses.

Como já narrei em outros livros, vó Vitalina, por pertencer a uma aristocracia rural, teve seu conhecimento interdito às letras, criando, ela própria, um delicado alfabeto iconográfico, onde cada palavra era representada pelo desenho daquilo que ela designava. Assim, a palavra rosa, por exemplo, era representada por um singelo desenho de uma rosa.

Utilizando estes encantados hieróglifos, desenvolvemos uma escrita mágica, somente utilizada para a composição de perfumadas cartas que escrevíamos às nossas antepassadas: depositando-as solenemente em um jardim muito florido.

Até hoje me emociono ao recordar da solenidade que de nós se apossava, quando cruzávamos ruas em busca do lugar de entrega das cartas. Como ainda era criança, não conseguia encontrar sentido nessa insólita correspondência a essas mulheres sempre dispostas ao nosso lado! Com o tempo, fui percebendo que minha avó, com esse pequeno ritual, restituía, a si mesma e às suas antepassadas, a dignidade que lhes havia sido roubada por uma cruel estratégia masculina, que por muitos séculos afastou as mulheres do conhecimento intelectual.

Compreendi os olhares gulosos de minha avó, por cima dos livros de Monteiro Lobato que eu devorava, sua longa e profunda respiração ao segurar um grosso volume da Enciclopédia Britânica, sua extrema sensibilidade ao ver-me, nos meus treze anos, lendo *Sexus*, de Henry Miller, e falando-me: "Márcia, este livro é para ser lido mais tarde."

Talvez tenha sido esta a única dor que minha avó carregava, uma dor, tão bem ocultada, que muito poucas pessoas sabiam. Pois vovó, altiva como só ela, possuía em casa uma infinidade de livros e, por incrível que pareça, até um pequeno caderno de endereços e telefones!

Compreendendo essa dor, com ela estabeleci uma estranha troca de conhecimentos, narrei-lhe as incríveis aventuras de Emília, o romântico Mississípi de Mark

Twain, o fantástico de Allan Poe, e quase a enlouqueci com o irracionalismo de Berkeley.

Sei que muitas de vocês, a esta hora, devem estar se perguntando se não teria sido melhor ensiná-la a ler e escrever. Não. Minha avó já havia sofrido humilhações o bastante e fazer isso seria outra vez humilhá-la. Ensiná-la seria debilitá-la e talvez com isso ela não concordasse. E também porque seria uma atitude masculina, tão bufona como a pomposa expressão que os homens carregam quando vão saldar suas dívidas. Preferi adotar a delicadeza das mulheres, que ensinam porque amam e sem pensar se estão pagando ou devendo.

Dessa forma, vovó se tornou a primeira analfabeta que conhecia Sartre! Mas devo confessar que pouca importância ela dava a ele, achando Roquentin, o herói por quem suspirei boa parte de minha adolescência, um chato.

Com o tempo, nossas discussões intelectuais atingiram novos horizontes. Decidimos então que deveríamos levá-las às nossas mulheres, que, do lado de lá, no acampamento do outro lado, se alvoroçaram como andorinhas no ar.

Logo percebi que minha bisavó Maria, mãe de vó Vitalina, talvez por sua demente fragilidade, preferia os poetas, essencialmente Fernando Pessoa e Mário de Sá Carneiro. Suspirava de amores por esta fantástica dupla, um, Fernando, magro que nem Laurel, e o outro, Sá Carneiro, gordo que nem Hardy. Por toda minha vida, a engraçada dupla o Gordo e o Magro ficou como referência poética e, enquanto todo mundo ria de suas palhaçadas, eu suspirava...

Vó Raquel, avó de meu pai, preferia as sagas agrárias, o ziguezague entre homem e natureza de Guimarães Rosa e o suor da terra nos ombros dos personagens de Graciliano Ramos. Já vó Afonsa, mãe de vó Virgínia, assustou-me com seu furioso ardor por Virginia Woolf e Simone de Beauvoir. Era engraçado assistir àquela doce velhinha do século dezenove, aplaudindo como uma autêntica *beatnik* a revolucionária Simone de *Memórias de uma moça bem-comportada*.

Com o tempo, a Lua Cheia da Lua dos Antepassados tornou-se um divertido sarau, onde aprendi minhas primeiras lições sobre o feminino — onde consegui enxergar os pontos essenciais do feminino e estruturei minha própria feminilidade.

Com tia Nadir, musa dos anos quarenta, tomei gosto pela filosofia. Até hoje carrego, como um precioso talismã, um livro de Pascal que a ela havia pertencido e que por obra de suas artimanhas voou até minhas mãos, graças a uma inexplicável faxina nos livros de tia Nazair.

O *coven*, com minhas mulheres mortas, trouxe-me como apelido a abominável designação de "traça de biblioteca". Nem de longe as pessoas desconfiavam que eu lia por um enorme e louco grupo faminto de informações.

Hoje, ao relembrar com elas este tempo, damos gostosas risadas e, envaidecidas, contemplamos os livros que escrevi. Dentro de cada uma reside a certeza de ter sido a autora de um parágrafo. Minha avó Vitalina, já reunida com suas mortas, exibe feliz sua dignidade devolvida.

Mas, retornando às malhas da Lua. À última Lua, a Minguante, doamos aos mortos que havíamos ofendido e que morreram sem que ouvissem nossas desculpas. Era um tempo de reconciliação com as culpas que carregávamos e que nos servia também como exercício na arte de reconhecer nossos erros.

Lembro com ternura do dia em que chamei Heliodora, amiga de brincadeiras e morta muito cedo, e humildemente lhe pedi desculpas por minha asquerosa inveja, nutrida por muito tempo, de seus longos cabelos negros sempre irritantemente bem penteados. Recordo de seu sorriso por detrás dos óculos, me confessando que seus cabelos foram a tortura de sua infância, pois sua mãe diariamente a eles se dirigia, munida de um longo pente que entranhava em sua cabeça, dando-lhe a impressão de que retiravam o seu cérebro! Assim, consegui outra vez brincar de adedanha com minha amiga, e juntas passávamos horas e horas tentando descobrir um país que começasse com a letra X ou uma fruta que começasse com Y.

Recordo também do dia em que minha avó se retratou com uma antiga vizinha muito fofoqueira e que havia morrido num parto, pensando ter dado à luz um sapo, fruto de uma maldição que minha avó lançara sobre ela. Carreguei esta maldição, por anos, como o mais glorioso troféu, prova incontestável do poder de minha avó.

No instante em que vó Vitalina se retratava com a amiga, descobri decepcionada que tudo não passara de um mal-entendido dos outros vizinhos mais fofoqueiros ainda. A verdadeira história era mais grave. Minha avó, num momento de imensa raiva, não conseguiu conter o seu dom e emitiu um encantamento: pediu que a mulher morresse! Na ignorância de minha pouca idade, nutria um irresistível fascínio por aquele bebezinho sapo. O desvendar da história tornou-se aquele sorvete de cera nas vitrines das lanchonetes.

Voltando ao dia em que comuniquei minhas novas idéias sobre celebrarmos todas as Luas do ano. Vó Vitalina acolheu-as com extremo entusiasmo, criando apenas algumas dificuldades, exatamente no ponto em que resolvi adaptar o antigo feitiço da lavagem das roupas nos primeiros dias de janeiro.

Embora ela e vó Virgínia fossem amigas, havia uma pequena animosidade que eu percebera desde pequena. Era como se houvesse entre as duas um gato e um cachorro invisíveis, que se arrepiavam e rosnavam, enquanto as duas se desmanchavam em gentilezas. Quase ninguém percebia esse eterno enroscar de farpas gentilmente enunciadas, e se poderia dizer que elas eram grandes amigas.

Como, ao nascer, tive a presença protetora de minhas antepassadas, ganhei de cada uma delas um dom. E foi justamente um deles que me deu a chave para decifrar o que fazia o gato se arrepiar para o cachorro e o cachorro rosnar para o gato.

Mas você deve estar curiosa sobre este dom. Pois bem, de todas as minhas antepassadas, havia uma tia, morta anos antes do meu nascimento, que possuía o dom de procurar respostas. Este dom sempre se encontra no coração das crianças, mas os adultos, talvez aborrecidos demais ou muito ocupados, logo tratam de aniquilá-lo, substituindo as respostas por monossilábicos grunhidos ou então com o malefício de desviar a atenção. Assim, num piscar de olhos, a criança vê, pouco a pouco, o seu dom escorrendo pelo ralo e em seu lugar se instalando o olhar vazio do *playground*.

Tia Nair, sendo uma feiticeira muito poderosa, quando viu meu primeiro cacho se introduzir entre as pernas de minha mãe, logo tratou de costurar meu dom muito bem costurado. Vó Vitalina disse que nessa hora um poderoso encantamento pôde ser escutado:

"Menina de fartos cabelos
Veio ao mundo perguntar.
Escuta bem meus apelos
E não deixa este dom te largar!"

Como o fio que costurou o dom era bem forte e o encantamento pronunciado com a voz do trovão, tornei-me o ser mais curioso de que já se teve notícia. E foi assim que descobri que o rasgão existente na colcha da amizade entre minhas avós nada mais era do que uma simples questão ideológica!

Enquanto vó Vitalina tinha na Feitiçaria sua única e absoluta religião, vó Virgínia, filha do catolicismo pagão do Algarve, dividia-se entre a Igreja e feitiços. O que minha avó feiticeira não conseguia entender e principalmente aceitar era o amor alucinado que vó Virgínia nutria pelos seus santos, chegando a mandar construir em seu jardim uma réplica exata da gruta onde a Virgem de Fátima se revelara às três crianças portuguesas.

Lembro nitidamente do olhar debochado que vó Vitalina lançara sobre vó Virgínia, murmurando entre dentes: "Velha carola!" Para ela, já que havia sido excluída do universo das letras, era completamente desconhecido o fato de que o cristianismo havia invadido o espaço dos povos pagãos. Com sua lógica simplista de ver a vida, achava que Portugal havia sido sempre cristão, pois todos os portugueses que conhecera, segundo suas próprias palavras, eram "coroinhas e beatos". Nem de longe desconfiava que um dia, muito antes dos primeiros cristãos terem andado por lá, houvera um povo cultuador das dádivas da Natureza e apaixonado pela Grande Mãe.

Tal paixão estava claramente exposta na alucinada devoção que vó Virgínia nutria por sua deusa: a Virgem de Fátima.

Foi preciso muita conversa, muita História da Humanidade, para fazer com que vó Vitalina aceitasse a legitimidade de um feitiço oriundo daquela terra tão cristã.

Após termos concordado com a realização do feitiço dos panos nos primeiros dias da Lua dos Antepassados, acrescentamos alguns rituais que também deveriam ser realizados nesta Lua. Assim, ficou decidido que neste período nos dedicaríamos a feitiços de purificação. Não abusaríamos de alimentos intoxicantes, tais como latarias e carne vermelha. Ouviríamos músicas que apaziguassem nosso ser interior e nos dedicaríamos à leitura de poesias e tragédias gregas.

Também decidimos que nesta Lua começaríamos um pequeno diário. Ele acompanharia todas as Luas com o relato de nossas experiências, fossem elas oriundas de sonhos ou não.

Por fim, estabelecidos todos os procedimentos, vó Vitalina, conhecedora de minha famosa fome de livros, deu-me por incumbência pesquisar a religiosidade de cada dia desta Lua, ou seja, a divindade que diariamente iríamos honrar.

O resultado dessa pesquisa foi sendo concluído ao longo dos anos. Hoje, posso passar a lição completa para vocês:

1º de janeiro Dia do Ano-Novo romano: a festa da Gamelia. Dia em que são reverenciadas as Parcas ou Deusas do Destino: Laquesis, Cloto e Antropos. Também dia de se festejar a deusa alemã Perchta ou Bertha.

2 de janeiro Nascimento da deusa sumeriana da fertilidade: Inana.

3 de janeiro Dia da cerimônia da fertilidade feminina, representada pelos índios Pueblo como a Mãe Corça.

4 de janeiro De acordo com os egípcios, o quarto dia de cada mês pertence a Ísis e Hathor. É um dia extremamente poderoso para qualquer atividade dentro da magia.

5 de janeiro Dia em que na Itália se celebra Befana: bondosa bruxa que distribui presentes para as crianças.

6 de janeiro Dia consagrado à Deusa Tríplice enquanto Senhora do Destino.

7 de janeiro Dia extremamente favorável a todo feitiço que envolva cura, pois é o dia de Nana: ninfa que para os gregos representava o espírito das árvores.

8 de janeiro Dia das parteiras. Celebrado, tanto na Grécia como na Macedônia, com um festival que honrava os nascimentos e essas incríveis mulheres que carregam o dom de trazer a vida. É um dia em que podemos estar próximas das divindades ligadas ao parto, tais como Ártemis, Baubo, Carmen, Odudua, Maria, Mulher Aranha, e muitas outras.

9 de janeiro Dia em que Ísis chorou a morte de Osíris, sua contraparte. É dedicado aos pares sagrados: Afrodite e Apolo, Inana e Tamuz, Ishtar e Baal, e muitos outros. Dia em que também celebramos as deusas subterrâneas: Perséfone, Hécate, Eresquigal, Hel, Oiá, Mamãe Holle, e outras.

10 de janeiro Dia em que honramos a deusa nórdica Freya.

11 de janeiro Dia em que se celebra a Carmentália: festival romano onde se celebra Carmenta, deusa protetora dos recém-nascidos.

12 de janeiro Dia de Sarasvati: deusa indiana da sabedoria e arte.

13 de janeiro Dia de Rumina: deusa romana do aleitamento materno. Excelente dia para as mães que estiverem com pouco leite ou ainda no período de gestação pedirem à Deusa o sagrado alimento.

14 de janeiro Dia em que na Bulgária se abençoam as videiras, garantindo-se assim a qualidade do vinho. É um dia no qual também celebramos todos os deuses e deusas da fertilidade, tais como: Dioniso, Deméter, Réia, Iemanjá, Odudua, Astarte, e outros.

15 de janeiro Dia consagrado a Héstia, deusa protetora dos lares.

16 de janeiro Dia que, na França, é consagrado à Rainha do Universo. Dia também consagrado ao deus-elefante Ganesha: filho da deusa Pavarti. Como Ganesha é conhecido por sua eficaz proteção na sorte e sucesso, é um ótimo dia para a realização de projetos.

17 de janeiro Dia em que os antigos persas reverenciavam a deusa-lua Ashi.

18 de janeiro Dia em que os romanos festejavam o festival das mulheres adoradoras de Juno, deusa protetora dos casamentos.

19 de janeiro Dia em que, em Bizâncio, se celebrava a Bênção das Águas. Portanto, dia consagrado a todas as divindades deste elemento, tais como: Mari, Iemanjá, Kwan Yin, Ísis, Afrodite, Tiamat, Sarasvati, e outras.

20 de janeiro Dia das avós na Bulgária. Consagrado à deusa anciã Baba Den.

21 de janeiro Dia da celebração da deusa dinamarquesa Yngona, que originou o culto cristão de Santa Agnes.

22 de janeiro Dia em que os gregos celebravam Afrodite, a divina mulher nascida dos mares. Como Afrodite está intimamente ligada à sedução, é um dia propício para a realização de feitiços amorosos ou rituais de beleza.

23 de janeiro Dia dedicado à deusa-mãe Mawu, no Daomé.

24 de janeiro Dia da bênção das velas da mulher feliz, para os húngaros. Um dia de purificação e agradecimento pelas dádivas recebidas.

25 de janeiro Dia em que os antigos hebreus demonstravam seu respeito pelas árvores e todas as plantas. Um dia muito poderoso para a realização de tiços que envolvam cura.

26 de janeiro Dia de Alacitia: festival de celebração do deus Ekeko, na Bolívia. Deus considerado doador de abundância. Dia extremamente propício a feitiços com este propósito.

27 de janeiro Dia em que os romanos celebravam a Sementivae Feria (festival das sementes): dedicado a Ceres, deusa da colheita.

28 de janeiro Dia dedicado a Pele, deusa do fogo havaiana.

29 de janeiro Dia da Concórdia, na Itália. Festival da Paz, onde se celebram os nascimentos das deusas da paz: Pax e Irene. É um dia poderoso para o apaziguamento das relações e para rituais de purificação dos lares.

30 de janeiro Dia da purificação das águas. Dedicado a todas as divindades deste elemento.

31 de janeiro Dia do Ano-Novo chinês: dedicado à deusa Kwan Yin.

Fevereiro

A LUA DA BUSCA DO CONHECIMENTO

"Filosofia, Leis e Medicina,
Teologia até, com pena o digo,
Tudo, tudo estudei com vivo empenho!
E eis-me aqui agora, pobre tolo,
Tão sábio como antes! É verdade
Que sou mestre, doutor, e há dez anos
Que discípulos levo, a meu talante,
À esquerda, à direita, ao sul ou norte,
Mas conheço que nada sabemos!
Rói-me isto o coração! Sinto-me acima
De mestres e de padres e de escribas,
Não me perseguem dúvidas nem escrúpulos,
Nem do demônio ou do inferno tenho medo,
Mas também nunca tenho uma hora alegre!
Nem chego a imaginar que haja ciência
Em que deveras creia, nem que saiba
Coisa alguma ensinar que aos homens sirva,
E convertê-los possa ou melhorá-los."

GOETHE, "FAUSTO"

Já tendo passado por minha primeira Lua, e tendo como resultado efetivo a constatação da perda de nefastas gordurinhas que teimavam em invadir meus quadris e coxas, enchi-me de um duplicado entusiasmo para a Lua que agora iniciava: a Lua da Busca do Conhecimento.

Minhas avós observavam de longe, divertidas, pois haviam decidido me dar a liberdade do crescimento na Arte. Coisa muito encantada, como dizia vó Vitalina, orgulhosa daquela menina que se despedia da infância e esboçava seus primeiros passos nos mistérios da mulher.

Igual a toda adolescente tonta por tanta juventude, nem de longe eu desconfiava que a vivência daquela primeira Lua havia trazido ao meu corpo muito mais do que o enxugar das gorduras. Habitava-me uma cintilante estrela que magneticamente me conduzia a estranhos lugares, em busca de novas pessoas e imagens.

Embora ligadíssima às minhas avós, eu agora possuía uma insaciável sede de me expandir para novos horizontes. Conhecer de outras avós suas histórias, apreender novos feitiços ou mesmo sentar sozinha numa pedra da praia e experimentar o divino gosto da solidão.

A Lua dos Antepassados havia solidificado meus dons dentro de mim. Encontrava-me grávida de poder, assim como as mães se sentem nos primeiros meses da gestação, quando, inconscientes desta força, desandam a comer que nem loucas, acreditando que com a barriga cheia talvez consigam conter o caótico rebuliço do milagre que experimentam, enquanto doadoras de uma nova vida. Assim, bojudamente grávida, dirigi-me à minha segunda Lua, que, como ancestral sacerdotisa, aguardava-me à porta do templo...

O mês de fevereiro já se anunciava pelo verde esmaecido das folhas e pelas águas do mar um pouco mais frias. Eu ainda não tinha parado para pensar nas conexões mágicas que este período apresentava. Orgulhosa de minha recente esbeltez, pedalava preguiçosa minha bicicleta pelas calçadas retas da velha Rua Paissandu.

Estranhamente, aquele dia apresentava uma névoa sombria, encarnada no abafado mormaço do final de verão. Talvez pelo mormaço ou por alguma razão que só os deuses conheciam, a rua se encontrava deserta. Não havia o ruidoso barulho das crianças brincando na rua, o arrastar enferrujado dos carrinhos de feira de antigas donas-de-casa, nem tampouco a narrativa dos gols gritados nos radinhos de pilha dos porteiros de edifícios. Não. Era como se o tempo, já sabedor dos acontecimentos, parasse, dando uma chance para melhor respirar a vida...

Recordo perfeitamente que nesse dia vestia uma saia xadrez, presa por um ridículo e gigante alfinete de fralda dourado, pois minha mãe havia dito que era a última moda entre as mocinhas londrinas. Combinava com o vermelho dos quadrados da saia uma blusinha de banlon cor de pêssego, que, apesar das coceiras que me provocava, eu usava na vã esperança de que meus seios parecessem maiores.

Como a arte de combinar cores sempre pertenceu à minha mãe, nessa época uma estonteante mulher encaminhando-se para a casa dos trinta, arrematei o seu trabalho com minha habitual falta de atenção aos pequenos detalhes da moda, calçando meu velho tênis que já não via água e sabão há muito tempo.

Pois bem, assim vestida, plantada em minha bicicleta e já tendo prendido a barra da saia na corrente cheia de graxa, avistei Nuri no final da calçada. Minha doce amiga adolescente de dezoito anos, que para mim era o sinônimo da mais bondosa divindade. Afinal, era a única pessoa com dezoito anos de idade que me tratava como gente, que me escutava sem lançar aqueles estúpidos olhares complacentes, que deixam o adolescente mais novo com cara de bêbado.

Nuri, quando me ouvia, franzia a testa e espichava o olhar. Por mais estúpida que fosse minha teoria, ela de mansinho me corrigia, assim como um esteta delicado trata de arrumar o quadro torto na parede da casa em que se encontra de visita, sem constranger a dona da casa.

Ao avistar Nuri, pedalei mais depressa e corri a seu encontro, esquecendo-me de que a barra da saia insistia em sua aversão pela pobreza suja da corrente da bicicleta. A saia, deixando de lado sua compostura londrina, engalfinhava-se com a corrente da bicicleta como se fosse uma autêntica malandra brasileira. Não tendo nada a ver com esta estranha rusga, inevitavelmente acabei por cair no chão.

Esparramada na calçada, carregava no corpo as marcas dos tapas e arranhões de uma visível e inusitada luta de classes. A pobre saia londrina jazia morta por sobre meus joelhos, coberta por enorme rasgo que perfurava seu coração. A corrente, contrariando a teoria de que na luta de classes o pobre sempre leva a pior, saíra com cortes e arranhões superficiais.

Ao me dar conta do triste cenário e percebendo o cadáver da frágil saia londrina, desatei a chorar como um bebê faminto e desconsolado. O medo da bronca que levaria por ter permitido a morte da saia fulminantemente me atingiu como um raio.

Nuri, com sua bondade de deusa, levantou-me da calçada, falando-me do milagre da medicina dos panos, pois uma agulha manipulada habilmente ressuscitaria o cadáver inerte. Convidou-me, então, para que com ela subisse até o seu apartamento, onde sua empregada, doutora diplomada nas artes dos pontos, costuraria minha saia enquanto na cozinha preparássemos um lanche.

Não sei se pelo alívio de saber que poderia escapar de uma interminável exposição materna do quanto eu era relaxada e sem vaidade, ou pelo envaidecimento de ter sido permitida a minha entrada na intimidade de seu mundo, o fato é que abandonei o choro e a segui, feliz, abanando a cauda como um vira-lata que encontrou o dono.

Enquanto a empregada operava o milagre do cerzimento, preparamos um suculento sanduíche de queijo e presunto, acompanhado por muita Coca-Cola. Em pouco tempo minha saia estava quase que completamente nova, carregando outra vez o peculiar esnobismo de mocinha rica.

Já vestida, recebi de Nuri um doce afago nos cabelos e uma polida explicação de que não poderia ficar por mais tempo conversando comigo, pois estava bastante cansada e precisava tirar uma soneca. Foi a última vez que vi Nuri acordada...

Naquela noite, enquanto jantávamos, minha mãe recebeu um telefonema da mãe de Nuri, dizendo que a filha dormia tão profundamente que ninguém conseguia acordá-la. Mamãe disse qualquer coisa sobre a preguiça dos adolescentes e logo a conversa tomou o rumo do cabeleireiro e do supermercado.

No dia seguinte, Nuri não se levantou para o colégio. Continuava em seu sono e ninguém conseguia acordá-la. Havia se transformado na heroína da história que mais gostava de me narrar: A Bela Adormecida...

Até hoje não sei o nome da doença que beijou o coração de Nuri com os lábios gelados da morte. Não sei se pelo imenso amor que nutria por essa grande amiga, ou se pelo medo de ouvir o que não queria, a verdade é que pela primeira vez não grudei meus ouvidos nas paredes.

Em poucos dias, ou melhor, exatamente nos primeiros dias da Lua da Busca do Conhecimento, Nuri se despediu do mundo com uma última batida do coração. Morrera sem nunca mais ter aberto os olhos, talvez sonhando com um príncipe que iria encontrá-la em outras terras.

Ninguém até hoje entendeu por que fui me despedir de Nuri, vestida com uma saia em convalescença, mutilada por uma delgada cicatriz de linhas e pontos. Minha mãe, na época recém-recrutada para o exército das novas mães adeptas da revolucionária psicologia infantil, cochichava com os presentes, dizendo que eu me encontrava numa fase de afirmação e queria ser diferente.

Não! Ninguém podia mesmo entender que aquela saia despencada era uma roupa ritual, consagrada por uma sacerdotisa que me iniciara nos ritos da morte.

Nuri, em seu caixão, dormia vestida de noiva. Seus longos cabelos se misturavam com delicadas flores-do-campo e um intenso perfume de maçã se desprendia da madeira do seu último leito. A cena era desenhada com tanta delicadeza, que, mesmo com as pessoas chorando ao meu redor, não pude sentir tristeza e nem tampouco o terror que as crianças experimentam ao se depararem pela primeira vez com a morte. Sim, eu havia penetrado no templo e lá tinha sido iniciada.

Poucos dias após seu enterro, Nuri mais uma vez me surpreendeu com suas artimanhas mágicas. Os móveis de seu quarto foram a mim doados, pois, como sua mãe disse na época: "Ela gostaria que ficassem com Márcia."

Recordo-me nitidamente de minha primeira noite no meu quarto vestido com os móveis de Nuri. Hoje, fecho os meus olhos e posso acompanhar os contornos das sombras projetadas na parede, abrir as portas do armário e sentir o longínquo odor de seu perfume, misturando-se com minhas roupas. Posso ainda mirar minha figura desengonçada no espelho da porta e, longe, num reflexo bem distante, avistar o corpo esguio de Nuri me assegurando que um dia Afrodite lançaria sua rede por sobre meu corpo.

Com Nuri me introduzi na Lua da Busca do Conhecimento. Mirei o rosto da morte e dela aprendi seus segredos. Desci as intrincadas e estreitas escadas do reino de Hades, senhor das trevas, e em mim resgatei a Perséfone que devia desabrochar. Comi a fruta sagrada do conhecimento e aprendi a florir e dar sementes. Vi que o conhecimento se origina não somente do acúmulo de informações dos livros, mas da nossa disposição em abrir as portas de um velho armário, deixando fluir as recordações. A morte de Nuri, isso me havia revelado.

Ao longo desta Lua recolhi retalhos de lembranças e iniciei a mágica colcha que até hoje costuro. Colhi flores frescas nos jardins e acompanhei cada passo do seu murchar. Descobri que flores secas também podem possuir o viço da juventude e misteriosamente guardar seu perfume. Aprendi que os mortos dormem em paz e sem pesadelo, se colhermos de seus armários o odor de suas lembranças, se nos mirarmos no espelho e ao longe os avistarmos sorrindo.

Dessa forma, obtive minha primeira lição na Lua da Busca do Conhecimento. Uma lição que pela primeira vez não foi aprendida com minhas avós. A Lua estava se revelando solitária para mim, assim como fizera com minhas antepassadas.

Hoje, quando assisto ao rebuliço das pessoas querendo a qualquer preço sua iniciação, desenho no céu uma Lua e com ela desato em gostosas gargalhadas...

Fevereiro escorria seus dias, espremendo as últimas gotas do verão. O sol se enfraquecia a cada manhã e já se sentia o bafo morno dos ventos do sul agitando as folhas. Embora estivesse de férias, as brincadeiras já não mais me excitavam. A bicicleta jazia esquecida na garagem do prédio, enquanto no meu quarto as bonecas eram por mim cuidadosamente embrulhadas e guardadas num baú.

O sono de Nuri havia despertado a necessidade de crescimento. Eu já não era mais a mesma criança no limite da adolescência, embirrada e perdida entre o desejo de não largar os brinquedos e a vontade de voar mais alto. Já não tinha medo de deixar para trás a infância, pois conhecera o rosto da eternidade. Havia colhido dentro do armário o doce segredo da vida e sabia agora que nada seria perdido, se cuidadosamente recortasse minhas lembranças.

Desta maneira, criei um dos rituais da Lua da Busca do Conhecimento: o de recortar lembranças. Passei por um bom tempo recolhendo objetos e os catalogando. Da saia xadrez recortei um pedacinho da bainha. Do chiclete Ping Pong, ousado presente do menino de óculos por quem suspirava, guardei o papel e o colei num álbum. Juntei fotos, escrevi suas datas e guardei a buzina reluzente de metal da minha bicicleta. Retirei o Mickey da parede do quarto e, num ato de extremo desprendimento, o doei para a meninada do primeiro andar.

Embora acolhesse com muito amor a divindade que agora me acompanhava, sentindo em meu próprio corpo a sacralidade de Ártemis, a cada dia melhor se expandindo, em mim habitava uma dúvida: eu não sabia se continuaria possuindo a magia!

O velho hábito de viver com os ouvidos sempre grudados às paredes havia, como um raio, rasgado o meu futuro. Tornando-me uma "mocinha", esqueceria esse eterno estado de "viver no mundo da lua" e logo, logo me adaptaria às exigências do mundo real? As palavras da experiente amiga de minha mãe, exímia praticante da revolucionária psicologia infantil, caíram sobre minha cabeça com o peso da maior pedra existente no planeta. Eu tinha à minha frente um futuro nada promissor...

A idéia de pensar que não mais conseguiria ouvir a voz das estrelas, que não iria entrelaçar meus sonhos com os aromas das plantas, nem tampouco brincar com o tempo, tudo isso me assustava. A perspectiva de me transformar num ácido adulto, careca de sonhos, era de tal forma assustadora, que resolvi, numa noite morna de fevereiro, arrumar minhas lembranças numa pequena mala e partir para além do arco-íris, para o lugar onde não existe dor e todos os sonhos são possíveis.

Naquela noite tentei telefonar para a casa de vó Vitalina, mas, talvez por artimanhas da Lua, deparei-me com seu aparelho constantemente ocupado. Eu teria que fazer a viagem sozinha.

Mesmo carregando muita insegurança e temor, por estar só na realização deste ato mágico, a perspectiva de um futuro insosso que nem pão dormido superava todo e qualquer medo. Assim, sozinha no meu quarto, invoquei o vento, o som das estrelas, a flecha de fogo de Ártemis e o desbravar das águas de Posídon. Deixei que me envolvessem num mágico casulo e, como um cervo livre nas matas, projetei-me para além das nuvens. Lá de cima, vi meu corpo embrulhado no lençol cor-de-rosa e o quarto pouco a pouco foi ficando para trás.

Conforme o que as pessoas da casa me disseram, passei umas duas semanas completamente fora da realidade. Não dormia e falava com os meus espíritos. Pela primeira vez conheci um psiquiatra, habilmente introduzido, em minha vida, pelos fios das artimanhas da famosa amiga de minha mãe. Dizem que minha avó, ao saber que eu era assistida por tão ilustre autoridade, quase esqueceu de sua diária e árdua disciplina e não conteve a avalanche de suas maldições. Por muito pouco ela não fulminou o arrogante homem de ciência com uma eterna impotência!

O fato de estar sendo tratada com abomináveis medicamentos enfurecia minha avó, que aos berros culpava a todos por uma provável crise de loucura coletiva. Devidamente aconchegada nos braços dos deuses, eu circulava meu corpo oco entre os corredores do colégio, os cômodos de minha casa e, é claro, o consultório do psiquiatra. Este, talvez embevecido pelo aroma das ervas e dos beijos que de longe as estrelas enviavam, logo percebeu que meu estranho caso não se tratava de loucura. Por falta de conhecimento mágico me classificou com a pomposa palavra hipersensível. Não sei se por obra dos feitiços de minha avó ou de um apaixonamento súbito pela Lua, em poucos dias ele me deu alta!

De acordo com o parecer do psiquiatra, nada havia para ser feito, os adultos deveriam me deixar sozinha com minha hipersensibilidade e em pouco tempo eu voltaria das terras em que me encontrava.

Vovó, com sua eterna desconfiança pelos homens de ciência, ou mesmo enxergando com um pé atrás aquela repentina adesão às suas fileiras, tratou de arrumar um ritual muito mais eficiente do que a científica terapia prescrita pelo doutor. Todo dia, na hora em que a Lua surgia no céu, ela me pedia para que lhe narrasse minhas aventuras na terra do além do arco-íris. Enquanto ouvia as minhas histórias, costurava roupas e pregava botões. Lá de longe, eu observava os seus dedos ágeis costurando os panos, e sua voz sussurrada que dizia à cada laçada da linha:

Fio da Lua, fio de prata
Prende de volta a menina.
Ai Senhora, a saudade me mata
Devolve a minha menina!

Não sei se penalizada pela dor de minha avó ou se tirada dos braços dos deuses pelo rígido fio de prata da Lua, retornei ao meu velho corpo, exatamente na penúltima Lua de fevereiro.

Durante o curto período em que passei fora de meu corpo, envolvida pelas algas dos mares de Posídon e pelos ventos das florestas rasgadas por Dioniso, aprendi com os deuses o mágico ofício dos sonhos. Colei um pequeno feitiço em cada estrela do céu e dobrei a noite como um véu de noiva que as mulheres guardam por toda a vida.

Estendi a claridão do dia num varal e deixei que os beijos de Apolo secassem as infinitas gotas do suor de Afrodite. Raptei o pudor de Ártemis e extirpei um seio para que, como uma Amazona, pudesse melhor portar o arco e flecha que a selvagem deusa-menina me dera. Recolhi com cuidado a sabedoria de Atena, dobrei cada pedaço do tapete que juntas tecemos e docemente, como criança colocando no bolso um pedacinho de doce, depositei no coração todas as prendas do sonho.

Assim, com minha mala acrescida em poder, pude retornar. Havia-me feito tão forte quanto Hércules e Atlas. Agora eu sabia que ninguém tomaria a magia de mim.

Lembro que contei atropeladamente para minha avó o que havia me acontecido. Como um turista recém-chegado, abri minha mala e expus minhas prendas. Disse-lhe das noites à beira do mar com Afrodite, das histórias mansas ao pé da lareira, quando Héstia, suave deusa protetora dos lares, narrou-me a saga de minha família, das árduas aulas de resistência guerreira que as Amazonas me davam a cada dia, e o despudor dos delírios que Dioniso me ensinara.

Vovó a tudo escutava atentamente. Por vezes, como se também estivesse me mostrando suas prendas, desenhava um cúmplice sorriso no rosto e gentilmente balançava a cabeça. Nessa hora pude ver, no coque de seus cabelos jamais cortados, a rebeldia de Ártemis e a curva obscena das paixões de Afrodite. Compreendi então que ela também havia dobrado a noite e estendido no varal a claridão do dia... Entendi que Héstia me dizia, através do corpo envelhecido de minha avó, que o poder é eterno e que a magia não escapa daquele que aprendeu os mistérios da noite e do dia.

Ao constatar, por detrás do opaco da velhice, o viço dos primeiros suspiros da juventude de minha avó, compreendi o mistério que nós, bruxas, carregávamos. Aquilo que fez com que nos perseguissem através da História, transformando-nos nas grandes vilãs dos tempos: nós éramos eternas e carregávamos as sementes da eternidade.

De posse desta segunda lição docemente doada pela Lua da Busca do Conhecimento, resolvi que já era hora de me fortalecer neste mundo onde os homens nos temiam. De corpo e alma entreguei-me à decifração de seus códigos e aprendi a defender-me com o mesmo tipo de armas de que a humanidade tanto se orgulha: a enclausurada lógica da razão. Conheci as regras do tão exaltado mundo real e com precisa racionalidade logo tratei de desmontá-lo.

Como cobaias deste insólito estudo, utilizei os meninos do prédio. Devidamente munida pelos mais fortes argumentos extraídos de seus próprios mestres, travei intermináveis discussões sobre a fragilidade dos argumentos que tentavam demonstrar que nós, mulheres, éramos mais fracas e inferiores aos homens.

Assim, auxiliada por minhas deusas, semeei minhas primeiras sementes de eternidade. Constatei que como feiticeira não podia me ausentar do mundo dos homens, escondendo minha cabeça como um avestruz assustado. Percebi que teria que me envolver na lógica do pão dormido, para transformá-la com os sonhos num suculento e crocante pão fresquinho.

Com alegria, pude ver que as sementes que começara a semear já desabrochavam em belíssimos brotos. Pela primeira vez, na história da interminável guerra dos meninos contra as meninas, uma trégua tinha sido declarada e juntos desfrutávamos das brincadeiras, antes só permitidas aos meninos!

Ao escrever estas páginas, tenho comigo a certeza de que Virgílio, Toninho, Alfredo, Gabriel, Ricardo, Déda, Isaac, Roberto, Ronnie e Artie tratam suas mulheres com respeito, sabendo que podem nelas confiar e a elas se entregarem sem reservas. Embora sem ter nenhuma notícia deles, acredito firmemente que amam seus filhos e contra eles não praticam nenhuma violência.

A descoberta de que podia aliar aos meus conhecimentos mágicos o conhecimento estruturado da razão ampliou incrivelmente meu poder, dando-me chance de melhor compreender o mundo em que vivemos. Percebi que de nada valiam meus conhecimentos mágicos, se não os mesclasse com a fria lógica da razão, que de nada servia minha intensa capacidade de me projetar no mundo delirante dos deuses, se não os trouxesse para o gélido cotidiano que a humanidade desfruta.

Assim, conhecedora de todos os atalhos que deviam ser tomados, dediquei-me ao estudo dos textos filosóficos que afetaram a humanidade. Com espanto, descobri que neles também estava a presença dos meus deuses, que havia o vôo dos sonhos em cada linha que fora escrita e que carregavam em cada palavra o mágico dom de encantar.

Imediatamente compreendi por que os homens haviam proibido o ingresso das mulheres no mundo das letras: eles sabiam que nós reconheceríamos os encantamentos pronunciados em cada página e logo trataríamos de realizá-los! Assim, por puro medo de um mundo mais doce e gentil, nos convenceram que Thoreau não era leitura para mulheres, que Sartre era difícil de ser entendido por nós e Sade tampouco era leitura para moças bem-comportadas! Nos convenceram que mulheres sábias eram sempre feias e solteironas e que, se quiséssemos ser notadas por eles, teríamos que abdicar do pensamento em função de uma beleza cosmética, tola e estúpida.

Ao relatar minhas recentes descobertas a vó Vitalina, pela primeira vez presenciei o frio da tristeza em seu olhar. Ela sofria não só por ela, mas por suas companheiras. Sofria a dor de nunca ter podido conversar com os poetas, nunca ter podido discutir com os antigos filósofos e, principalmente: nunca ter tido acesso à história de suas origens. Restaram-lhe somente os ouvidos sempre atentos, pescando fragmentos de uma cultura que lhe havia sido usurpada.

À medida que ia descrevendo o enorme mundo de possibilidades que a Lua da Busca do Conhecimento nos descrevia, pude perceber que a tristeza se afastava de seu olhar, dando lugar a pequeninas faíscas de esperança. Ela podia agora vislumbrar um futuro de dignidade para nós, feiticeiras. Podia confiar que iríamos perpetuar as tradições pelo decorrer dos tempos. Podia cerrar os olhos e descortinar um mundo mais justo, construído pela delicadeza das feiticeiras que a seguiriam...

Assim, ambas comovidas pela descoberta de que o mundo do intelecto não era o nosso grande vilão, estabelecemos que o mês de fevereiro seria por nós dedicado ao estudo dos textos da Filosofia, como os de Platão, Emerson, Aristóteles, Thoreau, Sartre, Heráclito, Simone de Beauvoir, Ivan Ilich, Hegel, Kant e muitos outros mais.

Discutiríamos cada parágrafo e teríamos como meta a realização dos encantamentos que os filósofos lançaram. Decifraríamos o fio confuso da história e como mágica teia o estenderíamos ao nosso cotidiano.

Não mais permitiríamos que as vozes dos homens se elevassem quando estivéssemos expondo nosso pensamento. Não teríamos pudor em nos revelarmos belas e cultas.

A cada dia honraríamos nossas mulheres que passaram pelo tempo sem oportunidade de terem acesso ao conhecimento. Levaríamos às outras irmãs aquilo que aprendêssemos e nunca mais permitiríamos que nos roubassem nosso papel no mundo. Não teríamos mais vergonha em nos declararmos feiticeiras e isso espalharíamos aos quatro ventos.

Como auxílio das divindades nesta Lua, onde o estudo intelectual é de extrema importância, nos valeríamos dos recursos do alecrim: erva que auxilia aos que se dedicam às aventuras do intelecto. Regularmente, tomaríamos banhos feitos com esta erva. Ao anoitecer, tomaríamos uma xícara de seu chá, enquanto invocássemos a proteção de Atena, dona por direito dessa Lua.

Já com os procedimentos mágicos estipulados, tratamos de descobrir as divindades protetoras de cada dia deste mês. Deixo-as agora com vocês, para que delas também se sirvam:

1º de fevereiro Dia em que, no hemisfério sul, celebramos o *sabbath* denominado Lammas ou Lughnasadh: festa da celebração da colheita e preparação para o outono que se aproxima. Neste dia, também celebramos Brigid, Brude, Juno Februata, Vesta, Héstia, Oiá, Lucina, Freya, Befana e Ísis.

2 de fevereiro Dia também consagrado a Oiá: deusa Yoruba das tempestades, detentora dos poderes do fogo e doadora da justiça e memória.

3 de fevereiro Começo dos três dias dedicados aos Mistérios de Elêusis, quando celebramos Deméter e Perséfone. Os romanos adaptaram o culto dessas duas divindades gregas, consagrando-o às suas deusas da fertilidade: Ceres e Proserpina. Dia também consagrado a Danu: antiga deusa irlandesa, detentora do conhecimento, e a Aine: deusa irlandesa, rainha das fadas do sul de Munster.

4 de fevereiro Dia em que honramos Izanami: deusa japonesa criadora da vida. Neste dia também festejamos Chalchihuitlique: deusa asteca, venerada sob a forma de arco-íris, senhora de todas as águas.

5 de fevereiro Dia da celebração siciliana de Santa Agatha e de Cat Ana: deusa ancestral irlandesa, doadora da prosperidade e abundância.

6 de fevereiro Dia em que os gregos celebravam o festival de Afrodite. A tradição também consagra o sexto dia de cada mês a Ártemis, na Grécia, e a Saoka, na antiga Pérsia.

7 de fevereiro Dia consagrado a Selene, deusa grega da Lua, também conhecida sob o nome de Phoebe e Helena. Selene é a deusa da Lua Cheia, filha de Thea e esposa do Sol. Neste dia também celebramos outras deusas lunares, como, Luna, Erzulie, Lilith, Jezana, Ísis, Diana, Semele, Kwan Yin, Ishtar, Maat, e outras.

8 de fevereiro Dia da celebração da deusa chinesa Kwan Yin: aquela que salva o homem dos padecimentos físicos e espirituais. Neste dia também honramos Nu Kua: antiga deusa-mãe chinesa, que criou os homens moldando-os na argila amarela. Nu Kua é a deusa que restaura a ordem, devendo ser invocada nos períodos em que esta precise ser restabelecida.

9 de fevereiro Dia consagrado à deusa indiana Tara: representada sob a forma de estrela. Para os indianos, Tara representa o absoluto, a insaciável fome que sustenta a vida. Deve ser invocada quando nos sentimos vazios de vida.

10 de fevereiro Dia da celebração da deusa persa Anahita: deusa da fertilidade e senhora de todas as águas. Dia também consagrado a Maat, deusa egípcia da justiça e da verdade.

11 de fevereiro Dia em que na França se celebra a Festa de Nossa Senhora de Lourdes: a divindade vista por Bernadette em 1858. Na tradição, sabemos que Lourdes havia sido um dos lugares de adoração a Perséfone, antes do evento do cristianismo; portanto, nós, feiticeiras, acolhemos a visão de Bernadette como uma manifestação visível da Deusa.

12 de fevereiro Dia em que o povo Pueblo, nativo americano, celebra Powamu: a cerimônia de purificação. Neste dia, planta-se feijão e celebra-se a deusa da fertilidade, conhecida sob o nome de Pachevu, celebra-se a Mãe Guerreira conhecida como Hehewuti, e outros nomes que variam para cada tribo.

13 de fevereiro Data em que os romanos celebram o primeiro dia da Parentália, que termina no dia 18. É uma festa dedicada à purificação dos sentimentos, sendo exaltado o amor. Festa totalmente consagrada à deusa Vesta, protetora do fogo sagrado dos lares.

14 de fevereiro Segundo dia da Parentália, quando se introduz a celebração de Juno, protetora dos matrimônios e doadora dos filhos.

15 de fevereiro Terceiro dia da Parentália, quando celebra-se Juno em sua manifestação de Juno Februata, aquela que a tudo frutifica. É também o dia em que honramos Astoreth, deusa da fertilidade.

16 de fevereiro Quarto dia da Parentália, quando se celebra Diana Lucifera, rainha do céu e da luz.

17 de fevereiro Dia em que celebramos Erzulie, deusa haitiana do amor: esposa de Agwe, senhor dos mares e amante de Ogoun, deus da guerra e do fogo. É a protetora dos sonhos amorosos e doadora da saúde.

18 de fevereiro Dia em que os antigos persas celebravam o Spenta Armaiti: festival das mulheres dedicado a Spandarmat, deusa da fertilidade. Dia em que também se celebra o culto a Ops, deusa romana da fertilidade e esposa de Saturno.

19 de fevereiro Dia consagrado ao culto de Nammu: deusa sumeriana das águas, criadora da espécie humana e protetora das emoções.

20 de fevereiro Dia em que os romanos comemoravam a festa de Tacita: a deusa silenciosa, protetora daqueles que foram feridos por fofocas e injúrias. Tacita também é conhecida sob o nome de Dea Muta, protetora dos lares e doadora de prosperidade.

21 de fevereiro Dia em que na China se celebra o Festival das Lanternas, quando se cultua Kwan Yin, deusa doadora da luz. É também o último dia da Parentália, conhecido como o Dia de Todas as Almas, quando se cultuam os mortos, acendendo-lhes velas brancas.

22 de fevereiro Dia em que na Itália celebra-se Santa Lúcia, derivação cristã da antiga deusa romana da luz, Lucina. É também o dia em que os romanos celebravam a deusa Carista: doadora da paz e harmonia dos lares.

23 de fevereiro Dia em que os romanos celebravam a Terminália, consagrada a Janus: Deus guardião das portas e doador das finalizações.

24 de fevereiro Dia em que Roma celebrava a Regifugium: o dia do vôo dos reis, quando o Rei do Ano era sacrificado para que a Deusa fosse coroada. Dia em que honramos Dioniso, Attis, Adônis, Tammuz, Apolo, Damuzi, Osíris, Pan, Lugh, Herne, Cernunnos, Yoko-Hoo e Baco.

25 de fevereiro Dia em que celebramos Frau Holle, deusa germânica da morte. Neste dia também honramos a deusa esquimó Sedna: provedora dos alimentos, protetora dos animais e aquela que recebe as almas dos mortos em seu reino no fundo do mar.

26 de fevereiro Dia em que os antigos egípcios celebravam Nut: deusa da cura e da fertilidade. Dia em que os armênios celebravam o deus Mirh, guardião do fogo. É também o dia em que na Polinésia se celebra o culto à deusa do mundo subterrâneo: Mahuea.

27 de fevereiro Dia em que no Marrocos celebra-se o Tempo da Velha Mulher: período em que o tempo se torna perigoso, sujeito a graves fenômenos climáticos. É também o dia em que os índios norte-americanos celebram a Grande Deusa das Transformações: deusa-avó do destino, provedora da fortuna e das mudanças.

28 de fevereiro Dia em que se celebrava o *sabbath* dos caldeus: o Sabbatu. Na Pérsia era um dia consagrado a Zamyaz: deusa da vegetação e da fertilidade. Para os saxões é o dia em que se assam os bolos, repartidos entre os amigos e as divindades.

29 de fevereiro Dia em que os celtas celebravam a deusa da fertilidade e da inspiração: Brigid, filha de Dagda. É um dia em que honramos as deusas lunares com a leitura de poemas.

Março

A LUA DO OLHO INTERIOR

"... mas o devaneio não conta histórias. Ou, pelo menos, há devaneios tão profundos, devaneios que nos ajudam a descer tão profundamente em nós mesmos que nos desembaraçam da nossa história. Libertam-nos do nosso nome. Devolvem-nos essas solidões de hoje às solidões primeiras. Essas solidões primeiras, essas solidões de criança, deixam em certas almas marcas indeléveis. Toda a vida é sensibilizada para o devaneio poético, para um devaneio que sabe o preço da solidão. A infância conhece a infelicidade pelos homens. Na solidão a criança pode acalmar seus sofrimentos. Ali ela se sente filha do cosmos, quando o mundo humano lhe deixa a paz. E é assim que nas suas solidões, desde que se torna dona de seus devaneios, a criança conhece a ventura de sonhar, que será mais tarde a ventura dos poetas. Como não sentir que há comunicação entre a nossa solidão de sonhador e as solidões da infância? E não é à toa que, num devaneio tranqüilo, seguimos muitas vezes a inclinação que nos restitui às nossas solidões de infância."

GASTON BACHELARD, "A POÉTICA DO DEVANEIO"

Os últimos dias da Lua do Conhecimento transcorriam sem pressa, como um amigo querido que inventa mil ramagens de conversas e trapaceia com as horas quando de nós se despede. A chegada do outono já podia ser visivelmente notada nas primeiras folhas que, lânguidas, dançavam no ar.

Pela primeira vez, eu havia experimentado a magia do agricultor de que minha avó tanto falava. Passara uma boa parte do verão ocupada somente com a colheita, selecionara os frutos e trabalhara a terra. Em mim germinavam as sementes das leituras que fizera na escuridão tranqüila de meus pensamentos. Como uma criança gulosa, ao pé de uma goiabeira, devorei o tempo dos filósofos e deles me fiz amiga.

Sonhava com o bulevar de Sartre, onde preguiçosos tomávamos intermináveis xícaras de café, discutindo os mistérios do ser. Tornei-me íntima de Simone de Beauvoir e a fiz confidente dos meus mais secretos desejos. Com Thoreau tive aulas de resistência cívica e aprendi os golpes que teria que empregar em defesa da Grande Mãe Natureza.

Minha avó de longe observava o desabrochar da magia que em suas antepassadas havia sido represada e usurpada pela civilização dos homens. Como muitas outras de minha geração, eu estava recuperando os encantamentos civilizatórios que outra vez colocariam o papel da feiticeira como o de formadora de uma maneira mais doce de viver. Aos olhos de minha avó, havia agora a certeza de que a feitiçaria não mais seria vista como um conjunto "excêntrico" de religiões ingênuas e crédulas em "simpatias". Sob a ótica dos homens letrados, não mais seríamos vistas como "mulheres histéricas, praticantes de costumes bárbaros..."

Ao escrever estas linhas, me dou conta de que muitas de nós, feiticeiras hereditárias, trilharam simultaneamente o mesmo caminho. Ao tomar nas mãos os livros de Zsuzsanna Budapest, que na década de sessenta começou a pesquisar historicamente as tradições que sua mãe lhe havia transmitido, sinto-me magicamente fazendo parte de um poderoso *coven*, docemente convocado pela Senhora Lua...

Feiticeiras modernas, como Z. Budapest, Barbara Walker, Diane Stein, Merlin Stone, Starhawk, Janet Farrar, Jamie Sams e muitas outras, iniciaram, na década de sessenta, em diferentes partes do mundo, a mesma caminhada que eu iniciara.

Não era mais uma busca de lugares sagrados que nos traria respeito e dignidade. Não seria nenhum caminho de São Tiago que nos devolveria o papel que a civilização patriarcal nos havia roubado... A magia estava intacta e dentro de nós, transmitida através de séculos por nossas antepassadas. O que devia ser conquistado era aquilo que um dia fora saqueado dos antigos templos, arrancado das mãos das sacerdotisas, para ser utilizado pelos homens como arma de poder e destruição: o conhecimento intelectual do mundo.

Assim, enquanto uma enorme parte carente de magia se envolvia com os tortuosos caminhos do ocultismo tradicional, invocando demônios e elementais fantasiosos, nós, feiticeiras modernas, arávamos os campos do conhecimento. Revolvemos prateleiras e queimamos pestanas na busca de nosso graal, nos perdemos em rios extintos, em terras que haviam mudado de nome e colhemos as sementes de nossa própria história.

Embora minha avó, naquele final de fevereiro, tivesse me lançado um encantamento, no qual dizia que um dia eu escreveria a nossa história, nem de longe eu desconfiava que o caminho, já iniciado, me levaria à publicação dos meus próprios livros.

* * *

Mas, voltando à nossa história. Tendo percorrido duas Luas e sentindo efetivamente as transformações que me ocorreram neste período, preparava-me para ingressar na terceira, a Lua do Olho Interior, aquela de quem eu ainda não havia visto o rosto, mas percebera seu poder na face da Natureza que agora se transformava...

Dando-me conta de que os primeiros dias de março se aproximavam e que ainda não possuía a mínima idéia do que me aguardava, numa manhã dirigi-me até onde o vento soprava mais forte: a casa de minha avó.

Desci minha rua esquivando-me das enormes folhas das palmeiras que vez por outra caíam, provocando as costumeiras ranzinzices de alguns moradores da rua, inimigos das soberbas árvores. Eu já havia me acostumado aos incansáveis comentários daqueles amantes da serra elétrica e travava agora uma nova tática de guerrilha com o selvagem exército de lacerdinhas que invadiam as ruas da cidade. Eram minúsculos insetos, esguios e negros como o mais negro veludo. Sua ferocidade se concentrava num ataque aos olhos do inimigo, que se contorcia de dor quando tal coisa acontecia.

Até hoje não consegui uma explicação satisfatória para o nome com o qual a população os batizou. Como sempre fiquei à margem das questões políticas, não me interessava saber deste insignificante pormenor. Dediquei-me a uma tática de guerrilha que me permitisse sobreviver a eles.

Exercendo o velho costume a mim ensinado por minha avó — o de observar em detalhes a Natureza — logo descobri que os pequenos insetos tinham uma predileção pelos muros onde crescia o fícus, aquela planta com uma folhinha verde e resistente, que por vezes se transformava num formidável apito. Os "pequenos terroristas" ali se ocultavam, esperando que algum descuidado por ali passasse, de preferência com os olhos bem abertos!

De posse desta informação de guerra, caminhava bem no centro da calçada, evitando todo e qualquer muro que contivesse a plantinha hospedeira. Me valia também de uma segunda e preciosíssima informação: os pequeninos soldados eram misteriosamente atraídos para aqueles que estivessem portando no corpo qualquer roupa amarela. Assim, desnuda de qualquer amarelo, atravessei o longo caminho que separava minha casa da casa de minha avó, sem sofrer ataque algum.

Confiante nesta recente descoberta de meus pendores bélicos, como um pequeno general alcancei o pequeno portão do jardim de vó Vitalina. Não sei se devido a sua ancestral aversão pelo militarismo, ou chocada por minha arrogância de vencedor, vovó logo tratou de me colocar no devido eixo, lançando-me um de seus preciosos encantamentos:

O tolo incha com a vitória
O bobo pensa que venceu
Ele não sabe a metade da história
E só depois vai ver que perdeu!

As palavras de minha avó caíram-me como um balde de água fria! Eu me encaixava exatamente no papel do tolo gordo de empáfias que sai pelas ruas arrotando suas vitórias. Em nenhum instante havia percebido o significado dos atos que praticara, estava tão excitada por sair ilesa do ataque dos lacerdinhas, que em nenhum momento me perguntei pelas razões que haviam proporcionado o súbito ataque dos insetos à cidade.

Tentando melhorar minha situação, argumentei que tinha seguido seus ensinamentos e que por semanas observara os costumes dos tais bichinhos, a ponto de me safar de seus ataques. Minha avó, com um zombeteiro riso desenhado em seus lábios, me disse: "Estou vendo que o tolo se instalou em você e não quer sair. Você está aí toda prosa porque escapou da Natureza, mas é tão tola que não compreendeu o recado da Grande Mãe. Pelo jeito, a Lua do Conhecimento não foi totalmente percorrida. Volte para casa e procure ouvir a voz de seu espírito."

Não preciso nem dizer que retornei me sentindo tão pequena como um lacerdinha! As palavras de vó Vitalina ecoavam no meu cérebro como um trovão metafísico, feito do cinza das nuvens e dos estalos da luz. Não compreendia o alcance de suas palavras e me sentia estupidamente burra...

Os pés, pesados como chumbo, me conduziam pelas ruas tal qual uma tartaruga bêbada. Até que ao entrar na minha rua, fui de chofre atingida nos olhos por alguns insetos que, como resistentes guerrilheiros, deviam estar por horas ali me esperando, encobertos pelo muro de fícus.

A ardência em meus olhos era tão intensa que por minutos experimentei o estado dos cegos. Por mais que esfregasse os olhos, não obtinha qualquer resultado satisfatório e piorava mais ainda a situação.

Depois de ter quase esfolado as pálpebras, deixei de resistir e, sentada no meio fio da calçada, esperei que o efeito do ataque abrandasse. Um vento gelado penetrou em minhas costas, dando-me a nítida sensação de que minha mãe soprava meu machucado molhado com merthiolate, exatamente como fazia quando eu era mais nova. Era como se naquele momento a Grande Mãe, enternecida com a minha dor, estivesse me dando mais uma chance.

Aconchegada pelo beijo da Natureza e com os olhos livres da incômoda ardência, tomei de novo o caminho de casa. Ao cruzar a portaria do edifício, deparei-me com o ser humano que eu mais temia: o almirante do quinto andar!

Não sei por que, mas ao ver aquele homem que nunca sorria para nenhuma criança, que perseguia nossas brincadeiras com uma interminável lista de queixas sempre diretamente entregues a nossos pais, tive a impressão de sentir um mal-estar mil vezes maior do que o ataque dos lacerdinhas.

Algum tempo depois, nessa mesma Lua, pude comprovar a veracidade dessa intuição, pois, nos últimos dias daquele mês de março, os canhões e as armas expuseram seus dentes nas ruas de todo o país...

Já refeita do susto gelado que havia tido na portaria, entrei no meu quarto e em silêncio meditei sobre as palavras que minha avó tinha dito. Vasculhei cada dia vivido na Lua da Busca do Conhecimento, na esperança de encontrar uma pista que me dissesse onde havia errado. Revirei anotações, procurei respostas nos trechos que escrevera, mas nada... Nada me apontava o lugar exato do meu erro!

Até que passada a primeira semana da Lua do Olho Interior, envolvida pelos preparativos da volta às aulas, já dando como frustrada a tentativa de transformar o ano num caminho mágico de iniciação, sem nenhum motivo lógico meu Livro das Sombras misturou-se aos novos cadernos do material escolar. Intrigada com sua presença, visto que eu o guardava muito bem e nunca permitia que ninguém o tocasse, curiosa o recolhi, pois sabia que alguma revelação estava a caminho.

Trancada em meu quarto, folheei o grosso caderno que me iniciara ainda bem pequena. Com carinho, revi meus relatos sobre os primeiros feitiços que realizara, anotações de sonhos premonitórios, os primeiros encantamentos que meu coração ditara e fragmentos mágicos do meu cotidiano.

Perdida num caleidoscópio de feitiços, rituais e encantamentos, de repente fui surpreendida por uma folha de papel que descansava dobrada e oculta nas sombras do grosso caderno. Estranhando tal fenômeno, já que eu não tinha por hábito introduzir folhas soltas em meu Livro de Sombras, delicadamente acolhi o recado que os deuses me mandavam, sorvendo cada palavra que estava escrita na folha.

Era um trecho de Thoreau, filósofo americano que eu havia devorado durante os dias da Lua da Busca do Conhecimento:

"... O intelecto de muitos homens é estéril. Nem fertiliza, nem é fertilizado. É a união da alma com a natureza que torna o intelecto fecundo, que cria a imaginação... Alguns grãos de pólen fertilizante, que flutuam no ar, caem sobre nós e de súbito o firmamento se transfigura em um arco-íris, cheio de música, de fragrância e de sabor... Só o pensamento expresso pelo espírito em repouso — como se estivesse deitado de costas e contemplando o céu — é adequado e completamente expresso. Que importância têm as semi-opiniões, transitórias, passageiras, laterais?... O conhecimento não vem a nós por detalhes, mas por meio do presente dos deuses.

Os pensamentos mais valiosos que eu alimento são tudo, menos o que penso. A Natureza detesta o vácuo e se eu andar suficientemente despreocupado, certamente ele me saciará.

... As raízes das letras são as coisas. Os objetos e fenômenos naturais são os símbolos ou tipos originais que exprimem nossos pensamentos e sentimentos. As idéias mais claras e mais etéreas rapidamente se aliam à terra, à matriz original das coisas. Criam raízes tão depressa como ramos, ficam ansiosas por terrenizar-se. Nenhuma idéia, por elevada que seja, demora a criar raízes. Do mesmo modo existem plantas parasitas que têm suas raízes nos ramos ou raízes de outras plantas, como o agárico, a faia etc. Há espíritos que têm suas raízes em outros espíritos, como na matriz da Natureza. E na verdade não é este o caso da maioria?"

As sábias palavras de Thoreau me provocaram o mesmo banho frio que as de minha avó. Eu entendia agora aquilo que a doçura de minha avó a havia impedido de me dizer com todas as letras: eu não havia escutado o coração das palavras que lera, e usava o conhecimento obtido nos livros como uma estúpida réplica do pensamento patriarcal!

Não entendera que o conhecimento é o ato de se envolver com o mundo, e estupidamente analisara o ataque dos lacerdinhas simplesmente como um fenômeno biológico, classificando seus hábitos e costumes. Esquecera-me de que tudo que nos é enviado pela Natureza constitui-se numa linguagem repleta de significados, onde os deuses nos enviam suas mensagens. Em momento algum procurei desvelar o negror da ardência nos olhos e ouvir com meu coração o significado daquela cegueira momentânea. Não sintonizei o dial do meu rádio na mágica estação do sagrado, preferindo o ruído das frias explicações da ciência para o estranho fenômeno que invadira a cidade.

A Lua do Olho Interior se insinuava lânguida no horizonte. Eu teria agora um longo caminho pela frente. Como a mais ferrenha macrobiótica, teria que mastigar muitas vezes o alimento extraído dos livros e só assim entenderia os sinais que a Grande Mãe enviava.

Excitada pela apreensão de meu erro, corri até a casa de minha avó, onde, atropeladamente, confessei minha estupidez. Contei-lhe sobre minha quase desistência de continuar o caminho da Lua, do quanto duvidei da eficácia mágica de tudo que havia aprendido e principalmente do sentimento oco que em mim se espalhara como raríssima doença.

Minha avó, talvez com a mesma sabedoria que Thoreau demonstraria se por mim fosse solicitado, mansamente me disse: "Márcia, a iniciação da Lua não é como seus deveres da escola. Ela não tem cem perguntas que devam ser respondidas com o ponto afiado na língua, nem tampouco vai te dar diploma ou medalha. Foi você que decidiu vivenciá-la, foi você que revelou o desejo de mirar suas treze faces... Nada posso fazer, não posso lhe ensinar, como um dia ensinei o segredo das ervas, não posso lhe dar as palavras de poder que abrirão o caminho. Nesta jornada você estará sempre sozinha, e, se decidir abandoná-la, terá que mirar no espelho a imagem de sua própria fraqueza. Vá agora e reflita se quer ou não continuar. Estarei daqui velando por você, mas nada poderei fazer se você tropeçar e machucar a alma."

Ao ouvir as palavras de minha avó, constatei o que já vinha sentindo desde que iniciara a jornada: nesta caminhada não havia possibilidade de acompanhantes!

O caminho agora se afigurava a meus olhos com sua verdadeira face: aquele mesmo rosto que um dia surgira aos heróis de meus contos de fadas preferidos, o rosto das noites mansas de lua, dos jardins sempre floridos, dos dragões, das princesas e dos malefícios...

Banhada por um redemoinho de emoções, onde medo, covardia, destemor e esperança se mesclavam. Conheci o primeiro véu da Lua do Olho Interior. Um véu que, sem pressa, modulava preguiçosas curvas no ar, descrevendo por vezes o esplendor da aurora e o negror eunuco da solidão de noites sem sonhos. Vi o grande espelho do tempo e com horror vi os sonhos dos homens agonizando, a esperança corroída pelos vermes e o amor apodrecendo na lama. Compreendi então a cautela de minha avó com o mês de março, o respeito silencioso que ela nutria por aquela estranha ramagem de dias...

No instante em que o tempo se mostrou a meus olhos, como um raio de Zeus a mim enviado, percebi o verdadeiro significado da magia. Não era somente o eterno brincar com as estrelas, o tecer palavras e transformá-las em encantamentos, o entrelaçar dos suspiros e risos das ervas, nem o doce aconchego dos abraços de Lua das minhas avós.

A Lua do Olho Interior me revelou a solidão das noites e o desespero dos homens. Invocou malefícios e esbugalhou seus olhos de vingança. Pela primeira vez mirei a face da Medusa e conheci o terror de gelo que nos transforma em rocha.

Nesta noite, encolhida sob os lençóis como uma frágil e trêmula presa se esconde na mata, acuada por seu caçador, implorei aos deuses que me dessem em sonhos os instrumentos mágicos que eu precisava para prosseguir na jornada. Recordo que adormeci quase que instantaneamente à minha oração.

Em sonho, fui transportada às areias de um sombrio deserto. A noite era totalmente despida de estrelas e um vento gelado penetrava em meu corpo como fria lâmina. Gritos de dor se espalhavam pelas areias, confundindo-se com o vento úmido do desespero.

Embora o ambiente fosse extremamente assustador, uma calma intensa sobre mim se espalhara. Estranhamente, não sentia o menor sinal de medo ou angústia. Meus sentidos se encontravam em plena posse do poder e pela primeira vez experimentei a existência sob a roupagem selvagem das feras. Sentia o ambiente em que me encontrava pelos poros, língua, orifícios e perfurações óticas. Era como se houvesse explodido nos ares e integrado cada átomo de minhas células com os átomos daquele deserto.

Assim como um ser humano saído da primeira noite do tempo, caminhava pela escura noite, guiada por minhas narinas, língua e ouvidos. Nenhum pensamento visível, tangível ou capturável pelas significações passava por minha mente. Eu era a própria significação de todas as palavras possíveis, de todas as línguas existentes no mundo e do silêncio das línguas mortas.

Perdida no sentir este ser que experimentava agora como identidade, caminhei por aquele deserto que rangia como a porta de um velho armário esquecido por séculos num sótão.

À medida que caminhava, meus pés afundavam na areia, como se finíssimas raízes deles saíssem e se entrelaçassem com o solo. A terra me engolia vagarosamente tal qual uma jibóia engole sua presa.

Aos poucos meus movimentos cessaram e me vi estática como uma rocha. Encontrava-me agora no salão de uma enorme caverna subterrânea. Nenhum sinal de vida era encontrado ali e por instantes experimentei a solidão do mundo. Uma solidão ancestral, completamente destituída de ruídos, cheiros e movimentos. Era como se estivesse no centro de um gigantesco intervalo, no momento exato em que o tempo suspirou, antes de criar seu reflexo e dar vida aos átomos que dormiam seu sono eterno.

Subitamente, minhas impressões foram interrompidas por pequenos estalos surdos e pausados. Era como se alguém se aproximasse vagarosamente, deixando no solo o som de sua presença. Aguardei ansiosa a chegada daquele que poderia, quem sabe, esclarecer-me sobre o lugar em que me encontrava. Aos poucos os estalos cessaram e constatei que ninguém viria a meu encontro. Eu estava sozinha naquele lugar por detrás do tempo e teria que decifrá-lo sem nenhum auxílio.

No momento em que constatei o inevitável de minha solidão, mãos invisíveis despiram-me de todas as minhas roupas, deixando-me completamente nua. Um enorme espelho se encontrava agora à minha frente, refletindo minha nudez. Meus olhos, como que hipnotizados pelo mais poderoso ilusionista, percorriam cada centímetro de carne que envolvia meus ossos, cada curva que se insinuava e cada orifício. Aos poucos, a massa de carne, ossos, curvas e orifícios foi se tornando difusa, como se uma pesada neblina a envolvesse do mesmo modo que envolve os picos das montanhas.

Naquele instante, percebi que minha identidade transcendia o volume das carnes e se projetava para um mais além, ainda desconhecido por mim. Lágrimas jorraram de meus olhos como uma insaciável nascente oculta no coração da mata.

Emoções as mais diversas atravessavam meu coração como invisíveis lanças. Experimentei o gosto ácido da inveja, a liquidez gosmenta da mentira, o melado enjoativo da vaidade, o amargo da desesperança, o azedo podre do ciúme e o veneno da arrogância. Todo meu ser se contorcia em lancinantes náuseas que, vez por outra, me obrigavam a vomitar uma gosma amarelada de enxofre.

Quando meu corpo já se exauria em dolorosas contrações, sentindo-me corroída por invisíveis vermes, fui magicamente conduzida à beira de um lago cristalino, onde uma anciã me aguardava.

Não sei se aliviada pelo cessar das dores que sentia, ou se demasiadamente excitada pelo encontro, só sei que abracei-a chorando de alegria. Gentilmente, ela me acolheu em seus braços e por um longo tempo acariciou meus cabelos, fazendo com que uma forte onda de emoções prazerosas em mim se instalasse. Depois, ao constatar que eu já me encontrava suficientemente calma, disse: "Você pediu que os deuses lhe dessem os instrumentos para sua jornada. Nesta noite, você os adquiriu. Como a mais selvagem fera, você extraiu o poder da eternidade, tornou-se planta e já tem raízes na terra, fez-se pedra e aprendeu o dom da força imóvel que a tudo muda, comeu a podridão dos homens e foi sacudida pela rejeição de seus órgãos. Você já tem os instrumentos que precisa. Agora retorne ao seu caminho e use esses dons quando precisar. Eu a abençôo."

Acordei logo depois de sua bênção. O dia se exibia com seus encantamentos de amante. Nas ruas, ocultos nas árvores de minha cidade, os passarinhos cantavam sua interminável melodia. Eu havia retornado à minha jornada e estava estupidamente feliz...

A difícil questão colocada pelo ataque dos lacerdinhas transformou-se em bandeira de largada para a jornada pelos dias da Lua do Olho Interior. Estabeleci o compromisso de decifrá-la, custasse o que custasse.

Os primeiros dias desta Lua esparramaram um indescritível rebuliço pelas ruas. As pessoas se comportavam de maneira estranha, como se estivessem planejando alguma coisa que eu não conseguia descobrir. Surpreendentemente, no colégio não ocorreram as falas despreocupadas, as gabolices próprias do término das férias. Era como se de repente todos os lacerdinhas tivessem atacado todos os olhos, e, cegas, as pessoas tateassem pelos cantos.

Os professores evitavam as perguntas mais profundas e em casa a voz dos adultos era silenciada pelo estridente som do Repórter Esso. Não havia mais o descompromisso das sobremesas, e os jantares se tornaram misteriosamente taciturnos...

Nos elevadores dos prédios, a língua dissimulada da serpente das intrigas despejava o seu veneno entre sons abafados e risinhos maldosos. Muitas vezes, ao tomar o elevador no quarto andar, escutei retalhos de intrigas sobre o vizinho do oitavo andar: "Eles possuem livros vermelhos em casa!"

Nos olhos de minha avó, decifrei o primeiro segredo que esta Lua revelava: a desgraça envolvia a vida dos homens com seu véu de dor.

Lembro que ao decifrar a tristeza no olhar antes tão vivo de vó Vitalina, conheci a dor que minhas antepassadas experimentaram quando viram as desgraças do tempo em que viviam, antes mesmo que alguém pudesse se aperceber.

A Lua do Olho Interior me mostrava o seu olho do mundo... e não era nada agradável. Decidi, então, utilizar o dom do silêncio das rochas como primeiro instrumento a me conduzir naqueles longos dias de março. Intuía que alguma coisa assustadora rondava cada parte da cidade. Alguma coisa com longos dentes e afiadas garras. Somente usando a sabedoria das pedras, que a tudo escutam em sua imobilidade, eu poderia compor as primeiras peças daquele intrincado quebra-cabeça.

Enquanto o resto dos meus amigos tagarelavam despreocupados, me envolvi com a mudez do tempo e escutei a conversa dos corações. A princípio foi difícil controlar o velho hábito que tantas vezes minha avó censurara, o de tagarelar como um louco papagaio. Sofria pela rejeição de minhas amigas que, entediadas por meu silêncio, logo procuravam alguém mais divertido que as satisfizesse. Muitas vezes tentei reaver a velha tagarelice e comentar, por exemplo, a louca paixão de Alcione por Pepino di Capri, enquanto me punha despreocupada entre uma mordida no misto quente e um gole de refrigerante... Quantas vezes tentei cantarolar Sapore di Sale! Lacrimejar meus olhos com a canção e suspirar com minhas amigas pelo galã louro como um dia de sol daquele filme da última matinê...

Embora o desejo de novamente me integrar no meu despreocupado cotidiano soprasse no meu ouvido que não havia sentido em virar pedra, alguma coisa me alertava que os dias estavam nublados e uma forte tempestade estava a caminho.

Aos poucos foi-me revelado o rosto do monstro que se aproximava. Alguns amigos misteriosamente começaram a adotar um estranho comportamento, hostilizando antigos companheiros. No meu silêncio, assisti às humilhações impingidas a Ana Lúcia, doce menina muito gentil, que, da noite para o dia, foi considerada como "péssima companhia", pois era filha de um sensível professor de História.

Muitos anos depois de o Golpe de 1964 já ter se consumado, ao ouvir sobre as atrocidades das torturas nos quartéis estranhei o silêncio sobre aquelas crianças, as que primeiro receberam as primeiras chicotadas. Estranhei não falarem de Vânia, a adolescente do primeiro andar que enchia o prédio com sons de Chopin e Debussy, e que foi considerada devassa e promíscua pelos pais de alguns outros apartamentos, isso porque carregava a "imunda" carga de ter um pai sociólogo. Ninguém falou da mudez de seu piano, nem de seus sonhos destruídos. Imobilizaram aqueles longos dedos, confinando-os à fria cela de seu olhar agora desprovido de estrelas.

* * *

Mas, voltando à história. No silêncio daqueles primeiros dias da Lua do Olho Interior, mirei pela primeira vez a impossibilidade de minha magia. Havia no ar a presença da serpente da discórdia e por ela todos estavam enfeitiçados. Era como se a lata de lixo das emoções estivesse exposta no portão de cada casa. Como se toda raiva, inveja e ressentimento tivessem usurpado o trono do amor, bondade e solidariedade. Estavam todos cegos por um lacerdinha bem mais poderoso...

Até hoje, ao recordar o momento trágico em que constatei a ineficácia dos feitiços e encantamentos sobre a serpente dos flagelos, uma dor bem funda, penetrante como a mais fina agulha, traspassa minha alma.

Revoltada com minha impotência, assustada por ver em cada rosto a máscara disforme da Senhora dos Malefícios, recolhi-me na região do silêncio mais íntimo, aquela parte do coração em que um dia minha avó me ensinara o caminho, para que até lá eu me dirigisse quando a dor fosse difícil de suportar.

Como uma trágica sobrevivente de uma grande guerra, dediquei-me aos preparativos necessários para a viagem que iria fazer. Colhi ramos frescos de artemísia no jardim de minha avó: doce erva da sabedoria. Perambulei como bêbada pelas alamedas da Floresta da Tijuca e aí, à beira de uma tímida cachoeira, retirei uma porção de musgo das pedras. Mergulhei meus pés num cristalino riacho e deixei que nove pequeninos seixos me encontrassem. Depois, com musgo e pedras já obtidos, despedi-me da floresta, deixando com ela uma mecha de meus cabelos em sinal de agradecimento.

Assim, com todos os ingredientes que precisava, preparei um poderoso chá em meu caldeirão de ferro. Deixei que a fumaça penetrasse por minhas narinas e com as mãos toquei-as por muitas vezes, do mesmo modo como as crianças tentam pegar as bolinhas de sabão que dançam no ar.

Enquanto a poção fervia no fogo, com um pente de prata caminhei por cada viela dos meus cabelos. Tracei retos caminhos, construí sinuosas curvas e, por fim, já com o pente impregnado por minha energia, mergulhei-o dentro do caldeirão. Com a pequena tesoura de minha bisavó Luísa, aparei as unhas em minúsculas meias-luas, que delicadamente acrescentei à mistura. Por fim, como último passo, transportei o caldeirão fumegante para o meu quarto e o depositei no centro de um enorme pentagrama traçado com giz, para sofrimento de Conceição, a arrumadeira.

Com o caldeirão já devidamente instalado, despi-me de todas as roupas e demoradamente untei cada parte de meu corpo com um perfumado óleo de artemísia, que vó Vitalina havia feito para mim. Acendi nove velas roxas, previamente ungidas com o mesmo óleo, e fechei a porta e a janela do quarto.

Com os preparativos já consumados, coloquei em minha velha vitrola um disco de Maria Callas e deixei que seus agudos e graves conduzissem meu corpo para o caminho do silêncio mais íntimo...

Meu corpo, como se liberto de minha vontade, descrevia sinuosas curvas que envolviam minha carne como pequenas serpentes, penetrando em cada orifício dos poros. Aos poucos, eu deixava o lugar do sofrimento e, como um mágico arco-íris, inundava-me com os tons da esperança que dentro de mim me aguardava.

Finalmente, ao chegar no centro do silêncio mais íntimo, fui recebida pela Senhora dos Malefícios, que, para minha surpresa, já não possuía o contorno atemorizador que tanto havia me assustado durante todos aqueles dias! Seus olhos emanavam agora a harmonia da dança dos golfinhos nos mares. Seu sorriso descrevia a liquidez lúdica de todas as cachoeiras e seu corpo o próprio reflexo do luar por sobre os oceanos!

Eu não conseguia entender aquela mágica transformação, na qual, ela, a Senhora dos Malefícios, a serpente das calúnias e das guerras, me revelava o seu outro rosto.

Percebendo meu espanto, a doce senhora recitou um antigo poema de Homero, por mim conhecido quando havia vivido a Lua da Busca do Conhecimento. Tratava-se de um velho poema da Odisséia, que muito me impressionara:

"... Homens infelizes, que doença desceu sobre vós?
Vossas faces, vossas cabeças, vossos joelhos são velados à noite.
Há um som de lamento no ar, vejo faces molhadas de lágrimas.
E, vejam todos, os tecidos e as paredes estão salpicados de sangue.
O pórtico está repleto de fantasmas.
E também a corte: fantasmas correndo para a escuridão e para o inferno.
O Sol foi retirado do céu e uma névoa maligna desceu para o mundo."

As palavras do poeta, recitadas pela Senhora dos Malefícios, trouxeram-me o silêncio mais íntimo, o silêncio que minhas ancestrais haviam um dia conhecido e com ele experimentado toda a sabedoria do mundo. Não era a Senhora dos Malefícios que possuía o contorno da serpente das injúrias e sim os homens, que lhe davam essa máscara de Medusa!

A ineficácia da magia que eu havia concebido precipitadamente não se encontrava em mim e sim nos homens, que dela haviam se esquecido! Agora, eu entendia a oportunidade que esta Lua me oferecia: teria que fitar os contornos dos malefícios que rondavam à minha volta e através deles intensificar o meu poder. De forma nenhuma esse aprendizado teria que ser uma espécie de vampirismo da dor, o mesmo que havia lido em "Dores do Mundo", de Schopenhauer. Não seria a constatação cínica de que os homens aprendem e crescem melhor com o sofrimento. Contra isso, vó Vitalina, ao escutar minha narrativa das palavras deste filósofo, furiosamente se rebelou, balançando negativamente sua cabeça e várias vezes repetindo que os homens não haviam nascido para sofrer.

À medida que intensificava meu poder de encarar os malefícios dos homens, os encantamentos aprendidos com os poetas e filósofos da Lua da Busca do Conhecimento tornavam-se pouco a pouco mais reais. Agora, eu não mais enxergava Cervantes e o seu galante Dom Quixote como a mais rica obra da literatura. Sabia que ele vivera a Lua dos Malefícios e sobre ela lançara seus encantamentos...

Assim, munida pelo poder de minhas antepassadas e amparada pelos encantamentos dos poetas, penetrei pelos espinhosos caminhos que aquela Lua de março me oferecia.

Com espanto vi a cobiça corroer lares e vi pais, em troca de futuras posições, orientarem seus filhos no amargo caminho da discriminação e denúncia. Com tristeza acompanhei a transformação de velhos amigos que, tal qual ignóbeis espiões, rondavam nossas casas, sempre com as orelhas afiadas e as línguas prontas para delatar prováveis comprometimentos comunistas. Com os olhos do absurdo, vi os livros misteriosamente evaporarem das estantes, e as conversas dos adultos cada dia se tornando mais baixas, sussurradas como segredos contados ao pé do ouvido.

À medida que os dias passavam, o poder do almirante do quinto andar misteriosamente crescia. Sua voz pouco a pouco se elevava até atingir o irritante tom da arrogância. Uma infinidade de regras foram por ele estabelecidas, tornando nosso antigo jardim de brincadeiras num tosco arremedo de quartel. A alegria foi dando lugar ao silêncio estatelado das crianças que, hipnotizadas, assistiam televisão. Não havia mais os gritos do "chicotinho queimado um dois três", e as bicicletas foram consideradas os primeiros instrumentos da subversão...

Da noite para o dia, constituiu-se um verdadeiro exército de espionagem, onde todas as empregadas do prédio contribuíram, sem se dar conta da gravidade, com a nebulosa rede de intrigas que ia vertiginosamente sendo tecida. Era comum eu chegar na cozinha e encontrar Vera, nossa cozinheira, dizendo para dona Marina, a lavadeira, que "o povo do segundo andar qualquer dia vai ser preso".

A cada dia que passava, eu via as sombras do desengano tomando conta de toda a cidade. Enxerguei, com extrema nitidez, os vermes da mesquinharia se infiltrando no coração de muitos homens, além do esquálido cadáver do medo ocupar os corpos de outros. Vi aos poucos a solidariedade minguar como uma tísica criança, dando lugar à robustez agressiva da desconfiança.

Com muita dor, presenciei o murchar do gentil e delicado médico do primeiro andar, acuado em seu apartamento sem poder socorrer nossas dores de barriga e machucados nos joelhos. Nele residia o medo, que sua empregada Anita havia revelado ao porteiro, de ser confundido com "aqueles médicos socialistas de Cuba". O engraçado é que hoje, ao rever essa história, imagino a seriedade da doce Anita revelando os hábitos de um país que nem desconfiava existir.

Sentada no velho banco daquele jardim agora sem vida, assisti perplexa a nossa alegre comunidade se transformar numa fria lista de números de apartamentos. Acabara o alegre entrar e sair das portas e misteriosamente cada um carregava uma invisível placa com a fria inscrição: não se envolva. Ninguém mais tomava partido em nada que não significasse um assunto de sua própria vida. Até as reuniões de condomínio, antes um ruidoso e acalorado saneamento das injustiças, tornou-se um frio e amorfo silêncio.

Com terror, pela primeira vez presenciei o vazio de um suicídio. Mirei o desespero nos olhos de dona Nelcina, a jovem viúva que, perplexa, secava as lágrimas de seus dois filhos, herdeiros de um jovem industrial que, como pecado, só carregava o marxismo.

Dessa forma, perambulando pelos corredores do prédio, vazia de meus amigos e das conversas com os porteiros, que, como mudas estátuas, calaram os seus radinhos, enxerguei primeiro as pesadas nuvens que a Lua dos Malefícios trazia. Aprendi a escutar o som da mudez e pressentir as mudanças. Conheci o intrincado caminho da decifração dos presságios e a me projetar muito além do tempo. Desvelei os segredos dos corações e, atônita, constatei o que todos queriam...

Os dias daquela Lua pareciam mesclados em caóticas expectativas: uma mistura confusa de sentimentos infantis, onde as pessoas caçavam um grande pai que tomasse conta de suas vidas. Em cada esquina, eu podia ouvir o lamento embirrado da criança que choraminga o doce do outro. Nem de longe elas se apercebiam das terríveis conseqüências que estavam a caminho...

Recordo nitidamente de Vera, minha amiga de escola, repetindo animada no recreio as palavras de seu pai: "Uma revolução militar resolveria nossos problemas!"

Vendo através do tempo, tentei dizer a ela que as paredes da cidade ficariam manchadas de sangue, que o rapaz bonito, que ela secretamente admirava, teria a beleza maculada pela violência e que seu pai, sempre doce e alegre, acabaria perdendo o riso do rosto, roubado pelo ignóbil papel de delator que iria no futuro desempenhar. Sim, seu pai estava certo, muitos de seus maiores problemas seriam solucionados! Seu pai, depois de totalmente corroído pelas infiltrações do despeito, denunciaria vários companheiros e em troca alçaria o desejado cargo de chefe. Mudariam para um apartamento maior, trocariam de carro e talvez até conhecessem os ares de outros países.

Minhas palavras foram acolhidas por minha amiga com o estúpido sorriso do sarcasmo. Um estúpido sorriso que logo, logo contagiou o resto do grupo, que sussurrava entre si sobre minha provável loucura e o quanto eu era estranha e pouco confiável. Naquele momento experimentei a indiferença que os filósofos haviam experimentado ao pronunciarem seus encantamentos. Experimentei a humilhação do ato mágico quando ouvi o comentário maldoso de Jandira, afirmando que só uma louca poderia acreditar em visões.

Naquela noite, ao dormir, relembrei as palavras de vó Vitalina, que um dia me dissera ser tolice esperar de um homem aquilo que ele não tem para dar, que o homem nunca dá nem mais nem menos do que ele possui, ele sempre dá a medida exata do que contém.

Sim, minha avó estava certa. Eu não podia esperar que meus amigos compreendessem as visões que meus deuses me enviavam. Eles estavam totalmente encobertos pelos espessos véus do engano. Todos estavam adormecidos por um sono maléfico, que lhes colocava frente aos desejos que se tem quando se entra num *shopping*.

Naquela última noite da Lua do Olho Interior, adormeci consciente de que por ela havia passado e compreendido sua lição. Ela era a Lua das visões, a Lua que abre os portais do tempo. Somente ela nos oferece a visão clara dos acontecimentos e, se por ela passamos atentos, recolhendo a cada dia as pistas que o tempo nos oferece, virá a nós o olhar dos deuses. Atravessaremos os portais e veremos todas as cenas que um dia virão, como se estivéssemos num cinema assistindo a uma pré-estréia.

Com o passar do tempo, perdida em minhas pesquisas, acabei por descobrir que este mês é dedicado a Perséfone e Hades, os soberanos do mundo das profundezas. Mais uma vez tive a prova de que minha intuição mágica havia me indicado o caminho certo. Março é o mês em que aparecem as realidades ocultas, aquilo que jaz escondido, oculto ao olhar comum dos homens e que só se torna visível quando estas duas dimensões destrancam as travas do seu reino.

Muitas outras divindades também nos auxiliam no atravessar do tempo, basta para isso que as invoquemos nos dias certos. É por isso que, hoje, já tendo catalogado os dias dos deuses de março, divido com vocês o que aprendi:

1º de março Dia dedicado à Matronália, em Roma, festa de celebração à deusa-mãe, Juno Lucina, protetora dos nascimentos. É também o dia em que os gregos renovavam em suas lareiras o fogo sagrado de Héstia, garantindo assim a proteção de seus lares. Neste dia, os antigos mexicanos celebravam a deusa Mayáhuel, aquela que rege a terra e o céu da noite, que nos propicia o dom das visões.

2 de março Dia em que na Bulgária se celebrava March, a deusa-mãe. Neste dia as mulheres não trabalham, pois, se assim o fizerem, a deusa lhes enviará terríveis tempestades que destruirão as plantações. É um dia em que se reverencia os poderes mágicos das mulheres e o seu sagrado papel de reguladoras do equilíbrio do mundo.

3 de março Dia em que no Japão se celebra o frescor da infância, representado pelas três deusas-meninas: Munakata, No-Kama e Hina Matsuri, filhas de Anaterasu, o Sol.

4 de março Dia em que os antigos gregos celebravam a Anthesteria, a festa das flores, dedicada à deusa Hécate. Na Grécia, é também o dia em que se reverencia a alma de todos os mortos, dedicando-se oferendas a Perséfone, Senhora das Almas e protetora dos mortos em sua última jornada.

5 de março Dia em que os antigos romanos celebravam a deusa Ísis Navigium, aquela que abre os caminhos nos mares e propicia a navegação. É também o dia em que os haitianos reverenciam a deusa Aída Wedo, a serpente do arco-íris, companheira do deus-serpente, Damballah Wedo.

6 de março Dia em que os romanos celebravam a Junonália, festa onde se reverenciava o feminino em seu aspecto ancião e jovem. Essencialmente era um dia em que a paz era exaltada e Vênus adorada através de preces e oferendas. É também o dia em que os gregos celebravam Selene, a doce deusa lunar.

7 de março Dia em que os antigos galeses celebravam a deusa Rhiannon ou Rigatona, senhora dos domínios da morte. Rhiannon é também a deusa que nos propicia a entrada no mundo dos sonhos, dando-nos assim as chaves que nos permitem desvendar nosso silêncio mais íntimo. É também a terrível égua que nos conduz vertiginosamente às terras dos pesadelos.

8 de março Dia em que os antigos finlandeses celebravam Luonnotar, deusa filha da Natureza. Diz a lenda que a linda jovem habitava o céu, solitária, onde durante séculos dançou uma dança sem fim. Um dia, cansada da solidão que no céu sentia, já tendo se transformado numa linda mulher, Luonnotar transformou-se no oceano e aí permaneceu por sete séculos. Diz ainda a lenda que um dia, quando emergiu à superfície, encontrou por fim um companheiro, um pato que, solitário, procurava um ninho. Luonnotar rachou então o oceano e deu ao pato um pedaço de terra para que ele construísse seu ninho. Na terra o pato depositou seus ovos, mas Luonnotar não pôde ficar para vê-lo chocar e por três dias permaneceu dentro de suas próprias águas. Ao final de três dias, Luonnotar, curiosa, emergiu outra vez à superfície. Os ovos começavam a rachar. Diz o mito que, vendo os ovos quebrados, a deusa teve a intuição divina da criação. Com a casca de baixo, ela fez o resto da Terra que hoje os homens habitam. Com a casca de cima fez o céu. Da gema ela criou o Sol e com a clara ela moldou a Lua.

9 de março Dia em que no Daomé se celebra Mawu: deusa criadora da Terra e de todos os seres humanos. O povo do Daomé conta que, um dia, Mawu modelou da argila os primeiros homens. Mas a mistura de água e terra não era forte o suficiente para que aqueles homens vivessem muito tempo. Assim, logo eles morreram. Mawu pegou então pedaços dos homens mortos e os acrescentou à antiga mistura, modelando novos homens, que desta vez viveram por muito tempo e povoaram a Terra com seus descendentes. Diz a lenda que a mistura dos pedaços dos mortos com a argila é a razão dos seres das mesmas famílias possuírem traços de parentes mortos.

10 de março Dia em que os romanos celebravam a deusa Anna Perenna, doadora dos alimentos e provedora da abundância.

11 de março Dia em que os antigos gregos celebravam o seu mais famoso herói, Hércules, o filho semideus de Zeus.

12 de março Dia em que os sumérios celebravam a deusa Belili, que, junto com Eresquigal, habitava o reino dos mortos. Belili é também a deusa da Lua e do Amor, irmã e esposa de Tammuz, deus sumeriano fertilizador.

13 de março Dia em que em Bali se celebra a festa da purificação, consagrado a Yami, o senhor da morte.

14 de março Dia em que no Baixo Egito se celebrava a deusa-serpente Ua Zit, senhora dos mistérios da morte e protetora das crianças.

15 de março Dia em que na Grécia se celebrava a festa de Rhea: deusa-mãe protetora da Terra. Dia em que os romanos celebravam a Hilária, festival consagrado à deusa Cibele, deusa da fertilidade e protetora dos nascimentos.

16 de março Dia em que os antigos romanos celebravam o fogo sagrado de Vesta, deusa protetora dos lares e doadora da abundância nas famílias.

17 de março Dia em que os romanos celebravam a Liberália, festival agrícola consagrado a Libera, deusa da fertilidade. Neste dia, as mulheres mais velhas vestiam as vestes de sacerdotisas e serviam à deusa. Sentavam-se nas encruzilhadas, onde ofereciam panquecas recheadas de mel aos pedestres. Essas panquecas eram conhecidas como portadoras da sorte e cabia àquele que a ganhasse dividi-la com a deusa e só depois comer a metade restante.

18 de março Dia consagrado a Sheelah-Na-Gig: deusa irlandesa da fertilidade, sexualidade e parto. Dia também consagrado a Baubo: deusa grega da risada e do divertimento. Contam os antigos mitos que Baubo morava com seu esposo Disaules em Elêusis. Um dia, a deusa Deméter, procurando por toda a Terra sua filha Perséfone, desesperada, chegou em Elêusis, onde pelas ruas os seus gritos de dor foram ouvidos. Baubo e seu marido, compadecidos pelo sofrimento da deusa, recolheram-na em sua casa, onde a consolaram. Vendo que Deméter há muito tempo não se alimentava, Baubo lhe preparou uma suculenta sopa e pediu para que Disaules a servisse. A deusa, tomada pela dor, não conseguia ingerir o alimento. Baubo, na tentativa de confortá-la, começou a gesticular divertidamente, ora imitando um desengonçado macaco, ora um irrequieto camundongo. De tal forma se entusiasmou com suas palhaçadas, que acabou por mostrar suas nádegas. A deusa, vendo esta cena engraçada, esqueceu por momentos sua dor e soltou uma gargalhada. Depois, já um pouco aliviada, tomou a sopa que Baubo lhe havia preparado. Diz a lenda, que Deméter, em reconhecimento, deu a Baubo a imortalidade, passando, após aquele dia, a ser a deusa guardiã das risadas.

19 de março Dia em que os antigos romanos celebravam a Panathenaea, festival dedicado a Minerva: deusa da sabedoria, prudência e justiça. Neste dia, os indianos celebram Sitala: deusa da varíola e senhora das febres. Diz a lenda que Sitala, um dia, enciumada pelas oferendas que as outras deusas recebiam, inventou a varíola, para forçar a veneração da humanidade e conseguir rituais e oferendas em seu louvor. Até os dias de hoje, Sitala é honrada em várias cidades da Índia, onde a chamam de Mata, palavra indiana que significa "mãe".

20 de março Dia em que no antigo Egito se celebrava o festival da colheita da Primavera, consagrado a Ísis, deusa da fertilidade.

21 de março Dia em que celebramos Mabon, o *sabbath* das feiticeiras que celebra o equinócio de Outono. Nas Antilhas é o dia consagrado à deusa Atabei, também conhecida por outros cinco nomes: Attabeira, Momona, Guacarapita, Iella e Guimazoa. Atabei é uma antiqüíssima deusa da fertilidade, ligada aos ritos da terra e dela se originou uma infinidade de mitos. Diz a lenda que ela comandava as Amazonas, mulheres que viviam em bando e sempre ariscas à aproximação dos homens. Em alguns lugares das Antilhas, até hoje as mulheres falam uma outra língua, totalmente diferente da que os homens de seu mesmo grupo falam.

22 de março Dia consagrado à deusa hitita, Inara, esposa do deus de trovão Hooke. Diz a lenda que um dia Inara ajudou seu marido a derrotar o terrível dragão Illuyankas, preparando uma poção que o deixou bêbado e enfraquecido. Assim, Hooke pôde dar fim ao asqueroso monstro que atemorizava os mortais. Para os hititas, Inara possui todas as artimanhas da sedução, sendo assim a deusa da sexualidade e do amor.

23 de março Dia em que os antigos egípcios celebravam Maat: deusa da justiça, verdade e reguladora da divina ordem do universo.

24 de março Dia em que os anglo-saxões celebravam Eostre: deusa da fertilidade e doadora da Primavera.

Neste dia, o povo se dedicava à pintura dos ovos em louvor às dádivas recebidas.

25 de março Dia em que na Pérsia se celebrava Ashi Vanguhi: deusa da fortuna e prosperidade.

26 de março Dia em que os eslavos celebravam Mati-Syra-Zemlya: deusa-mãe doadora das visões proféticas. Os eslavos a honravam neste dia, saudando os quatro caminhos ou pontos cardeais, previamente ungidos com óleo de cânhamo. A deusa, agradecida pelas homenagens, propiciava aos mortais o dom da profecia. Na Rússia, os ritos a Mati-Syra-Zemlya perduraram até meados deste século.

27 de março Dia em que na Índia se celebra o ritual da dança das mulheres, dedicado à deusa Gauri: protetora dos casamentos e doadora da abundância.

28 de março Dia em que os chineses celebram o nascimento da deusa Kwan Yin: protetora dos lares e guardiã da felicidade. Dia em que a Índia celebra Sarasvati: deusa protetora das mulheres, doadora do perdão, sabedoria, saúde e nascimento.

29 de março Dia em que na antiga Grécia se celebrava a Ártemis Soteira, festival consagrado à deusa Ártemis: protetora dos animais e guardiã dos partos.

30 de março Dia em que os antigos babilônios celebravam a deusa Bau: senhora das primeiras águas e mãe de todos os homens.

31 de março Dia em que na Irlanda se celebrava a deusa Anu: aquela que dava aos homens prosperidade e abundância.

Abril

A LUA DAS VOZES DO MUNDO

"Caminhando contra o vento
Sem lenço, sem documento
No sol de quase dezembro
Eu vou
O sol se reparte em crimes
Espaçonaves, guerrilhas
Em Cardinalles bonitas
Eu vou
Em caras de presidentes
Em grandes beijos de amor
Em dentes, pernas, bandeiras
Bombas, Brigitte Bardot
O sol nas bancas de revista
Me enchem de alegria e preguiça
Quem lê tanta notícia
Eu vou
Por entre fotos e nomes
Os olhos cheios de cores
O peito cheio de amores vãos
Eu vou
  Por que não?
  Por que não?
Ela pensa em casamento
E eu nunca mais fui à escola
Sem lenço, sem documento
Eu vou
Eu tomo uma Coca-Cola
Ela pensa em casamento
Uma canção me consola

Eu vou
Por entre fotos e nomes
Sem livros e sem fuzil
Sem nome, sem telefone
No coração do Brasil
Ela nem sabe, até pensei
Em cantar na televisão
O sol é tão bonito
Eu vou
Sem lenço, sem documento
Nada no bolso ou nas mãos
Eu quero seguir vivendo amor
Eu vou
Por que não?
Por que não?

CAETANO VELOSO, "ALEGRIA, ALEGRIA"

Amanheci meu primeiro dia da Lua das Vozes do Mundo estranhamente melancólica. Sentia que dentro de mim faltava alguma coisa. Assim como se um ladrão noturno, aproveitando-se de meu sono, houvesse saqueado minha alma, levando consigo minha esperança e o desejo de continuar viva. Era como se o ar tivesse mudado da noite para o dia e eu me encontrasse numa terra estrangeira, impossibilitada de toda e qualquer ação.

Muitos anos depois, quando ouvi os primeiros relatos da experiência do exílio, percebi que a Lua das Vozes do Mundo já tinha me presenteado com essa experiência, naquele primeiro dia de abril de 1964. Compreendi que precocemente havia me tornado a primeira exilada com somente treze anos!

O ar naquela manhã, contrariando a lógica das manhãs frescas de outono, estava pesadamente abafado. Era como se a Natureza, cansada pelo árduo trabalho na Terra, de repente resolvesse tirar férias, deixando o mundo mergulhado num enorme intervalo, sem ventos, chuvas, calor ou frio. Sim, essa era a imagem mais exata. Naquela manhã, o mundo para mim se assemelhava a um trágico órfão, que, de tanto sofrimento, não conseguia extrair nenhum choro.

Não havia o ruído melódico dos pássaros que costumavam me acordar, nem tampouco o pequinês solitário, na varanda do terceiro andar, reclamava o passeio diário com sua dona. Até os gatos de Ruth, a mais linda mulher que habitava o prédio, estranhamente não miavam. Somente os ruídos nervosos dos relatos de muitos rádios podiam ser ouvidos. Mas, talvez por problemas de estática, pilhas ou transistores, esses ruídos eram inaudíveis aos meus ouvidos e causavam-me um estranho mal-estar. Era totalmente inadequado aquele acúmulo de sons no meu despertar cotidiano. Era como se eu estivesse sendo violentada por fálicas mensagens de edições extraordinárias, como se de repente todas as manchetes dos jornais invadissem meu quarto e nele eu me encontrasse completamente esmagada.

Não suportando a ausência de meus sons cotidianos, adentrei pela sala na esperança de que o cheiro do café com leite, que todas as manhãs me trazia o mugido longínquo de uma vaca no pasto, recompusesse aquele todo que me havia sido roubado.

Com minha alucinada capacidade de me projetar para muito mais além do real, transportei-me para um verde pasto. Lá, com meus pássaros pousados no lombo de Esperança, minha doce vaca leiteira, com o pequinês correndo livre e os gatos de Ruth enroscados em minhas pernas, soltei o pranto daquele mundo recém-iniciado na orfandade...

Como vó Luíza um dia bem me havia alertado, dizendo que não devíamos usar nossa magia para fugirmos dos problemas do mundo, logo, logo retornei, puxada pela voz estridente de Conceição, que dizia: "Menina, você vai ficar muito tempo aí, cheirando o café? Anda logo que as coisas estão pretas e tenho que ir ao armazém pra ver se encontro arroz!" Assim, amargamente, despenquei sobre uma xícara de café com leite e um pão com manteiga engolido sem mastigar.

Como uma abelha tonta procurando seu grupo, vaguei pela casa em busca de alguma coisa que me trouxesse de volta à mesmice de minhas manhãs. Mas a busca foi infrutífera e eu me dava conta de que realmente fora roubada por um misterioso ladrão noturno. Nesse momento compreendi o abafado daquela manhã. Não, a Natureza não havia tirado férias e nos deixado órfãos! O culpado era aquele abjeto assaltante noturno, um vampiro raquítico que se aproveitava de nossa fragilidade sonada, para exercer uma força que só existia com a vítima dormindo. Pude, então, me dar conta de que contrariamente ao que se dizia, o sentimento do furto não está associado à falta, ele é alguma coisa que sufoca e queima, que abafa nossa existência e em nós desperta o trágico abandono do órfão. Não é simplesmente a ausência de objetos ou sentimentos, é alguma coisa que perfura os sentidos e abafa nossas narinas, como um assassinato por travesseiro. Um enorme travesseiro que nos abafa com nosso próprio ar.

Na tentativa de me livrar daquele enorme travesseiro, desci correndo as escadas na direção do jardim, onde, com meus amigos, perdida entre o pique-esconde e eventuais brigas com Virgilinho, meu inimigo mortal, talvez recuperasse um pouquinho daquilo que me havia sido usurpado.

No momento em que cheguei ao jardim, vi pela primeira vez a face do nojento vampiro raquítico! Seus olhos eram enormes tanques que desfilavam orgulhosos na rua das minhas palmeiras. Sua boca, fuzis empunhados por franzinos soldados tontos, mergulhados em estranhas e fofas barricadas. Seus ouvidos, um rádio esquisito e magrela nas mãos de arrogantes oficiais com a cara do almirante do quinto andar.

Meus amigos, indiferentes à Lua das Vozes do Mundo, nem de longe desconfiavam que os soldados não eram de chumbo e, como um bando de crianças atrás dos doces de Cosme e Damião, bajulavam aqueles misteriosos invasores da rua.

Num piscar de olhos, nossa costumeira brincadeira de mocinho e bandido tornara-se real e todas as crianças da rua agiam como patéticos imediatos de guerra. Atônita, assisti Sylvia, minha melhor amiga, abandonar sua postura suíça e correr feito barata tonta, levando recados de uma esquina para outra. Sem muito espanto, já que em minha curta existência ele sempre desempenhara o papel do inimigo que regularmente me submetia, assisti Virgilhinho implorando o domínio de um daqueles bizarros rádios magrelas.

Assistindo ao alvoroço que havia se estabelecido em minha rua, dei-me conta de que estava sendo apresentada ao monstro que a Lua do Olho Interior havia me dado em suas visões. Ao vê-lo frente a frente, experimentei um medo ainda maior do que havia sentido quando atravessei o portal do tempo e me foi revelada a sua chegada.

Um caótico exército de pessoas aparvalhadas, ainda sem se darem conta do que havia acontecido, tecia uma infinidade de teorias, mescladas com pinceladas de Hollywood, Pentágono e Planalto Central. Por vezes pude escutar a seriedade inconseqüente de dona Fanny, confabulando sobre a origem dos militares na rua. Para ela, Frank Sinatra, depois de muitas negociações, resolvera vir cantar no Brasil e os soldados ali estavam para garantir sua chegada! Outras vezes pude pescar um resto de conversa entre seu Rui, nosso fiel porteiro, e o desastroso garoto de entregas do armazém, dizendo que aquilo era um simples exercício de manobras, um ensaio para a parada de Sete de Setembro!

Confundida pelas mil fontes de informações que brotavam furiosamente, retornei a meu apartamento, na esperança de que lá obtivesse a confirmação daquilo que eu havia vislumbrado em minhas visões.

Ao abrir a porta, deparei-me com a cruel constatação de que o caos visto na rua havia sorrateiramente se infiltrado nas seguras paredes de meu apartamento. Minha mãe, contrariando sua habitual identificação com as estrelas de cinema, sempre acima das preocupações corriqueiras dos mortais, surpreendentemente havia ingerido um poderoso chá de realidade e, como que tomada por algum irrequieto demônio, lamentava o acúmulo de livros "subversivos" que possuíamos. Apressadamente, como uma traça nervosa, retirava pilhas de volumes das prateleiras, contando com o atrapalhado apoio de Conceição, sua fiel escudeira, que, estranhando seu súbito deslocamento de ajudante de beleza, enfiava atropeladamente os livros numa caixa já pronta para ir para o lixo.

Em meio ao absurdo da inusitada cena, vi desfilar perante os meus olhos os cobiçados volumes daqueles fiéis companheiros. Assisti à partida imponente de Dostoievski, acenando-me altivo no cais da capa do *Homem subterrâneo*. Com tristeza dei mil beijos na face do velho Tolstoi, amparado pelo doce abraço de minha soberba heroína, Anna Karenina, sempre agarrada à sua bolsinha. Vi as lágrimas rolarem da face do caboclo das estradas do chão de terra, dos cárceres frios e úmidos de meu gentil Graciliano Ramos...

Dilacerada pela dor ao ver a partida fúnebre de meus amigos, implorei a minha mãe que não deixasse que eles se fossem, que arrumasse um lugarzinho escondido no armário para que lhes servisse de teto. Afinal, um dia quase todos experimentaram a solidão de uma cela!

Eu chorava de tal forma que, por momentos, a eficiente operação suspendeu a atividade de mamãe, que, percebendo a intensidade de minha dor, logo tratou de arrumar um jeito para que ficássemos sozinhas. Afinal, as mulheres de nossa família carregavam um pacto ancestral de ajuda mútua e não exibiam sua fragilidade fora deste mágico círculo. Assim, manifestando uma súbita vontade de tomar café, despachou Conceição para os domínios de sua cozinha.

Quando já não havia mais ninguém, além de nós duas, mamãe, com a memória de nossas antepassadas a auxiliando, vestiu o manto da Lua e se fez sacerdotisa. Acostumada com essa feiticeira que lutava furiosamente com sua herança, preferindo fingir que as histórias contadas por suas antepassadas eram pura invenção de mulheres sonhadoras, e, com medo de suas visões que lhe custaram mil horas de psiquiatra, optara pela indiferença coquete da cor certa do batom, pelo tom exato da tinta de cabelo e pelos engraçados vestidos, frutos do grito da última moda, acostumada com tudo isso, agora, nesta visão da simplicidade da Lua esparramada por todo seu corpo, por momentos esqueci o despejo dos livros e emocionada me prostrei aos seus pés. Naquela hora, minha mãe era filha de Virgínia, sábia feiticeira do Algarve, neta de Luísa, feiticeira dos mistérios da Bretanha...

Embebida no orgulho de estar presenciando esta mágica transformação, tendo compreendido a fragilidade que a fazia correr ao analista toda vez que as visões lhe ocorriam, abracei minha mãe com força e, na escuridão da sala, choramos abraçadas.

Depois de alguns minutos, mamãe calmamente me expôs a seriedade da situação. Falou da tal revolução que o pai de Vera esperava, dos dias que já não mais seriam os mesmos, e que precisávamos nos livrar dos livros, pois estes eram prova de que meu pai poderia ser visto como comunista. Disse que não poderíamos ter certos livros em casa, pois uma amiga já lhe telefonara, narrando que alguns soldados haviam entrado em sua casa à procura de seu marido, e que o prenderam sob a alegação de que "só um comunista lê esses livros".

Com doçura disse-me que um dia compraríamos de volta os livros que eu tanto amava, que eu poderia então ter minha própria biblioteca, e que mandaria cobrir de prateleiras aquela enorme parede de meu quarto, que hoje servia de museu das flâmulas herdadas de Antônio Carlos, meu primo.

Depois, assumindo outra vez a inconseqüência dos trejeitos infantis de Marilyn Monroe, chamou Conceição e retornaram à destruição. Ao me ver saindo cabisbaixa, lançou-me uma piscadela e, com a boca em biquinho, me disse: "Não fique triste, filhinha, isso não vai durar muito tempo!"

Entrei no meu quarto, sentindo agora a verdadeira força daquele abominável vampiro, o monstro que a Lua do Olho Interior havia me revelado. Ele não era tão fraco, como a princípio pensei. Sua força era alimentada a cada minuto pela covardia e a insensatez dos homens...

Alguma coisa dentro de mim dizia que teríamos que tolerar a sua presença por muitos anos. Não seria assim tão rápido os homens readquirirem sua dignidade perdida e pararem de o alimentar. Lembrei-me, então, das palavras de vó Vitalina: "Dignidade, quando se perde, às vezes se leva uma vida inteira para recuperar...!"

Aborrecida com a estupidez dos homens, que não viam que eles próprios alimentavam os soldados que agora tanto temiam, peguei, debaixo do travesseiro, um romance de Camus que estava lendo naqueles dias. Um romance que estranhamente havia pulado em meus braços, quando, na semana anterior, procurava um outro livro na biblioteca. Acatando os desejos da senhora do inesperado, acolhi *A peste*, de Albert Camus, com muito cuidado, pois sabia que uma mensagem era a mim enviada...

Ao começar a leitura, fui tomada pelo meu pânico de doenças. O livro falava de uma misteriosa doença que dizimava aos poucos toda a população de uma cidade. Uma doença que nenhum médico ou cientista conseguia compreender, mas que contagiava rapidamente, obrigando a um isolamento os poucos homens ainda sadios, uma espécie de quarentena interminável.

Com meu pendor para a hipocondria, eu lia aterrorizada cada página que se sucedia, achando que a Deusa me advertia de alguma doença, que mais cedo ou mais tarde poderia me acometer. A cada manhã, religiosamente, inspecionava meu corpo, procurando prováveis bolotas ou brotos de futuros furúnculos que, na minha imaginação, brotariam em cada centímetro de minha pele. E achava que a mim estava reservado o triste fim de Marat, o herói da Revolução Francesa, que, de tanto se esgueirar pelos esgotos de Paris, acabou por ter sua pele comida por asquerosas feridas. Como Marat, já me via confinada a uma banheira repleta de ervas, aliviando minhas dores...

Com a resignação espartana do herói, já que a tragédia estendera seus fios por todas as casas, retirei o livro de seu esconderijo e, lendo, esperei pela terrível doença que a mim estava destinada. Os fatos me comprovavam por A mais B que seria naquele dia que a doença chegaria. Com minha lógica de associações disparatadas, os sinais eram para lá de reveladores! Como Marat, eu passara por uma revolução, tinha vivido um mês me esgueirando pelas ruas, observando os sinais da chegada do monstro e, para completar, quase sufocara pelo ar abafado do amanhecer! Tudo se encaixava direitinho...

Assim, resignada com esta morte tão precoce, fui desfolhando cada página do livro numa trágica e comovente despedida da vida. Até que meus olhos se encontraram com estas palavras: "A palavra peste acabava de ser pronunciada pela primeira vez. Neste momento da narrativa que deixa Rieux atrás da sua janela, permitir-se-á ao narrador que justifique a incerteza e o espanto do médico, visto que, com cambiantes, a sua reação foi a da maior parte dos nossos concidadãos. Os flagelos, com efeito, são uma coisa comum, mas dificilmente se acredita neles quando nos caem sobre a cabeça. Houve no mundo tantas pestes como guerras, e, contudo, as pestes, como as guerras, encontram sempre as pessoas igualmente desprevenidas.

"Rieux estava desprevenido como o estavam os seus concidadãos, e por isso é necessário compreender as suas hesitações. Por isso é preciso compreender também que ele se dividisse entre a dúvida e a confiança. Quando rebenta uma guerra, as pessoas dizem: 'Não pode durar muito, seria estúpido.' E, sem dúvida, uma guerra é muito estúpida, mas isso não a impede de durar. A estupidez insiste sempre, e poderíamos compreendê-la se não pensássemos sempre em nós. Os nossos concidadãos, a esse respeito, eram como toda a gente: pensavam em si próprios. Em outras palavras, eram humanistas: não acreditavam em flagelos. O flagelo não está à altura do Homem. Diz-se, então, que o flagelo é irreal, que é um mau sonho que vai passar. Ele, porém, não passa e, de mau sonho em mau sonho, são os homens que passam, e os humanistas em primeiro lugar, pois não tomaram as suas precauções. Os nossos concidadãos não eram mais culpados que os outros. Apenas se esqueciam de ser modestos e pensavam que tudo ainda era possível para eles, o que pressupunha que os flagelos eram impossíveis. Continuavam a fazer negócios, preparavam viagens e tinham opiniões. Como poderiam ter pensado na peste, que suprime o futuro, as viagens e as discussões? Julgavam-se livres, e nunca alguém será livre enquanto existirem os flagelos."

As palavras de Camus caíram sobre mim como o mais poderoso encantamento. Eu decifrara a mensagem da Deusa e agora via nitidamente aquilo que as divindades vinham me alertando! Eu não seria contaminada por nenhuma doença, como a lógica dissociada de minha imaginação me apontava. Não seria reservado a mim o triste destino do pobre Marat.

A doença era aquela revolução maluca que as pessoas alardeavam nas ruas. Seus furúnculos eram os soldados que eu havia visto poucas horas atrás e seu contágio era o medo que de porta em porta avançava, obrigando as pessoas a se livrarem tanto dos objetos como dos mais caros amigos.

Aliviada por ter finalmente entendido a mensagem e livre da preocupação de uma provável doença, deitei-me preguiçosamente na cama e por momentos esqueci o que ocorria lá fora. Assim, como que embalada por antiqüíssimas canções que um dia brotaram dos lábios de minhas antepassadas, adormeci.

Até hoje, lembro claramente do sonho que tive naquela tarde. No sonho, eu me encontrava no centro de uma profunda caverna iluminada por tochas estrategicamente colocadas em torno de um pequeno e cristalino lago.

Um aroma de algas se espalhava por todo o ambiente, dando-me a impressão de que me encontrava, tal qual um casulo, involucrada pelas águas do mar. Por vezes, o aroma era tão forte que de dentro do meu corpo irrompiam movimentos aquáticos, como se, de um momento para o outro, eu estivesse no tênue limite que separa os homens dos peixes. Dessa forma, envolta sob os mantos que só as sereias possuem, dediquei-me a explorar cada canto das paredes daquela antiga caverna.

Com surpresa, identifiquei, ocultos em pequenas reentrâncias das pedras, objetos os mais variados, que, instintivamente, fui recolhendo e, como se guiada por alguém que não estava ali presente, coloquei-os, um a um, em torno do lago circundado pelas tochas.

O primeiro objeto que encontrei foi um antigo espelho de prata, talhado por delicados desenhos, nos quais minúsculas mulheres aladas se dispunham como se integrando um antigo ritual de primavera. Coloquei-o na extremidade direita do lago.

O segundo objeto era um enorme rubi, cuidadosamente lapidado sob a forma de um coração. Em cada ângulo de sua superfície podia-se perceber uma infinidade de emoções. Deliciada por esta insólita experiência, dediquei um bom tempo explorando cada face da misteriosa pedra. Às vezes, ao tocar com as pontas dos dedos um determinado ângulo, sentia todo o ardor da paixão. Outras vezes, quando, distraída, meus dedos tocavam um outro lado, meu sexo irrompia com tamanha intensidade, que minha vagina jorrava o néctar de todas as flores e o perfume das pedras que jazem no fundo dos oceanos. Depois de devidamente saciada em minha curiosidade, coloquei o mágico rubi três passos acima do espelho.

O terceiro objeto era uma delgada garrafa de cristal, vedada por uma rolha diferente das usuais, talvez produzida pelo prensar de muitas algas. Eu nunca tinha visto antes uma rolha como aquela e logo tratei de abrir a garrafa para me certificar de qual material havia sido utilizado na confecção de tão misteriosa rolha. Ao retirá-la de seu lugar, fui surpreendida por uma súbita transformação que ocorreu. A rolha, magicamente, passou a ser um tufo de algas recém-saídas do mar! Sua coloração era de um verde profundo, e sua textura era a mesma de uma truta recém-pescada: escorregadia, pegajosa e com a luminosidade que só os seres aquáticos possuem.

Com espanto, percebi que à medida que recebia o calor de minhas mãos, a substância pegajosa ia pouco a pouco adquirindo a tonalidade leitosa do esperma. Quando afinal atingiu a cor e o aroma das águas do sexo, vertiginosamente, como se fosse uma cascata meteórica, jorrou seu líquido para dentro da garrafa, metamorfoseando-se logo depois na rolha original. Coloquei-a, então, três passos acima do rubi.

O quarto objeto era uma delicada caixinha de madrepérola, contendo as mais variadas sementes. Dela exalavam irresistíveis aromas, como o perfume hipnótico das flores dos jardins e que por vezes me traziam o sabor das frutas.

Um sem-número de sentimentos me percorriam, como se de repente eu adquirisse uma gravidez. Sentia-me exatamente como as mulheres grávidas se sentem: um reator atômico de emoções. Coloquei a caixinha três passos acima da garrafa.

O quinto objeto era um antigo livro, que de tão antigo não me permitia decifrar seu título, pois suas letras há muito se haviam apagado. Ao pegá-lo em minhas mãos, percebi uma forte pulsação vinda de seu interior, o que fazia com que minhas mãos tremessem, como se segurassem o coração recém-retirado de um ser vivo.

Atraída por suas ritmadas e surdas batidas, abri a primeira página do livro. Nela havia uma delicada gravura onde estava representado o funeral de uma anciã. Pouco a pouco o desenho adquiriu movimento e pude perceber que na cena ninguém chorava como costumeiramente se chora nos funerais. Um delicioso clima de festa se espalhava, trazendo-me o som dos risos, o aroma de deliciosos alimentos que ali eram servidos, e o ritmo cadenciado dos tambores que eram tocados.

Hipnotizada pelos movimentos da cena, ou talvez pelos tambores que melodicamente produziam em meu corpo uma vontade irresistível de dançar, a princípio não notei que a página se desprendia lentamente do livro. Quando afinal me dei conta do que acontecia, vi a página desenvolvendo seus últimos rodopios no ar, caindo exatamente no solo, a três passos da caixinha de madrepérola. Guiada por uma repentina intuição, ali depositei o livro.

O sexto objeto era um delgado esqueleto de marfim. Sua textura possuía minúsculas pelugens imperceptíveis aos olhos, porém facilmente percebidas pelas antenas metafísicas dos meus dedos. Por alguns minutos, deixei que meus dedos explorassem aquele campo de espinhos de seda. Diverti-me com os pequenos arrepios que vez por outra sacudiam meu corpo, como se eu tivesse recebido uma pequena descarga elétrica, ou como se a eletricidade da morte irrompesse subitamente das covas de todos os cemitérios e eu descobrisse divertida que os fantasmas são os irrequietos bailarinos que balançam os ventos. Depois de devidamente saciada com o balé dos meus dedos sobre os poros da pequena caveira, depositei-a três passos acima do antigo livro.

O sétimo objeto era um enorme diamante lapidado sob a forma de uma estrela. De suas pontas jorrava um inesgotável amontoado de partículas luminosas, que elegantemente se lançavam no ar, criando uma chuva mágica de pequeninas lágrimas de gelo. O contato daquela chuva com meu corpo resultava num aconchegante frio que percorria cada célula de meu organismo. Era como se minúsculos átomos recarregassem minha energia, deixando-me com a sensação exata de um banho na cachoeira numa manhã quente de verão. Renovada por aquela poderosa chuva gelada, depositei a estrela três passos acima da caveira de marfim.

O oitavo e último objeto era um mimoso ninho contendo oito pequenos ovos de prata. Ele estava escondido num pequeno buraco de uma pedra oculta por um véu de águas que caía e se esparramava pela parede.

Estava depositado de tal forma que me obrigou a tomar um banho não planejado. No momento em que meu corpo recebeu o jato frio das águas, um forte sentimento de expansão me dominou por completo. Era como se, de uma hora para outra, eu adquirisse a força de todos os seres vivos e estivesse prestes a me projetar no ar, fragmentada em milhões de partículas. Neste instante, experimentei a força dos furacões, terremotos e vulcões.

Depois de ultrapassar as últimas gotas de água, alcancei enfim a pedra em que o ninho se encontrava. Peguei-o com extremo cuidado. Para que não se molhasse, guardei-o debaixo de meu braço esquerdo. Passei outra vez pelas águas e desta vez experimentei a concentração dos seres inanimados. Senti todas as células de meu corpo se agruparem numa espiral de energia, que vertiginosamente me conduzia ao buraco de mim mesma. Um buraco situado à altura de meu umbigo. Um microespaço cósmico, onde os sons se confundem com a velocidade dos pensamentos e todo o universo tonteia, perdido na vertigem de um si mesmo eterno.

Tendo passado pelas águas dos sentimentos, aproximei-me do lugar onde deveria colocar o ninho encontrado. Nesta hora, percebi que se formara um grande círculo de todos os *sabbaths* da Roda do Ano!

Ao colocar o ninho exatamente três passos acima do diamante, uma intensa energia banhou todo o ambiente. Meus olhos, não suportando tal luminosidade, fecharam-se. Como uma concha, meu corpo se fechou em si mesmo, esperando que o movimento se abrandasse.

Passados alguns minutos, lentamente fui me abrindo, como se me transformasse numa flor. Meus olhos, vividamente abertos, a tudo miravam como se vissem o mundo pela primeira vez. Um perfume inebriante de mel, mata, flores e oceanos brincava com meus sentidos, fazendo-me experimentar toda a intensidade gustativa da Terra.

No momento em que o perfume das flores me trouxe o doce sabor das rosas, compreendi que chegara a hora de os deuses me revelarem alguma coisa. Cada objeto que encontrara magicamente transformou-se numa respectiva divindade. Assim, vi o espelho se transformar em Perséfone, o coração em Afrodite, a garrafa em Hera, a caixinha em Héstia, o livro em Atena, a caveira em Ártemis, o diamante em Hécate e o ninho em Deméter.

As deusas colocaram-me delicadamente no centro do círculo das tochas. Juntas cantaram antiqüíssimas canções. Eu ouvia tambores e flautas, e bem longe patas de animais correndo na terra, anunciando a chegada de algum ser.

Enquanto aguardávamos a chegada do estranho visitante, eu e minhas deusas nos divertíamos, entregues a uma alucinada dança. Meus pés mal tocavam o solo e sentia que em cada parte de meu corpo havia o fogo das ondulações sagradas. Lânguidas curvas eram projetadas por nossos corpos suados e confundiam-se com o bater dos tambores, até que exaustas caímos ao solo e em convulsões nos misturamos à areia. Eu podia sentir o odor de meu suor transmutado em lama e meus seios enrijecidos absorveram aquele leite feito de suor e areia. Meu sexo ardia como uma fogueira sagrada e dele saíam pequeninos raios que se entrelaçavam no sexo das deusas, que se contorciam no solo.

Neste momento, o soar das patas tornaram-se mais fortes e do buraco de meu umbigo saiu Dioniso: o deus adorado pelas Bacantes. Seu corpo moreno era totalmente coberto por pêlos que se enroscavam como luminosos caracóis. Os pés eram selvagens cascos de bode e, encravados na cabeça, dois chifres de ouro sobressaíam...

As deusas, ao tomarem consciência de seu nascimento, banharam-no com a água cristalina de suas línguas. Com as unhas destrançaram os pêlos que lhe cobriam e abriram curvilíneos sulcos em sua pele, de onde jorrou uma mistura de sangue, suor, mel e vinho. Dioniso jazia agora no solo, entregue à fúria divina do espírito da mulher.

Com o mais terno olhar que já pude presenciar, as deusas me chamaram. Juntas, estraçalhamos com nossos dentes a carne vermelha e macia do deus das orgias. Ao final, quando no chão só havia o esqueleto inerte da divindade, fabricamos lindos ornamentos, pentes, broches, brincos, pulseiras e miçangas.

Devidamente ornamentadas e ornadas pelo esplendor do espírito do homem, soltamos da garganta o uivo solitário da divina loba da Lua.

Logo depois de emitirmos o uivo que a Terra sepultou por séculos dentro de nossas gargantas, Hécate, em nome de todas as deusas, recitou-me o seguinte encantamento:

"Os oito ventos sopraram
Os oito cantos se abriram

As vozes do mundo soaram
E os desejos se cumpriram
Você comeu em nossa mesa
Com os ossos se adornou
Que do ritual não se esqueça
Nem do uivo que soltou!"

Após ter-me dito essas palavras, acordei com a noite cobrindo todo o meu quarto. Lá fora as vozes do mundo me diziam que era hora do reconhecimento de todos os sinais. Eu enfrentaria o monstro que se instalara. Não permitiria que ele se alimentasse das minhas fraquezas. Aprenderia cada particularidade de seu modo de vida. Seus medos seriam nítidos para mim, como as águas cristalinas do lago do meu sonho...

A Lua das Vozes do Mundo me iniciava no meu quarto caminho da Arte: estar atenta às vozes do mundo e nelas reconhecer os sinais que o tempo sempre envia a nós, feiticeiras.

Recordo que pela primeira vez criei o hábito de ler os jornais todas as manhãs. Ouvia atentamente os sons que o rádio emitia e prestava atenção ao que na tela do cinema me era enviado. Desta forma transformei abril no mês em que me dedico ao estudo dos sinais ocultos nas vozes do mundo. Nunca mais fui surpreendida por nada, tomei consciência do mundo e agora sabia reconhecer suas dores e seus sorrisos.

Nas primeiras semanas daquela minha primeira Lua de abril, vi o rosto de minha cidade inundado pelas lágrimas que me apontavam as manchetes dos jornais. Embora o clima em meu prédio fosse de uma nervosa euforia, o som do rádio me dizia que muita dor se teria pela frente.

Com a inconseqüência própria daqueles que estão no mundo sem se darem conta, as pessoas desfilaram numa louca marcha onde levaram os seus ouros e gritaram pelos valores recém-descobertos de uma recém-criada "família". Pouco a pouco vi o preconceito invadindo aqueles corações capturados. Vi meus amigos tomarem ares de superioridade e pela primeira vez ouvi o clamor de um tal "status" que todo mundo perseguia freneticamente.

Assim, em nome dos ouros, da família e da propriedade, os portões dos edifícios subitamente se fecharam. Não mais brincavam conosco os meninos do Morro Azul, e Maluquinho, um garoto com procedência desconhecida, foi alijado de nosso convívio sob a efígie de "menino de rua".

Da noite para o dia, o país virara de cabeça para baixo e, lendo os jornais, compreendi que a tal revolução do pai de Vera não era uma coisa que tinha acontecido somente em minha cidade. Por todo canto havia pais iguais ao de minha amiga que, em troca de alguma promoção no trabalho, criaram o momento propício para que o monstro se instalasse.

Com as notícias da Lua das Vozes do Mundo, aprendi a enxergar mais longe, a cruzar fronteiras de pequenos países e ver que o monstro não queria comer somente o meu país. Ele tinha a incrível capacidade de se multifacetar e espalhava seus tentáculos por onde encontrasse sinais de fraqueza. Dessa forma conheci vários pais iguais ao de Vera e antevi futuras "revoluções"...

A Lua das Vozes do Mundo estava me dando o entendimento real do que significava ser uma feiticeira, do verdadeiro papel que eu possuía no mundo, do verdadeiro significado mágico. Aquilo que minha avó um dia me dissera e que por muito tempo fiquei sem entender: "Márcia, seu tempo é diferente daquele de nossas antepassadas. Você detém as chaves que não possuíamos. Pode decifrar as letras e delas fazer o seu oráculo. Nós não tínhamos este dom. Ele nos foi roubado porque os homens sabiam que nosso poder ficaria bem maior. Nós poderíamos prever aquilo que o mal planejava e com nossos dons atingiríamos muito além de nossas cidades... Por isso, por ver em você, como em outras, a possibilidade do renascimento de nossas tradições, eu lhe peço que utilize sempre como seu oráculo as letras que não tivemos a chance de decifrar."

Nesta Lua vislumbrei nitidamente meu futuro na feitiçaria. Não seria um mero arremedo de feiticeira, instalada num soturno aposento com ares de grande senhora dos caminhos, barganhando, por alguns trocados, falsas promessas e previsões mentirosas! Compreendi o profundo descaso que minha avó nutria pelas videntes profissionais, do quanto ficava irritada quando as chamavam de bruxas. Lembro de sua revolta ao ouvir de alguém recém-saído da sala de uma cartomante as maravilhas amorosas que lhe aconteceriam, das heranças e viagens sempre bem-sucedidas. Lembro que vovó, muito séria, perguntava de chofre a esta pessoa: "E o que é que ela te deu em conhecimento?" A pessoa, como sempre, saía sem nada compreender, com a estúpida cara dos tolos, que preferem fingir que são superiores porque sabem que a tudo desconhecem. Minha avó, lívida pela revolta de ver suas tradições exploradas por um espertinho qualquer, me dizia: "Olhe só, Márcia, fulana é tão estúpida, que pensa que o mundo se resume ao seu problema de se vai casar com fulano ou não! O que ela não vê é que essa estupidez a leva ao encontro de uma espertalhona, que finge que o rei de copas é o futuro marido! Com uma venda nos olhos, ela segue cada vez mais estúpida, suspirando pelo futuro marido. Aí, o tempo passa e ela realmente se casa porque era seu destino casar. Tem um lindo bebê e o entope de remédios toda vez que o pobrezinho tem uma cólica. A falsa bruxa não lhe ensinou dos carinhos que a erva-doce faz nas crianças!"

Para vó Vitalina, videntes profissionais eram meros joguetes nas mãos do poder masculino, que um dia afastara as mulheres do conhecimento, servindo como poderosas aliadas no sujo trabalho de alienação do homem e do ambiente em que vive.

Hoje, passadas muitas Luas, entendo perfeitamente aquilo que em sua peculiar simplicidade minha avó me alertou. A cada dia proliferam no mundo mirabolantes gurus que alienam as pessoas num estúpido e exclusivo mundinho, enquanto seus chefes se deliciam com contrabando de armas, guerras insanas e má divisão de riquezas...

Da mesma forma que minha avó, me enfureço ao ver que transformaram o conhecimento, arduamente transmitido por nossas ancestrais, numa feira louca de sortilégios bobos, num espetáculo cafona de variedades mágicas, onde o que interessa é saber se Madonna vai ter três filhos, se o marido da vizinha vai finalmente se declarar, ou se o anjinho da sorte vai proporcionar um aumento de salário.

Enquanto os estúpidos se alienam da Lua das Vozes do Mundo, as florestas são dizimadas sem dó, os mares assassinados por bombas atômicas, crianças morrendo de fome em todos os cantos do mundo, etnias são violadas, sujas negociatas são realizadas, em cada esquina mulheres são violentadas, preconceitos tolos são implantados e o mal se infiltra cada vez mais no planeta.

Se as pessoas, que tontamente procuram esses falsos gurus, se dessem conta de que o emprego que tanto procuram está à sua disposição, se não acontecesse aquela negociata da qual elas nem tomaram conhecimento porque estavam ocupadas em acender algum incenso, se elas soubessem que o amor que tanto procuram bateria sem medo à sua porta, se não carregassem estúpidos preconceitos, a paz se efetivaria no mundo, não somente recitando complicados mantras, mas por sua ação eficaz em algum movimento engajado eticamente com o planeta. Se elas soubessem...

Com a Lua das Vozes do Mundo aprendi a reconhecer minhas semelhantes, descobrindo outras irmãs que como eu carregam a herança da feitiçaria e o compromisso de restabelecer a dignidade das tradições. Aprendi a disciplina do estar sempre atenta aos fatos que me cercam e sempre pronta a ajudar quem de mim precise. Porém, como minha avó, minha ajuda não se dirige a motivos tolos, tais como ser cúmplice numa sedução movida apenas pelo desejo de conquistar um homem a qualquer preço. Geralmente quando sou procurada por mulheres que se sentem atraídas pela feitiçaria, como se esta fosse somente uma interminável bula de feitiços, dou sempre um jeito de frustrar suas expectativas.

Recordo perfeitamente de minhas primeiras semanas na vivência da Lua das Vozes do Mundo, do quanto fui testada em minhas próprias crenças e de minha vaidade adolescente de pertencer a uma espécie tão mágica de mulheres...

Um dia, Sylvia, minha melhor amiga, a quem havia confiado em segredo minha condição de feiticeira, ao me ver enterrada na leitura dos jornais, com um sorriso descrente, me disse: "Então, isso é que é ser bruxa?" Até hoje guardo na lembrança a curva levemente cínica de sua boca, como se zombasse de tudo que lhe narrava. No entanto, sei que consegui ultrapassar os fortes muros da vaidade e segui meu caminho, sem a vergonha de não estar sendo o que a fantasia dos outros pedia.

Quando as teias da vaidade tecem a sua rede ao meu redor, procuro em minhas lembranças esta curva dos lábios de Sylvia. É ela que me faz manter a promessa feita um dia às minhas antepassadas de que levaria adiante o doce caminho da Lua, com dignidade e respeito.

Há bem pouco tempo recebi um convite para escrever numa grande revista feminina, onde, a princípio, falaria de minhas experiências na feitiçaria e do papel que o feminino nela representa. Claro, meu primeiro impulso foi o de ficar orgulhosa pelo convite, já que me via escrevendo regularmente. Até que, em meio a negociações, ficou estabelecido que a revista faria primeiro uma grande reportagem sobre o meu trabalho e só depois eu começaria meus artigos. Minha velha intuição me dizia que eu acabaria não escrevendo para a revista.

Poucos dias se passaram após a última conversa que tive com a editora da tal revista, até que ficou estabelecido o dia de minha entrevista que seria longa. Na véspera do dia marcado, sonhei a noite toda com Sylvia. Acordei com seu riso curvo em minha cabeça, já sabendo que de uma maneira ou de outra o convite cairia por terra.

A jornalista chegou com atraso. Desculpou-se, como sempre colocando a culpa no trânsito e começamos uma longa conversa. A cada resposta que eu dava podia ver nitidamente em seu olhar a curva dos lábios de Sylvia. Afinal, ela saíra de casa para entrevistar uma bruxa e desta ouvia preocupações com o meio ambiente, a guerra na Bósnia, o massacre atômico em Mururoa, o assassinato de Chico Mendes, a morte pela fome das crianças de Ruanda, o avanço vertiginoso do pensamento neonazista, a posição crítica perante o engodo esotérico, o fator de cumplicidade que carregamos nas patifarias sociais e uma enorme lista de assuntos que, em sua cabeça, nunca poderiam povoar os pensamentos de uma feiticeira!

Ela havia formulado uma série de perguntas estúpidas, tais como se eu havia preparado algum feitiço para conquistar meu marido ou se andava por aí caçando duendes nos jardins!

Se eu tivesse como único objetivo o coçar eterno de minha vaidade, seria fácil assumir uma atitude dúbia, deixando-a acreditar que carrego poderes que absolutamente não tenho. Porém, se assim o fizesse, estaria ultrajando a Lua das Vozes do Mundo, estaria negando todo o trabalho de minhas antepassadas, que passaram pelas piores humilhações em julgamentos e torturas vergonhosas. Prefiro mostrar a todos que a Arte é acima de tudo o engajamento que possuímos com o mundo.

Assim, da mesma maneira que tive que agüentar por muitos anos a curva dos lábios de Sylvia, vi escorrer pelo ralo a chance de escrever para a tal revista... Mas saí da entrevista com o orgulho de ter honrado minha tradição, de não a ter transformado numa espécie engraçada e exótica de circo, aliada do infame processo de alienamento do ser humano...

Naquela noite, do céu recebi as bênçãos das deusas da Lua das Vozes do Mundo:

1º de abril Dia em que em Roma se iniciava o mês dedicado à adoração de Vênus: deusa da beleza, amor e sexualidade. Dia em que os antigos árabes celebravam Al-Lat: deusa lunar, mãe de todos os deuses. Seu nome significa "deusa", e era a contraparte do deus Allah, porém foi condenada pelo Corão e desprezada pelos seguidores de Allah. Dia em que os gauleses celebravam Blodewedd: deusa protetora dos amantes.

2 de abril Dia em que os antigos portugueses realizavam a festa em celebração de A-Ma: deusa lunar, protetora dos mares e pescadores. Dia em que os esquimós celebram a deusa Sedna: protetora dos mares e senhora dos mistérios da vida e da morte. Contam os xamãs esquimós que Sedna era filha de um velho homem viúvo, chamado Anguta. Sedna possuía uma beleza tão intensa, que todos os jovens da tribo com ela desejavam casar. Porém, Sedna de nenhum aceitou a proposta, preferindo sonhar com um príncipe, que um dia chegaria e a livraria das duras tarefas diárias. Um dia, quando se encontrava entregue ao trabalho, um lindo pássaro perto dela pousou. Sedna, encantada com a beleza da ave, abandonou por instantes o que fazia e se aproximou da bela ave, para melhor admirá-la. O pássaro, ao vê-la já bem perto, convidou-a para que com ele fosse morar, dando-lhe em troca uma vida despreocupada, desobrigada das tarefas que executava todos os dias. Sedna, seduzida pela ave, com ela voou para o alto-mar, onde o pássaro morava. Por fim, quando chegaram a uma grande pedra, perdida no meio do oceano, Sedna compreendeu que fora iludida pelas promessas da bela ave. Seu ninho era o mais sujo que se podia imaginar! Sedna, triste por ter cedido às promessas da ave e exausta de tanto trabalhar, de onde estava chamou pela ajuda de seu pai e em prantos pediu-lhe que a visitasse uma vez por ano. Na aldeia, seu pai ouviu seu lamento triste. Pegou então o seu caiaque e lançou-se ao mar para resgatá-la. Quando chegou na pedra onde o pássaro morava, teve que matá-lo e rápido colocou sua filha na embarcação. Porém, o que ele não sabia é que o pássaro era o rei de todas as aves da ilha. Ultrajados pelo assassinato de seu soberano e o rapto de sua rainha, os pássaros perseguiram o caiaque de Anguta. Este, percebendo a razão do ataque, logo tratou de lançar Sedna nas águas geladas do mar. Tomada pelo pavor da morte, Sedna agarrou com suas mãos a borda do caiaque, mas, Anguta, que em esquimó significa "o homem que corta", honrou o significado de seu nome e cortou os dedos da filha. Sedna, numa última tentativa de se salvar das águas, agarrou-se ao barco com os braços, mas Anguta os decepou. Dilacerada pela dor, Sedna acabou por ser tragada pelas águas geladas do oceano. Diz a lenda que dos dedos e braços amputados surgiram os primeiros peixes e os grandes mamíferos do mar. Foi Sedna quem, com sua morte, trouxe alimento aos esquimós.

3 de abril Dia em que os romanos celebravam a Cereália, festa das sementes e da abundância, dedicada à deusa Flora: senhora da vegetação.

4 de abril Dia em que os antigos romanos celebravam a Megalésia de Cibele, deusa das cavernas e da terra. Dia em que os apaches celebram a Mulher das Transformações: deusa que representa a Grande Mãe Terra. Seu nome é derivado de seu poder de nunca tornar-se velha. Diz a lenda que no dia em que a Mulher das Transformações sentiu no seu corpo a proximidade da velhice, simplesmente caminhou para o leste e lá encontrou o seu eu mais profundo, sua imagem sempre jovem e eterna. Deixou que ele entrasse em seu corpo e, rejuvenescida, retornou à sua casa.

5 de abril Dia em que os antigos romanos celebravam a deusa Fortuna: senhora da abundância e do destino.

6 de abril Dia em que na China se celebra o Ching-Ming, dedicado a Kwan-Yin: deusa protetora dos homens. Diz a lenda que Kwan-Yin amava de tal forma os seres humanos que, um dia, ao receber a dádiva da iluminação, que a transformaria em pura luz, ela preferiu permanecer com a forma humana. A deusa escolheu a ilha paradisíaca de P'u T'o Shan para morar, de onde responde a todo apelo feito pelos mortais. Os antigos chineses dizem que a simples emissão de seu nome basta para assegurar a salvação do espírito e o socorro das dores afligidas.

7 de abril Dia em que os romenos celebram a festa de Blajini, quando oferendas são feitas para os espíritos das águas e os espíritos do mundo dos mortos.

8 de abril Dia em que os antigos gregos celebravam a Mounichia, festival dedicado à deusa Ártemis. Dia em que as feiticeiras se dedicam à confecção de bolos no formato de lua, que são oferecidos às pessoas mais queridas e também às deusas, como forma de agradecimento por sua proteção. É um dia em que nos dedicamos somente a atos amorosos, honrando assim a energia feminina que todo ser humano carrega.

9 de abril Dia em que os antigos romanos celebravam Bellona, deusa da diplomacia e da guerra. Ela é geralmente descrita como simples sombra do deus guerreiro Marte. Bellona tinha enorme importância para os romanos, pois a ela pertenciam todos os fatores de uma batalha, desde as táticas de guerra até o poder de negociação diplomática. Bellona deve ser invocada sempre que nos encontramos em situações de conflito, pois ela decidirá se devemos guerrear ou negociar a paz.

10 de abril Dia em que os antigos babilônios celebravam a deusa Bau: protetora da noite. Diz a lenda que Bau, senhora da noite, era mãe do deus das águas, Ea, e junto a seu filho protegia todos os seres vivos. Neste dia também celebramos Ops: antiga deusa romana, que dá aos homens a opulência e os frutos da terra. É um dia em que devemos ter a mesa farta e convidar nossos entes queridos para que conosco agradeçam a dádiva de ter sempre assegurado o alimento. Como oferenda a Ops, colocamos algumas frutas em nosso altar.

11 de abril Dia em que os antigos habitantes da Armênia celebravam Anahit: deusa da Lua, do amor e dos nascimentos. Na tradição dos antigos persas, este dia pertencia à deusa Kista: doadora do conhecimento espiritual.

12 de abril Dia em que Taiwan celebra a deusa Chu-Si-Niu-Niu Si, mãe de todos os seres e aquela que dá proteção às mulheres na hora do parto. Neste dia, os antigos gregos honravam Ilítia: deusa protetora dos partos.

13 de abril Dia em que no Japão se celebra Kamo-Tama-Yori-Hime, festa que comemora o casamento sagrado entre o deus O-yama-kui-no-kami e a deusa Kamo-tama-yori-hime. Desta união resulta o nascimento de Kami: a criança divina.

14 de abril Dia em que na Índia se celebra o início do festival de Maryamma: deusa senhora de todos os mares. Dia em que os antigos caldeus honravam Marah: deusa protetora das águas salgadas.

15 de abril Dia em que os antigos romanos celebravam a Fordicália, festival dedicado a Tellus Mater: a Grande Mãe Terra. Neste dia, sacrificavam uma vaca que estivesse prenhe e queimavam o filhote.

16 de abril Dia em que os antigos astecas honravam a deusa Coatlicue: criadora de todos os seres e senhora dos mistérios da morte. É também o dia em que os antigos caldeus honravam Levanah: deusa lunar, protetora do princípio feminino e senhora das águas.

17 de abril Dia em que os aborígines da Austrália honram Wonambi: deusa-serpente do arco-íris, aquela que distribui as chuvas e a fertilidade. Somente Wonambi possui o poder de ser macho, fêmea ou andrógino, e iniciar os jovens nos mistérios do sexo.

18 de abril Dia em que na Índia celebra-se Rava-Navami, festival consagrado ao deus Rama e à deusa Sita.

19 de abril Dia em que Bali celebra o princípio feminino, ornamentando os templos com frutas e flores. Neste dia, os antigos povos teutônicos celebravam Freya: deusa da fertilidade e do amor.

20 de abril Dia em que se inicia o signo astrológico de Touro, dedicado ao divino casal Hathor e Ísis. Dia em que os antigos gregos honravam Selene, a deusa da Lua, filha de Thea, a titanisa da luz. Diz a lenda que Selene era uma linda mulher alada, que possuía sobre os cabelos uma prateada lua crescente. Percorria a noite com sua carruagem de prata, puxada por dois belíssimos cavalos brancos. Sempre acompanhada por suas duas filhas, Leto e Hécate, enfeitiçava os amantes na Terra, levando-os ao frenesi das paixões. Quando não estava no céu, diziam que tinha ido se encontrar com Endimião, seu amante mortal, para o qual ela deu o dom da imortalidade e da juventude eterna.

21 de abril Dia em que os antigos romanos celebravam a Parília, festa dedicada à deusa Pales: senhora das florestas e dos campos. Neste dia os camponeses purificavam seus animais com fumaça de madeiras perfumadas e dirigiam preces à deusa, pedindo perdão pelas ofensas praticadas contra a natureza e se comprometendo a não mais repeti-las.

22 de abril Dia em que os antigos egípcios honravam a deusa Neith, uma das mais antigas divindades egípcias, essência da comunidade tribal, protetora dos trabalhos manuais e da indústria.

23 de abril Dia em que a antiga Síria celebrava Pire, festival da deusa Astarte: doadora da fertilidade e senhora dos mistérios do amor.

24 de abril Dia em que os antigos romanos celebravam a Vinalia Priora de Vênus, festa do vinho consagrada à deusa do amor e da beleza. Neste dia, os antigos mexicanos celebravam Mayahuel: deusa senhora da Terra e da noite, aquela que oferece aos homens as alucinações e a embriaguez. Comumente representada sob a forma de uma bela mulher nua, sentada sobre um trono de turquesas e serpentes, tendo nas mãos, à disposição de seus seguidores, um prato repleto de substâncias alucinógenas. Diz a lenda, narrada pelos Nahua, povo que habitava o México Central muito antes dos astecas, que Mayahuel dormia um sono eterno no céu, sempre guardada pela deusa Tzitzimitl. Um dia, o deus senhor de todos os ventos, ao ver Mayahuel adormecida, caiu fulminado por uma louca paixão. Tentou acordá-la de todas as formas, mas o sono da jovem deusa era tão profundo que nada a acordava. O apaixonado deus dos ventos sentou-se ao lado do corpo da deusa que dormia e por dias soprou sobre seu rosto o mais gentil dos ventos. Aos poucos, Mayahuel despertou de seu sono profundo. Ao ver o belo deus, Mayahuel, comovida por tamanha gentileza, imediatamente por ele se apaixonou. Enlaçados num abraço, desceram à Terra para que ali pudessem consumar o seu desejo. Assim que seus pés tocaram o solo, rapidamente se transformaram numa belíssima árvore com dois belos galhos. À medida que davam vazão ao seu amor, os galhos da árvore floriam até que se tornou repleta de flores. Enquanto os dois amantes suspiravam exaustos e o solo se cobria de pétalas que as flores jogavam ao chão, Tzitzimitl despertava de um sono que durara dias. Furiosa por ver que Mayahuel havia sido despertada, pegou um raio e desceu para a Terra à procura dos dois amantes. Ao ver a árvore dos enamorados, sobre ela lançou o raio que a partiu em duas metades. Chamou os outros deuses e juntos comeram os frutos da parte florida, que correspondia a Mayahuel. Já saciados, subiram outra vez ao céu. O deus dos ventos, vendo que todos tinham ido embora, logo recuperou sua antiga forma. Catou então os restos de sua amada e, louco de dor, queimou-os na terra. O solo, comovido por tanto amor, fez com que uma pequena semente restasse das cinzas. Desta semente brotou o mescal: planta sagrada que dá aos homens os sonhos dos deuses.

25 de abril Dia em que os antigos romanos festejavam a Robigália, festa consagrada a Robigo: deusa do milho e da colheita.

26 de abril Dia em que em Serra Leoa se comemora o ano-novo, onde são honradas todas as deusas das águas e da fertilidade. Neste dia, os antigos finlandeses honravam Ilmatar, mãe das águas, deusa da criação, filha do deus do ar, Ilma. Diz a lenda que, em sua celestial beleza, ela sobrevoou os mares durante sete séculos. Um dia, enquanto voava solitária, uma águia de esplêndida beleza fez um ninho em seus joelhos. Durante algum tempo, Ilmatar teve a companhia da bela ave, até que esta abandonou o ninho e aí deixou cinco ovos. Ilmatar, em seu vôo, não percebeu que os ovos jaziam soltos no ninho. Descrevendo uma elegante curva no ar, fez com que os ovos rolassem e caíssem nas águas profundas do mar. Ao final de pouco tempo, Ilmatar percebeu que os ovos haviam se transformado. O primeiro se transformou no Céu, o segundo na Terra, o terceiro no Sol, o quarto na Lua e o quinto nas Estrelas. Ilmatar, vendo que o mundo estava quase completo, percebeu que nele faltava a presença de um mortal, deu à luz então o primeiro ser humano: Vainamoinen, o bardo.

27 de abril Dia em que nós, as feiticeiras, celebramos as divindades masculinas, solares.

28 de abril Dia em que os antigos romanos celebravam a Florália, festival dedicado a Flora: deusa da sexualidade e da primavera.

29 de abril Dia em que a Tailândia comemora a cerimônia do arado, quando são reverenciadas as deusas protetoras das colheitas e rituais são realizados em louvor da terra. É um dia totalmente dedicado ao poder mágico da terra, a sua eterna renovação e extrema fertilidade. Neste dia, as feiticeiras agradecem à Grande Mãe e às dádivas recebidas em cada instante da vida.

30 de abril Dia em que, no hemisfério sul, comemoramos o Samhain: o ano-novo das bruxas. Dia em que se abrem os portais que nos separam do mundo dos mortos. Temos a chance de vivenciar outras dimensões e falar com nossos antepassados. É o *sabbath* que nos traz os ventos gelados do sul, indicando-nos o caminho da introspecção criativa.

Maio

A LUA DO CONTAR HISTÓRIAS

"Ouçam, crianças:
Seu pai morreu.
De seus velhos paletós
Vou lhes fazer casaquinhos,
E vou lhes fazer calcinhas
Com as suas calças velhas.
Haverá nos seus bolsos
Coisas que punha ali,
Algumas chaves e moedas
Recobertas de tabaco,
As moedas são de Dan,
Para guardar no cofrinho,
Com Anne ficam as chaves,
Para um belo tilintar.
A vida tem que seguir,
E os mortos serem esquecidos,
A vida tem que seguir,
Ainda que morram bons homens,
Anne, venha tomar seu café,
Dan, tome o remédio você,
A vida tem que seguir,
Eu só não lembro por quê."

EDNA ST. VINCENT MILLAY, "LAMENTO"

Os ventos gelados do inverno já se insinuavam pela cidade, beijando por vezes o meu pescoço, e, como invisível pincel, brincavam com a ponta de meu nariz, dando-lhe o contorno de um divertido palhaço. Misturando-se à terra fofa do solo, as folhas caídas do outono repetiam a eterna história do início do tempo e, numa poção de vermes, mofo, umidade e microrganismos, renovavam o solo e criavam mais uma vez o infinito da vida.

Embora a cidade escorregasse em suas mesmices e os homens sonolentos percorressem o diário trajeto que vai dar em lugar nenhum, eu sentia que dentro do mundo havia um mágico olho d'água, rasgando mansamente com suas unhas áquaticas as pedras que lhe impediam alcançar o solo. Era como se os cascos de um cavalo ainda não tivessem marcado o solo, mas se pudesse ver na terra o buraco oblíquo de seu peso afundando em lua a terra.

A Lua das Vozes do Mundo ressoava em meus ouvidos os acontecimentos que varriam o país. Eu aprendera a ver além das palavras e já me encontrava bem distante daquela tragédia diária, que os homens construíram com suas próprias mãos. Sabia que chegaria um dia em que aquela loucura teria um final e não me agradava me ver na roupa de uma precoce guerrilheira. Afinal, eu só tinha treze anos e o mundo me parecia bem maior do que discussões sobre ditadura dos militares e ditadura do proletariado. Minha fome era muito maior...

Eu queria me envolver nas histórias dos romances que lia. Virar de um dia para o outro uma gentil personagem de Proust, ou, quem sabe, partir lá pelas bandas do Sena e encontrar o herói imortal de *Todos os homens são mortais* de minha audaciosa escritora francesa, Simone de Beauvoir. Queria a paixão trêmula e o pudor obsceno das musas de meu autor preferido, o torturado russo, Dostoievski.

Não, a Lua das Vozes do Mundo me fez enxergar os homens em sua fria e concreta mundanidade. E assim, depois de mirar a tela sem cores de suas vidas, transcender a mesmice comum de uma vida sem sonhos e me projetar no poço dos delírios, que me possibilitariam ter a mesma face da noite!

Dessa maneira, totalmente imersa em minha própria noite, colando em meu céu pequenas estrelas recortadas, aprendi a construir dentro de mim um enorme universo, onde os astros me indicavam os passos que teria que dar no tempo.

Podia sentir meu ser desabrochando como os seios de uma virgem arrebentando os botões. A vivência daquelas quatro Luas me transformaram numa pessoa mais atenta às infinitas invisibilidades das horas. Eu podia distinguir, com a precisão de um antigo consertador de relógios, as pequeninas banalidades que ocultavam uma grande história. Podia ver no sorriso da mulher, que distraída sentara a meu lado no bonde, seus suspiros noturnos, quando, nos braços de seu amante, uivaria as obscenidades sagradas do sexo. Descobri assim que minhas primeiras Luas haviam fortalecido meu dom de rasgar o tempo!

Durante a primeira semana de maio dediquei-me furiosamente a essa tesoura metafísica que rasgava o feio tecido da realidade com amolada lâmina e deixava à mostra os cetins, sedas e veludos que reluziam por detrás das aparências. Divertia-me o vagabundear pelas calçadas. Descobria nos olhos mansos do sorveteiro da esquina o rebuliço do virar dos olhos e o esticar dos braços que iriam se agitar como louca bandeira num jogo de futebol do próximo fim de semana. Deliciava-me com a conversa muda entre o tintureiro e a mocinha triste do balcão do bar. Assustava-me, por vezes, ao descobrir, nos olhos cansados de algumas avós, a imagem de sua última cama feita...

Embora a alegria de constatar que já não precisava fazer muito esforço para rasgar o tempo me deixasse num constante estado de embriaguez, logo percebi que alguma coisa faltava...

Ao fim da última semana de maio, procurei abrigo na casa de vó Vitalina. Precisava saber o que a Lua do Contar Histórias me reservava, precisava direcionar minha bússola e aguardar o girar mágico da seta dos caminhos.

Como o ambiente em minha casa estava entregue à Lua dos malefícios, deixando-me na dúvida se ainda morava em minha velha casa ou se havia se mudado para a sede de algum partido político, resolvi passar algum tempo na casa de minha avó. Para mim, sua casa representava a mesma coisa que uma embaixada representa para um refugiado político. Era o lugar onde eu ficava a salvo de qualquer coisa, envolta por um invisível escudo de proteção.

Recordo-me que subi pela primeira vez a ladeira de vó Vitalina, sentindo não ser mais aquela menina ávida que a procurava sempre à cata de conhecimento. Dessa vez eu tinha certeza de já possuir um bom pedaço de minha própria história, que também havia bebido a doce água do conhecimento e que poderia com minha avó realizar divinas trocas, pois em mim brotara meu primeiro jardim de feiticeira.

As balas de tamarindo de seu Joaquim já não me seduziam, aprendi o mistério da Lua, sabia agora que a conquista da mulher acontece acima das sutilezas mundanas. Não seria um punhado de balas que tornaria seu Joaquim o homem de minha avó. Aprendi a respeitá-la não mais como a doce senhora assexuada que todos viam. Pela primeira vez enxerguei minha avó com os olhos do sexo. Pude vê-la com seus cabelos soltos, lânguida, a se preparar para o ato do amor. Senti por trás da alfazema de suas roupas o salgado marítimo de sua vagina exalando em perfume. Pude traspassar o comprido de sua saia e vislumbrar a rigidez de suas coxas morenas, arqueadas na doce e oblíqua curvatura da espera do amante. Não! Não seriam as balas de tamarindo que me fariam aviltar aquela mulher que me iniciara nos mistérios do feminino.

Ao chegar em sua casa, tive a certeza de que não mais ali entrara como uma imatura jovem procurando iniciação. Eu agora estava verdadeiramente iniciada e a procurava como a uma igual. Vovó, em sua cozinha, parecia entender tudo que me acontecia e jovialmente me disse: "O nosso café está pronto!"

O som do pronome possessivo nunca me pareceu tão belo! Aquele mágico soar das cinco letras, aquele "nosso" que escorregava feliz de seus lábios era a palavra mágica que eu precisava ouvir. Nesse ponto, devo esclarecer que Vitalina, aos olhos comuns dos mortais, era vista como uma excêntrica senhora, por demais consciente de suas coisas, tendo por isso como defeito principal o seu extremo egoísmo. O que as pessoas não percebiam é que, para ela, o uso do pronome possessivo, indicando o entrelaçamento das individualidades, implicava o reconhecimento de um outro igual. Assim, quando ela oferecia um café a alguém comum, dizia: "Venha tomar comigo o seu café!"

Para ela, permitir que seus invisíveis fios se entrelaçassem com os de uma outra pessoa significava algo tão intenso, uma identidade tão siamesa, um ângulo exato na curva do olhar, implicava o reconhecimento de algo muito além das convenções da linguagem...

Até hoje me vejo repetindo os mesmos erros gramaticais de minha avó e com muito poucas pessoas entrelaço meus fios, com muito poucas pessoas me projeto nos campos férteis do "nosso"...

Mas, voltando à história. Tendo ouvido a palavra mágica, pela primeira vez entrei em sua casa vestindo meu traje completo de feiticeira. Eu havia adquirido a mesma posição de suas amigas e por ela havia sido reconhecida. Não era mais a menina que corria a seus braços, ávida pelas esquisitices mágicas de uma louca e doce avó. A vivência das quatro primeiras Luas solidificou meus poderes, moldando minha personalidade de tal maneira, que a essência mágica de minhas ancestrais encobria todo meu ser. Agora, eu era Márcia, uma feiticeira jovem que sabia que ainda tinha muita estrada pela frente.

O aroma do café me chamava na cozinha tal qual um experiente encantador de serpentes; um doce perfume mesclado por pequenos intervalos na sinfonia executada magistralmente por meu coração. Assim, encantada e embalada pelos acordes vitais de meu ser, penetrei na antiga cozinha.

Louro, o velho papagaio de minha avó, trazido numa louca viagem, em que eu, meu primo Guilherme, tio João e tia Marisa cruzamos as terras áridas do Nordeste numa brava caminhonete, embalados pelos acordes desafinados do jovem papagaio que levávamos para vovó... Mas essa é uma outra história...

Voltando à cozinha. Louro, naquele dia, não me recebeu com seu habitual mau humor, estava gentil como um filhote de pato que docilmente se aninha em nossas mãos, recebendo meloso os nossos carinhos. Como a hostilidade do papagaio era o carimbo metafísico daquela cozinha, sempre recebendo as visitas com irrepetíveis palavras que, quando ousei repetir, renderam-me alguns dias de castigo, constatei que algo mágico estava prestes a acontecer.

A postura de minha avó confirmou minhas suspeitas. Seus cabelos, sempre presos num delicado coque, estavam livres dos enormes grampos que o sustentavam e se expandiam sobre suas costas como um místico véu de uma noiva do deserto. Raios prateados misturavam-se às mechas cinzentas que jovialmente se balançavam no ritmo de seus passos, como se querendo escandalosamente demonstrar que Afrodite estava ali presente.

O moreno de sua pele sobressaía num delicado estampado do leve vestido que, contrariamente ao discreto frio que se insinuava, mostrava um ardor de primavera mesclado com as paixões do verão. Mas, como de minha avó nunca se podia esperar o convencionalmente certo, acolhi o seu inusitado dia de verão, despindo-me do aconchegante casaco de lã, recém-saído da loja. O frio, misteriosamente, foi-se embora...

Já refeita pela visão de Afrodite, mesclada pela seriedade de Hécate, sentei-me à mesa e aguardei feliz o nosso café. Acalentava a certeza de que alguma coisa maravilhosa me era destinada.

Durante o período em que tomávamos nosso café, relatei-lhe minhas experiências adquiridas nas quatro primeiras Luas. Disse-lhe das intuições que agora já conseguia decifrar, dos sonhos que vinham com maior intensidade e do quanto havia aprendido sobre os limites dos meus poderes. Minha avó, ao ouvir meus relatos, pediu-me que falasse um pouco mais sobre o limite que eu experimentara. Para ela, parecia ser este o tema mais fascinante dos meus relatos.

Como havia me decepcionado ao descobrir que meus poderes não podiam interferir naquela loucura que o país estava começando a vivenciar, sentia-me pequena, achando que não desempenhara bem o meu papel de feiticeira. Para mim, a descoberta de minha insignificância era a chave que me separava de minha avó e de minhas ancestrais, porém sabia que um dia me tornaria tão forte quanto elas. Minha avó, ao ouvir-me falar dessa insignificância, soltou uma gostosa gargalhada e me disse: "Márcia, você pensou mesmo que eu poderia modificar os atos que os próprios homens traçaram?"

Então, divertida, ela me revelou que nada poderia fazer, mas que isso não significava uma diminuição de seus dons. Isso era aquele limite de que eu havia falado, a tênue linha assinalando que não devemos querer ser maiores que os deuses, que não podemos de nenhuma maneira interferir naquilo que os homens pediram aos deuses com seus atos... Mas de forma alguma eu era insignificante! Eu havia aprendido a mais difícil lição da feitiçaria.

Deixando de lado a risada solta de Afrodite, subitamente minha avó recebeu em seu corpo o esplendor ancião de Hécate, senhora de todos os mistérios. Seus cabelos eram agora o retrato vivo de uma ancestral. Eram a teia muito branca, onde uma aranha se dedicava desde o início dos tempos à arte gentil do tecer dos fios. Seus gestos, antes impregnados pela brisa aquática das manhãs de Afrodite, carregavam agora a rigidez das rochas. Seus olhos espelhavam o intervalo sagrado do tempo, mostrando-me o mistério do primeiro beijo que a Lua deu na Terra.

Lentamente, vó Vitalina encheu de café uma antiga xícara que um dia pertencera a Maria, sua mãe. Era uma velha xícara já amarelecida pelo tempo, porém não ostentava nenhuma lasca em seu frágil corpo. Não havia nenhum sinal que sobre ela se lançara, nenhum movimento brusco, como se tivesse sido sempre acarinhada pelo calor das mãos. Seu tamanho era um pouco maior do que o das xícaras habituais, lembrando, à primeira vista, uma daquelas xícaras usadas para caldos quentes. Nenhum desenho a constituía, tornando-a, aos olhos comuns, somente uma velha xícara, feia e sem graça.

As mãos de vó Vitalina a acariciavam com extremo cuidado, tocando-a como se estivesse acarinhando uma pequenina nuvem de um dia claro de verão. Uma ternura sem-par tomou conta de toda a cozinha e pude sentir a presença de Maria, minha louca bisavó, sempre envolvida pelas teias lisérgicas dos delírios.

Percebendo que eu havia sentido a presença de sua mãe, vovó gentilmente depositou a xícara cheia de café à minha frente. Disse-me que não devia bebê-la e que apenas deixasse que meus olhos penetrassem naquele mar de ébano, pois receberia a visita de minhas antepassadas.

Inundada por minha mania de conversar com fantasmas, avidamente mergulhei meu olhar nas mansas e escuras águas daquele lago mágico. Pouco a pouco, fui percebendo que o café adquiria a transparência de um magnífico topázio, levemente encoberto por uma espessa fumaça. Meus olhos ardiam, mas não resistiam ao chamado do topázio, oculto sob o véu da fumaça. Uma leve sonolência se expandia pelo meu corpo, dando-me uma leveza metafísica, como se alguma parte de meu corpo se desprendesse da massa concreta de minhas carnes. Eu podia observar a existência de minha alma, como se pudesse tocá-la com meus dedos, sentindo concretamente sua existência. Um zumbido invadiu meus ouvidos, dandome aquela impressão que experimentamos quando mudamos o dial no rádio. Sim, aos poucos percebia que era conduzida a uma outra freqüência, aquilo que hoje se nomeia como estado alterado de consciência!

Passo a passo, minha alma desprendeu-se totalmente de meu corpo, dirigindo-se vertiginosamente na direção do centro da xícara. A tênue cortina de fumaça que ainda restara dissipou-se por completo, permitindo que eu a tudo enxergasse com nitidez.

Ao penetrar nos domínios daquele oceano que boiava sobre a xícara de porcelana de minha bisavó, experimentei o frescor do Mar Negro, a transparência do movimento dos peixes e o aquático abraço de minha doce Afrodite. Com ela decifrei cada gruta submersa e recolhemos as mais belas jóias, que as sereias, em seu eterno descuido, sempre esquecem enroscadas nas verdes algas e róseos recifes.

Depois de saciada em minha curiosidade, Afrodite me conduziu a uma gruta situada no lugar mais profundo das águas. Ali onde as tempestades marinhas se iniciam e o negro do mar se reflete no céu. Nas águas abissais do conhecimento eterno e no lugar onde irrompe o jorro sagrado da vida...

O perfume masculino do café mesclava-se com o odor vaginal das águas daquele oceano. Era como se, naquele momento, um mítico casal de amantes apaixonados se enroscassem na fúria de se penetrarem. Eu sentia ao longe o suave perfume do cio da Natureza, indicando-me que o ancestral vulcão da vida um dia fora ativado pelo sexo entre a terra e as águas, e, como fruto dessa combinação entre leite e esperma, surgiram os primeiros embriões da vida.

Aos poucos, o perfume foi dando lugar a uma infindável tempestade de sentimentos, como metáforas meteóricas que me enchiam de entidades por mim desconhecidas. Numa fração infinitesimal de tempo, presenciei os primeiros choros dos homens por sobre a Terra, as paixões dos primeiros amantes, a solidão das primeiras doenças, o uivo dos primeiros partos e o bocejo celestial das primeiras crianças. Presenciei o júbilo das primeiras festas, a arquitetura das primeiras casas, o aconchego do primeiro fogo e a miséria das primeiras guerras. Assim, como se instalada numa insólita cabine de cinema, vi desfilar também a história dos homens sobre a Terra.

Devagarinho, fui conhecendo o rosto da humanidade e nele reconhecendo a sagrada arte dos deuses. Penetrei no significado dos pequenos sinais deixados pelas divindades e compreendi o filme a que havia assistido: o homem tinha sido feito pelo gozo eterno dos deuses, pelo seu desejo de perpetuar o prazer num instante do tempo, no qual sua incapacidade de consumar o gozo de sexo havia de se tornar real.

Mas os homens não decifraram esses sinais e decidiram que eram obras imperfeitas, carregando os aleijões do sofrimento e a miséria da desesperança. Meteram em suas cabeças que eram filhos bastardos e que os deuses deles se envergonhavam. E daí foram perdendo seus sinais divinos e vestindo as máscaras toscas que construíram...

No instante em que reconheci os sinais que os deuses deixaram, percebi que ao meu lado se encontrava um grupo enorme de mulheres, homens e crianças, que dançavam despidos ao meu redor. Em suas cabeças, delicadas guirlandas ornavam seus cabelos, como se carregassem consigo a primavera.

Percebi com muita alegria que no grupo se encontrava o mágico clã de meus antepassados, aquela alucinada família que desde pequena aprendera a amar. Um clã composto de loucas histórias, onde delirantes personagens sempre honraram os sinais dos deuses, transformando cada minuto de suas vidas numa aventura digna de ser narrada. Ouvi com emoção as canções de Maria, minha doce bisavó, que desde cedo havia sido beijada por Dioniso e se tornado uma delirante bacante. Rodopiei com os patins de Nair, minha jovem tia que um dia, com apenas quinze anos, não resistiu aos apelos apaixonados de Ares e se projetou em seus braços, num último rodopio dos patins. Tive meus olhos ofuscados pela estonteante beleza de Nadir, a mais bela das sacerdotisas de Afrodite, que, um dia, por sua senhora foi requisitada e, numa cálida manhã de verão, mergulhou seu corpo nos caminhos aquáticos que vão dar no reino da deusa. Explodi em risadas, inebriada pelo vinho de Nazir, minha tia, sacerdotisa de Baubo. Percorri todas as estradas do mundo com Maria, minha tia, sacerdotisa de Hermes, que um dia, já cansada das estradas da Terra, pegou sua bússola mágica e foi se encontrar com o seu deus. Aprendi com Manuel, meu avô carpinteiro, a ler, através dos nós da madeira, aquilo que Hefesto, o deus artesão, havia designado. Mirei os olhos azuis de Afonsa, minha bisavó das praias do Algarve, e neles reconheci a sagrada lareira de Héstia, onde um caldeirão repousava preguiçoso com um suculento cozido português...

Deste modo, como se estivesse frente ao grande mágico Houdini, vi desfilar todos os meus ancestrais à minha frente. Como delirantes coelhos tirados de uma minúscula cartola, vi exibirem todos os sinais e por seus lábios também fui tatuada.

À medida que cada um depositava um beijo em minha face, sentia que meu corpo adquiria contornos imperceptíveis, vibrações sutis, que se misturavam preguiçosas às minhas expressões, dando uma luminosidade mítica aos meus gestos habituais.

Com carinho, vi a eterna rebeldia dos cabelos de Nair, a patinadora, insinuando-se em minha vasta cabeleira e ensinando-lhe a liberdade de Ártemis. Vi os delírios de Maria, a bacante, penetrarem no meu cérebro e varrerem a incômoda lógica dos meus pensamentos. Vi a lúdica praticidade de Nazir, filha preferida de Baubo, apagar o sulco pesado que minha testa exibia e aí depositar um mecanismo, que até hoje me faz rir nos momentos mais difíceis que vivencio. Vi a ternura de Afonsa, sacerdotisa das severas Moiras, infiltrar-se no meu coração e derreter os ressentimentos. Vi a estonteante beleza de Nadir, preferida de Afrodite, atrapalhar-se por sobre meu corpo nem de longe escultural, e, já cansada de tanta procura de um lugar onde pudesse se fixar, deu-me a ilusão da beleza, que até hoje me confunde, quando miro no espelho, e me faz crer que de todas sou a mais bela.

Já de posse dessas místicas tatuagens, vi pouco a pouco meus ancestrais se perderem na fumaça espessa, que agora encobria o mágico oceano da xícara de café. Meus ouvidos ainda podiam ouvir o som de suas vozes e gravarem suas últimas palavras: "Nós viveremos enquanto nossas histórias forem narradas."

Com esta última frase, subitamente despertei daquele transe. Vó Vitalina, como se tivesse me acompanhado a cada minuto naquela viagem, me disse: "Márcia, hoje você conheceu todos os seus ancestrais, cabe agora procurar suas histórias e acrescentar à sua própria história. Procure na lembrança daqueles que os conheceram e já estão se encaminhando para o lugar que hoje você visitou. Faça investigações nos velhos álbuns esquecidos nas gavetas dos armários. Monte as peças deste quebra-cabeça e cole em sua existência pequeninos pedaços destas imagens. Muitas vezes as lembranças dos que ainda vivem poderão estar enfumaçadas e os detalhes esquecidos. Não se preocupe, se não tiver a história toda, invente! Nossos mortos gostam dos romances..."

Eu tinha agora uma jornada para o mês de maio. Procuraria como uma detetive as pistas deixadas por meus antepassados. Saberia de suas histórias e as guardaria com delicadeza num lugar onde sempre pudesse mirá-las, acarinhá-las e, vez por outra, tal qual um mágico recorrendo à sua cartola, sacá-las e agitá-las ao ar como lenços transparentes.

Como um dia vó Vitalina me ensinara, espalhei pelas gavetas, armários, minha mesa de estudos, estantes e debaixo de meu travesseiro, punhados de melissa: a erva que nos propicia as lembranças e abre os portais do reino dos mortos. Escolhi o caderno mais bonito e o coloquei, virgem, rodeado por antigas fotografias que recolhi, bem no centro de um círculo que traçara com sal marinho na minha mesa de estudos. Nele anotaria as histórias que me fossem narradas e toda noite o recolocaria naquela dimensão recém-criada.

Confesso que a intocabilidade deste círculo causou-me alguns contratempos com Conceição, a arrumadeira, que, toda manhã, ao limpar meu quarto, me advertia com tenebrosas ameaças. Até hoje não posso conter o riso, quando me recordo de sua figura bizarra, com os ossos do corpo muito brancos, chocalhando ao ritmo de um espanador de penas, e com um pano desmilingüido, que se infiltrava por entre os seus dedos como a língua de um enforcado. Com seus cabelos louros e crespos, ela me advertia sobre funestas tragédias que os vivos atraem quando se comunicam com os mortos. Falava da bronquite de dona Marina como prova inquestionável de sua teoria. Dizia que os mortos assombrariam meus dias e que eles possuíam uma maléfica forma de disfarce. Que eu era uma tola em acreditar que eles eram gentis e que isso era só uma forma de me seduzirem para o caminho das trevas. Ela falava e o espanador descrevia curiosas curvas no ar, como se fosse uma criança arremedando por trás do adulto, fazendo caretas engraçadas e mostrando a língua.

Seguindo minha inclinação para o cômico, preferi dar ouvidos ao espanador comediante. Hoje em dia, quando tenho pela frente alguém que carrega o péssimo hábito de dar conselhos terroristas, coloco o espanador, que roubei de Conceição, em suas mãos e me divirto com suas manguices.

Pois bem, devidamente vacinada contra os germes conceiçanianos, esperei que a Lua me trouxesse as primeiras histórias. A doce senhora, misteriosamente, produziu em tia Aída uma inesperada depressão, que, de tão forte, acabou levando-a a um internamento numa clínica. Com tia Aída morava vó Luísa, minha bisavó gulosa, que escondia doces numa velha lata debaixo do colchão.

Vó Luísa, como se atraída pela Lua, escolheu ficar em nossa casa, durante o período em que tia Aída ficasse na clínica. Surpreendentemente, sua alegação foi a de que nossa casa era menos agitada e que ali ficaria tranqüila. Digo surpreendentemente porque todos conheciam a fama de Marco e Mauro, meus irmãos, que a cada dia atormentavam os membros da casa com suas intermináveis fórmulas de agitar os dias! Mas vó Luísa estava sob um encantamento da Lua...

Embora a situação não exigisse euforia, sabedora das artimanhas da Lua, preparei-me como uma noiva, para melhor receber vó Luísa. Era a primeira vez que ela ficaria muitos dias comigo! A depressão de tia Aída, diziam as pessoas, era daquelas que permanecem por dias e dias, deixando a pessoa enterrada numa grossa camada de silêncio. Confiante nos poderes da Lua, eu tinha certeza de que este silêncio seria preenchido pelas óperas que tia Aída tanto amava e que a conduziriam para as terras da beleza, que ela tanto procurava. Assim, desprovida de qualquer preocupação, tratei de me concentrar nos preparativos para a chegada de minha avó.

Com decepção, vi minha oferta, de dividir meu quarto com ela, ser rejeitada. Ela ficaria no quarto de hóspedes, pois lá não sofreria o incômodo de minhas leituras noturnas. O que ninguém sabia era que vó Luísa gostava de vagar sozinha no meio da noite, de conversar com seus mortos, sentadinha na beirada de sua cama, degustando as gulodices surrupiadas durante o dia. De nada valeu eu ter revelado o seu segredo, disseram que eu estava inventando calúnias e que vovó era como todas as avós, deitava cedo e acordava quando o sol nascia.

Decidido o seu quarto, a mim só restou a esperança das noites em que iria, tal qual furtivo ladrão, abrir a porta, com cuidado para que não rangesse, e agilmente me sentar junto a ela na beirada da cama.

Por dias ensaiei o trajeto que faria nas noites seguintes. Levantava da cama com muito cuidado, abria vagarosamente minha porta, e pé ante pé adentrava pelo longo e escuro corredor que ocultava as portas cerradas dos outros quartos. No primeiro dia, tendo em vista minha inexperiência e a penumbra do corredor, acabei por abrir a porta do quarto dos meus pais, tendo que fingir um sonambulismo que me causou por anos a fama de sonâmbula!

Preparada, sabendo de todo o percurso que separava meu quarto do quarto que vó Luísa ia ficar, a recebi numa fria manhã. Até hoje, recordo-me nitidamente do intenso aroma de alfazema que ela trouxe consigo e que inundou toda a casa, e de sua pequena mala, bastante parecida com ela, rechonchuda e perfumada. Vestia, como de costume, uma saia preta longa e rodada, as meias, deixando à mostra o contorno suave de seus tornozelos, davam aos seus pés uma tonalidade cinzenta e diáfana, igual ao céu daquela manhã. Vestia uma alvíssima blusa com uma infinidade de pequenos botões de madrepérola, que desenhavam uma exatíssima reta no seu dorso redondo. A blusa, como todas as suas outras, não tinha gola, deixando desnudo um róseo pedaço de seu dorso de madona. Uma imperceptível bifurcação de duas finíssimas linhas curvas deixavam entrever os vastos seios que, ocultos pelo finíssimo tecido da blusa, caíam como duas gigantescas gotas preguiçosas que queriam alçar o redondo de sua cintura. Duas ondulantes mangas envolviam seus braços curtos e roliços, arrematadas por um frágil babado de renda, que beijava com a delicadeza de um irresistível galã as pequeninas mãos rosadas, doces bailarinas dos retalhos de pano. Uma grossa e reluzente aliança de ouro ornava vaidosa o seu dedo de viúva de um marido que nunca teve o seu nome revelado. Aquele desconhecido avô sem nome, rosto ou corpo, que, por toda a minha infância, foi o mistério mais misterioso de minhas fantasias.

Ah, como eu coloquei e tirei bigodes, vesti ternos e macacões de operário, calcei pontudos sapatos e pesadas botas, fi-lo rodopiar como um majestoso príncipe ao som das mais belas valsas e amassar uvas com bolhas nos pés em misteriosas quintas de Portugal...

Mas, voltando à chegada de vó Luísa. Como se conhecedora das mágicas voltas que a Lua havia realizado, vó Luísa, divertida, piscou-me seus incomensuráveis olhos azuis e, estabelecendo comigo uma espécie mágica de cumplicidade, pediu-me para que depois fosse ao seu quarto, pois tinha para mim um presente reservado. Depois, como é de praxe na chegada dos hóspedes, ouviu na sala de estar a interminável conversa de meus pais, dizendo como era bom tê-la conosco, que os lençóis estavam na segunda gaveta da cômoda, se ela precisasse de mais algum, que havia um outro travesseiro na parte do meio do armário, que o cobertor era antialérgico mas havia um outro na primeira gaveta, se ela sentisse muito frio, que, no café da manhã, todos os dias haveria goiabada com queijo, que ela tanto gostava, mas que tivesse cuidado, pois o doce não era recomendado na sua idade, e que estavam muito tristes com a depressão de tia Aída, mas que ela não se preocupasse, pois a clínica era das melhores e os médicos competentes...

Vovó a tudo escutava, sentada confortavelmente numa fofa poltrona que acolhia suas curvas redondas. Vez por outra deixava escapar um sonolento bocejo, como se indicando que já ouvira o bastante. Convencidos por aquela sonolência estrategicamente forjada, meus pais, finalmente, a liberaram para os mares de minha curiosidade.

Quando percebi que as formalidades da chegada tinham sido cumpridas, agilmente adentrei no seu quarto. Espantosamente, minha bisavó feiticeira possuía o dom que está sempre exposto nas bruxas, o que torna bem fácil o seu reconhecimento: o de carregar seu cotidiano nas costas, tornando qualquer ambiente estranho numa réplica exata de sua casa. O quarto impessoal de hóspedes perdera aquela impessoalidade diplomática, tornando-se igual ao seu quarto na casa de tia Aída. A cômoda estava elegantemente adornada com redondos paninhos, arrematada na borda com um delicado trançado de linhas. Pequenos bibelôs boiavam sobre aquele oceano de panos remendados, onde flores minúsculas se entrelaçavam com geométricos quadrados de um tecido xadrez. Sua cama perdera como por encanto o abominável aroma das camas que não guardam em si o calor dos corpos, que ali sonham, e agora possuía o perfume inebriante da colcha onírica de retalhos, que, vaidosa, encobria o insosso edredom dos hóspedes. Um travesseiro sonolento ronronava como um gato cor-de-rosa por sobre o impecável lençol, que, esnobe, não demonstrava qualquer sensibilidade para com os sonhos, inflado no seu vazio estético de objeto quase decorativo.

Vovó, como parteira mágica, trouxera vida àquele frio cômodo, impregnando em suas paredes, impecavelmente pintadas, o perfume de que só as avós conhecem a fórmula! Um perfume mítico que exala o aroma das placentas, misturado ao leite dos peitos maternos e às flores-do-campo que ninam os bebês, que inebriam os mortais e que lhes dão a visão de seus primeiros sopros. Aquele sopro sagrado que retira de suas almas o choro apaixonado dos deuses, este choro primordial, este rasgo de eternidade que os homens experimentam nos seus primeiros instantes de ar e de terra.

Inebriada por seu doce perfume, sentei-me à beirada de sua cama com muito cuidado, não queria amassar os pequenos retalhos de sua colcha, que, vaidosa, exibia um incomensurável caleidoscópio de meteóricas realidades.

Vovó, arrastando vagarosamente suas velhas polainas de couro marrom, encaminhou-se para a terceira gaveta da cômoda, de onde tirou uma caixa geometricamente quadrada, contendo um sem-número de pequenos retalhos de panos coloridos, todos recortados com exatíssimo tamanho e forma. Observando meu espanto com o insólito de tal presente, vó Luísa, com a doçura de Deméter, me disse com a voz bem baixinha: "Filhinha, durante sua vida, trate dela como se fosse essa caixa de retalhos. Recorte cada pedacinho de lembrança, não importa se boa ou ruim, e costure, unindo-o a um outro pedacinho. No final de seus dias, você terá feito a mais linda colcha que já se viu..."

Gulosa, recolhi a estranha caixa, que agora me iniciava na divina arte exercida pelas feiticeiras: a de trançar lembranças e tecer histórias... Esse dom sagrado, que todos os mortais carregam, mas que só as feiticeiras aproveitam. Um dom que nos possibilita traspassar o tempo e misturar nossos nós com os laços dos sonhos que a humanidade teceu desde o começo dos ventos.

Nos dias que se sucederam, povoei minhas madrugadas com as histórias de vó Luísa, narradas com a delicadeza de sua antiga tesoura que recortava os retalhos das lembranças. Com ela, aprendi o tom exato da voz ao narrar histórias, os intervalos que sugeriam suspense e o vôo dos olhos nas narrativas das paixões. Descobri o mistério da gulodice de vovó, que transformava o açúcar de doces guardados na lata numa cascata adocicada de sonhos que ela tecia sozinha, quando as lembranças irrompiam e adentravam em seu quarto, sem que ninguém ali se encontrasse, pronto para receber seus retalhos. Com tristeza, descobri sua solidão povoada por seus mortos e o imenso silêncio de sua lata de doces. Compreendi a razão de sua irresistível insistência, quando a visitávamos, para que entrássemos no seu aposento, onde nos ofereceria pequeninas guloseimas: ela queria nos lambuzar com o doce melado de suas histórias!

Durante muitas noites nos dedicamos a comer gulodices e tecer histórias. Aos poucos, eu ia me transformando, adquirindo os trejeitos de seus mortos. Para espanto de todos, acordei numa bela manhã avessa para todo e qualquer tipo de gola, sentimento que até hoje carrego com orgulho.

A Lua do Contar Histórias transcorria docemente, infiltrando em minhas células minúsculos retalhos das histórias que eu recolhia. Costurava-os cuidadosamente, entrelaçando-os com minhas próprias histórias, mesclando realidade e delírio, liquidificando nebulosos contornos e mascarando-os com os pincéis de minha imaginação fértil.

Ao final dos últimos dias daquela Lua, transformara-me numa exímia tecelã e aprendera a arte das feiticeiras. Como presente de despedida, vó Luísa me deu sua antiga tesoura, objeto mágico que até hoje carrego... Quando me sinto sozinha, pressentindo que meu poder enfraquece, busco na Lua de Maio as minhas histórias e, junto a Daniel, meu filho, recorto com esta mítica tesoura os retalhos de minhas histórias. Ao vê-lo atento, exercendo comigo essa doce arte, dentro de mim o sorriso de vó Luísa me acena, indicando que nossa colcha será eternamente tecida por nossos descendentes. Quando vejo a curiosidade de vocês que me lêem, estampada nas linhas das cartas que adentram por minha casa, posso ouvir a melodia das palavras de vó Luísa, sussurrando nos meus ouvidos: "Filhinha, acho que você recortou os retalhos de outras colchas. Mas não faz mal, no fim tudo vai dar numa mesma colcha!"

Naquela Lua de Maio, percebi que estava acompanhada, a cada dia, por uma gentil divindade, que, curiosa, aconchegava-se na beirada da cama, querendo ouvir nossas histórias. Hoje, já tendo pesquisado o bastante, posso revelar a vocês os seus nomes:

1º de maio Dia em que os romanos celebravam o Festival da Bona Dea, a deusa bondosa: protetora da fertilidade e cultuada somente por mulheres. Neste dia todas as estátuas masculinas eram cobertas pelas mulheres, como prova de total devoção ao princípio feminino. No Havaí se celebra o dia de Lei, dedicado à deusa Hina: senhora dos mistérios da morte. Diz a lenda do povo Maori, que um dia, seu pai, o poderoso deus Tane, usando de artifícios que ocultavam sua verdadeira identidade, seduziu a jovem Hina, deixando-a totalmente apaixonada e inebriada por suas loucas promessas de amor. Durante algumas luas, o ardente casal desfrutou de todas as carícias e obscenidades sagradas, que só os deuses conseguem realizar. Até que um dia, Tane, descuidado como todo amante, deixou de vestir o manto dos artifícios e revelou seu verdadeiro rosto. Hina, horrorizada pela descoberta de que havia sido seduzida por seu próprio pai, fugiu enlouquecida para Po, o mundo onde habitavam as sombras. Desde então Hina governa o mundo dos mortos.

2 de maio Dia em que na Índia se celebra a festa de Yasodhara: esposa de Buda e representação da sagrada personificação do feminino.

3 de maio Dia em que na Polônia se celebra Nossa Senhora de Czestochova: antiga deusa protetora das colheitas.

4 de maio Data em que as feiticeiras celebram o quarto dia da Lua, dedicado a Ísis e Hathor.

5 de maio Dia em que na Guatemala se celebra a Cerimônia das Chuvas, dedicada às divindades das águas.

6 de maio Dia em que no antigo Egito se celebrava a visita de Hathor aos domínios da deusa Mut, Grande Mãe, protetora dos mortais. Essa visita ao templo da deusa, em Carnak, denominava-se Festival de Opet e significava a humildade masculina perante o grande mistério feminino. Mut era representada pelos egípcios sob a forma de uma ave de rapina, aquela que propicia o fenômeno da restauração da morte. Muitas vezes foi confundida com Hathor, Bast e Sekhmet. Mut foi adorada pelos egípcios como "A Grande Feiticeira": Senhora dos Reinos Celestes e Olho de Ra. Era esposa de Amon-Ra e muitas vezes foi adorada por seu bissexualismo, possuindo assim o poder de ter gerado todas as coisas.

7 *de maio* Dia em que, no antigo Egito, Hathor visitava o templo de Anuket: deusa das águas e da fertilidade da terra. Dia em que os antigos gregos celebravam a Thargelia, festival consagrado ao deus solar, Apolo.

8 *de maio* Dia dedicado por nós, feiticeiras, a Selene, Aida Wedo, Luna e todas as outras divindades lunares. Dia em que os antigos irlandeses celebravam Macha, a deusa tríplice. Por muito tempo, Macha foi vista como três divindades distintas,mas chegou-se enfim à conclusão de que se tratava de uma só divindade, possuindo três aspectos distintos. Assim, temos Macha, a esposa de Nemed, exibindo seu aspecto atlético e guerreiro. Macha, esposa de Cruchchu, exibindo seu aspecto de amante. Por último, Macha, a vermelha. Das três Machas, a mais conhecida é Macha, a esposa de Nemed, o sol das mulheres. Diz a lenda que ela vivia com um rei mortal e desta união resultou a gravidez de um par de crianças gêmeas. Um dia, já em adiantado estado de gravidez, o rei gabou-se de sua exímia capacidade de montar um cavalo, dizendo que Macha nunca o venceria numa corrida. Macha, pacientemente o advertiu de sua arrogância, mas o rei, inebriado por sua fanfarronice, colocou-a sobre o dorso de um cavalo, para demonstrar que estava com razão. Macha triunfou na corrida, mas, ao se aproximar da chegada, abortou as duas crianças. Macha, humilhada pela violação do marido, lançou um terrível encantamento sobre todos os homens: durante cinco dias e cinco noites os homens padeceriam das dores que ela sentiu.

Diz a lenda que somente um homem, Cuchulain, escapou deste encantamento.

9 de maio Dia em que na antiga Boêmia se celebrava Perchta, a Senhora Branca, deusa protetora dos homens. Perchta, até os dias de hoje, é lembrada na Suíça, Alemanha e Áustria, sob a designação de "mulher elfo". Diz a lenda que Perchta era a deusa que garantia a fertilidade dos campos e a abundância nas colheitas. Era uma divindade generosa, mas não perdoava aos homens o insulto da preguiça e a violação das florestas. Dizem as antigas histórias que a deusa punia aqueles que violavam os seus domínios com o mais doloroso dos castigos: ela rasgava o estômago do infrator, deixando-lhe no ventre um enorme buraco.

10 de maio Dia em que em Hong Kong se celebra T'ien Hou: deusa protetora dos marinheiros e pescadores, grande senhora das águas salgadas. Diz a lenda que um dia, muito distante no tempo, T'ien Hou foi uma jovem mortal que se chamava Mei Chou e tinha quatro irmãos, pelos quais nutria enorme afeição. Todos quatro eram pescadores e todos os dias entravam no mar, em busca do alimento que sustentaria sua família e as outras famílias da aldeia. Um dia, quando os quatro já haviam partido, Mei Chou caiu em profundo sono. Um sono que viera quando a menina ajudava sua mãe nos afazeres da cozinha. Um adormecimento tão repentino, que deixou em seus pais a impressão de que Mei Chou havia caído nas teias de algum encantamento maléfico. Assustados e não querendo perder a filha, os pais começaram a sacudi-la, implorando para que acordasse. Passado algum tempo, depois de muito tentarem, Mei Chou acordou. Para grande espanto de seus pais, a suave mocinha acordara furiosa, acusando-os de terem sido culpados de uma morte. Os pais logo esqueceram das violentas acusações que a jovem fizera, atribuindo ao acesso de raiva a manifestação do encantamento que adormecera sua filha. Diz a lenda que, algum tempo depois, três dos irmãos chegaram com uma triste notícia: o quarto irmão fora tragado pelas águas. Mei Chou os havia salvo de uma tempestade, surgindo nas águas escuras do mar e os encaminhando, um a um, a uma pequena ilha. Na hora em que ia salvar o quarto, subitamente desapareceu! Os antigos chineses dizem que a jovem não viveu muito tempo. Poucos anos depois foi levada pelos deuses, e na terra onde vive recebeu o nome de T'ien Hou: a protetora dos homens do mar.

11 de maio Dia em que na antiga Romênia se celebrava a Sfana Trieme Duminica Rusalilor, festa dedicada à deusa tríplice do destino: Russali.

12 de maio Dia em que na Índia se celebra o Festival de Sashti, dedicado a Aranya Sashti: deus protetor das florestas.

13 de maio Dia em que as feiticeiras celebram o princípio feminino, representado sob a forma de uma deusa jovem. Portanto, é um dia de celebração de Ártemis, Perséfone, Oiá, Tonantzin, e muitas outras.

14 de maio Dia em que no antigo Egito se celebrava o encontro de Ísis com os restos mortais de seu amado Osíris.

15 de maio Dia em que os antigos gregos celebravam Maia, a deusa anciã, aquela que carrega a sabedoria. Sendo uma divindade muito antiga, pouco se conhece a seu respeito. Alguns a identificam como a primeira senhora da noite, outros como a mais velha das Plêiades, porém o mito mais conhecido é o que lhe atribui a maternidade de Hermes: o deus fálico.

16 de maio Dia em que na Índia se celebra o Festival de Savitu-Vrata, dedicado à deusa Sarasvati: rainha dos reinos celestes.

17 de maio Data em que nas Filipinas se celebra o primeiro dia dos ritos de fertilidade, dedicados a Santa Clara, Virgem de Salambao.

18 de maio Dia em que os antigos assírios celebravam Sammuramat, a deusa-rainha da Babilônia. Os gregos a chamaram pelo nome de Semíramis e sobre ela muito escreveram. De acordo com os textos, inclusive os de Heródoto, Sammuramat foi a rainha que fundou a Babilônia e construiu os famosos jardins suspensos. Conquistou o Oriente Médio e invadiu a Índia. Diz a lenda que a formosa rainha era filha de uma deusa e que tornou seu filho o seu consorte. Em alguns textos, diz-se que ela mandava castrar todos os homens de seu palácio, nos dando a entender que era uma sacerdotisa servida por eunucos. Para muitos assírios, ela era a representação mortal da deusa Mari-Ishtar.

19 de maio Dia em que a antiga Grécia celebrava a Kallynteria: cerimônia de purificação dedicada à deusa Palas Athena.

20 de maio Dia em que os antigos egípcios honravam Satet: deusa das cachoeiras do rio Nilo e doadora das cheias que tornavam suas margens férteis. Seu santuário localizava-se em Aswan, na ilha de Seheil.

21 de maio Dia em que no antigo Egito se honrava Tefnut: deusa que trouxe a ordem ao mundo.

22 de maio Dia em que na Índia se celebra o festival de Visvakarma Puja: cerimônia consagrada a Visvakarma, deus protetor dos artesãos.

23 de maio Dia em que os antigos romanos celebravam a Rosália, festival consagrado à deusa Flora, protetora da vegetação, e também à deusa Vênus, senhora dos mistérios do amor.

24 de maio Dia em que os antigos gregos celebravam o nascimento de Ártemis: a deusa protetora dos partos e dos animais.

25 de maio Dia em que os antigos romanos celebravam a deusa Fortuna: senhora do destino dos homens. Diz o mito que Fortuna foi uma das primeiras deusas da Itália primitiva. Era a deusa que controlava o destino de cada ser humano, aquela que propiciava, a mulheres e homens, a energia que os fazia reproduzirem-se. Originalmente, seu nome significava "aquela que traz": deusa que permitia a fertilização de todos os seres vivos. Era muito cultuada pelas mulheres que desejavam a gravidez e também pelos lavradores que desejavam uma colheita farta. Conhecida sob o nome de Fortuna Virilis. Era a deusa que tornava as mulheres irresistíveis aos homens.

26 de maio Dia em que na China se celebra o festival de Chin-hua-fu-jen: deusa amazona, completamente avessa à aproximação masculina.

27 de maio Dia em que os antigos romanos celebravam os Jogos Tarantinos, dedicados a Proserpina, deusa dos infernos. Desde os tempos antigos, essa deusa foi associada à deusa grega, Perséfone, senhora do mundo dos mortos. Porém, ao que parece, Proserpina foi primitivamente uma divindade agrária, ligada aos ritos da terra:

senhora dos mistérios da vida e da morte. Os Jogos Tarantinos consistiam na maior homenagem que os romanos prestavam a esta poderosa divindade. Ao contrário do que possa parecer, a origem de seu nome não provém da cidade de Taranto e sim de uma antiga lenda, que se referia a um lugar sagrado com o nome de Tarentum. Dizem as antigas histórias que há muito tempo atrás, no período em que o mundo era uma criança, existia um homem que se chamava Valério e que tinha dois filhos, aos quais muito amava. Um dia, sem se saber o motivo, seus dois filhos adoeceram gravemente. Valério, dilacerado pela dor, pediu aos deuses que o iluminassem, mostrando-lhe uma forma de salvar seus dois meninos da morte. As divindades, enternecidas com tanto sofrimento, responderam-lhe no sentido de que pegasse seus dois filhos e com eles descesse o rio Tibre, onde por fim chegaria ao Tarentum, lugar sagrado que possuía uma água milagrosa, capaz de livrar os mortais dos braços frios da morte. Aí ficava o templo sagrado do casal que governa os domínios dos mortos: Dis e sua esposa Proserpina. Valério, talvez enfraquecido pela dor, entendeu que os deuses lhe pediam que rumasse com seus filhos para Tarentum. Desanimado, já que nesta cidade não havia nenhum templo erguido a Dis e Proserpina, desceu o rio Tibre. Depois de um dia inteiro navegando, temeroso que a noite os encontrasse no rio, Valério desembarcou numa embocadura que lhe pareceu um lugar ideal para pernoitarem. O dia seguinte chegou depressa e Valério avistou uns camponeses que se dirigiam para suas lavouras. Curioso sobre o lugar onde se encontrava, perguntou-lhes o nome daquela região. Os homens lhe responderam que ele se encontrava em Tarentum! O velho homem compreendeu então a mensagem dos deuses e logo correu às margens do rio, para pegar um pouco da água milagrosa. Deu um bocado a cada filho e estes, à medida que engoliam a água sagrada, recuperavam sua saúde. Com os filhos curados, Valério, como prova de sua eterna gratidão, resolveu erguer um altar em honra das duas divindades. Ao escavar a terra, descobriu uma pedra que continha uma inscrição louvando Dis e Proserpina. Os deuses estavam certos: havia um templo em Tarentum!

28 de maio Dia em que os antigos egípcios honravam Uadjet, deusa protetora do Baixo Egito. Conhecida pelos gregos sob o nome de Buto. Heródoto, o grande historiador, a identificou como Leto e descreveu a estonteante beleza de seu templo. Diz a lenda que Uadjet, a deusa-cobra, ajudou Ísis, quando esta se encarregava da proteção de deus Horus, ainda menino. Comumente representada sob a forma de uma serpente, por vezes aparece alada, outras coroada e também possuindo a face de uma mulher ou de uma ave de rapina. Seus ritos estão associados à morte. Uadjet junto a Nekhbet são as deusas protetoras das múmias.

29 de maio Dia em que na antiga Roma se celebrava a Ambarválía, festival dedicado a Ceres, deusa provedora dos alimentos, e a Juno, deusa protetora dos casamentos. Dia em que os antigos gregos festejavam a colheita dos primeiros frutos.

30 de maio Dia em que o povo Tesuque, do Novo México, celebra o festival do milho e a dança das bandeiras. Neste ritual, eles agradecem as dádivas enviadas pela Mulher Aranha: deusa da fertilidade e mãe de todos os homens.

31 de maio Dia em que Cuba celebra o ritual de Ogum, deus nigeriano, detentor do fogo e senhor das guerras, filho de Aganju e Yemanjá. Dia em que na França se realizam as festividades de Joana D'Arc, sacerdotisa amazona sacrificada pela Inquisição no ano de 1431 e mais tarde canonizada pela Igreja.

Junho

A LUA DOS LABIRINTOS

"Não ocultei o monstro: jamais hei de ocultá-lo. Jamais erguerei paredes para vedá-lo às vistas dos curiosos e maledicentes. Jamais hei de exilá-lo. Ao contrário: plantei-o no trono do salão central do palácio que ergui para abrigá-lo, na capital do meu reino, no umbigo desta ilha que eu mesmo tornei eixo do mundo. Que para ele convirjam todos os turistas, todas as rotas marinhas, todas as linhas aéreas, todos os cabos submarinos, todas as redes siderais. Construí canais estradas viadutos ferrovias funiculares pontes túneis até o palácio; depois, áditos pórticos limiares entradas umbrais aléias ânditos elevadores passagens escadas ombreiras travessas portas corredores servidões rampas porteiras vielas passadouros escadarias portões arcadas soleiras portelas caminhos galerias sendas portais veredas cancelas áditos pórticos limiares entradas umbrais aléias ânditos elevadores passagens escadas ombreiras travessas portas corredores servidões rampas porteiras vielas passadouros escadarias portões arcadas soleiras portelas caminhos galerias sendas portais veredas cancelas áditos pórticos limiares entradas umbrais aléias ânditos elevadores passagens escadas ombreiras travessas portas corredores servidões rampas porteiras vielas passadouros escadarias portões arcadas soleiras portelas caminhos galerias sendas portais veredas cancelas áditos pórticos limiares entradas umbrais aléias ânditos elevadores passagens escadas ombreiras travessas portas corredores servidões rampas porteiras

vielas passadouros escadarias portões arcadas soleiras
portelas caminhos galerias sendas portais veredas
cancelas áditos pórticos limiares entradas umbrais
aléias ânditos elevadores passagens escadas ombreiras
travessas portas corredores servidões rampas porteiras
vielas passadouros escadarias portões arcadas soleiras
portelas caminhos galerias sendas portais veredas
cancelas áditos pórticos limiares entradas umbrais
aléias ânditos elevadores passagens escadas ombreiras
travessas portas corredores servidões rampas porteiras
vielas passadouros escadarias portões arcadas soleiras
portelas caminhos galerias sendas portais veredas
cancelas áditos pórticos limiares entradas umbrais
aléias ânditos elevadores passagens escadas ombreiras
travessas portas corredores servidões rampas porteiras
vielas passadouros escadarias portões arcadas soleiras
portelas caminhos galerias sendas portais veredas
cancelas áditos pórticos limiares entradas umbrais
aléias ânditos elevadores passagens escadas ombreiras
travessas portas corredores servidões rampas porteiras
vielas passadouros escadarias portões arcadas soleiras
portelas caminhos galerias sendas portais veredas
cancelas áditos pórticos limiares entradas umbrais
aléias ânditos elevadores passagens escadas ombreiras
travessas portas corredores servidões rampas porteiras
vielas passadouros escadarias portões arcadas soleiras
portelas."

ANTÔNIO CÍCERO, "MINOS"

Os ventos gelados do inverno já podiam ser notados por toda a cidade. O mar, como de costume, era o primeiro a trazer refletido em suas águas a gélida face de Durga. Esta deusa do sorriso glacial e das montanhas lambuzadas pela neve do longínquo Tibete. Os pássaros, mais uma vez, iniciavam sua jornada cíclica em busca dos carinhos de Apolo e os mimos de Ártemis. Como pequeninos corações alados, costuravam as nuvens e dentro delas se dissolviam, deixando na terra o sopro gentil do bater de suas asas em contato com os cabelos gelados dos homens.

Eu sentia perfeitamente que a pequena Lua, que no meu ventre fora semeada, agigantava-se, espalhando seus raios em torno do meu umbigo, lugar que para vó Vitalina era o reator sagrado do princípio feminino. Local onde nascem as intuições e se revelam as paixões. Templo onde reside o Minotauro, ansioso por nossa visita, sempre à espera de nossa chegada, com suas infinitas portas prontas a se abrirem, tal qual a vagina de Afrodite, deusa que nos revela a furiosa ânsia de perpetuarmos a espécie nos delirantes semitons da imortalidade.

Embora sentisse que meu poder se expandia a cada dia que se seguia, fui recebida pela Lua dos Labirintos sem nenhum acontecimento significativo. Tudo parecia com o tempo que avançava lá fora: impenetravelmente gelificado. Como se a vida, de repente, num rodopio químico, optasse pela deserção do movimento e se tornasse um enorme eco do silêncio.

Por mais que eu tentasse forjar empurrões, inventando absurdos acasos, era como se penetrasse num salão de mil espelhos que nada refletiam. Experimentei pela primeira vez a solidão dos vampiros. Esta ausência de reflexo e a perplexidade que o faz sugar vorazmente a vida de um outro, não por pura maldade, mas pelo medo de se dissolver no eco da montanha do silêncio.

Assim, como fantasmagórica vampira, iniciei meus primeiros dias da Lua dos Labirintos. Afiando minhas presas à espreita de um bom pescoço que devolvesse meu reflexo. Minha primeira vítima foi Sylvia, a menina do quarto andar. Até aquela Lua, nossa relação se limitava às brincadeiras no jardim, uma série infindável de ocasionais insultos e quilômetros percorridos por nossas bicicletas.

Naqueles primeiros dias como vampira, resolvi atacá-la em seus próprios domínios. Inventando uma tosca desculpa, visitei-a pela primeira vez em sua casa. Lembro que fui recebida por Fanny, a estranha empregada da casa. Uma senhora suíça com severas expressões germânicas e um divertido olhar brasileiro.

Polidamente, Fanny me encaminhou ao minúsculo quarto, onde Sylvia encontrava-se enroscada sobre si mesma, ouvindo o som que saía de um enorme rádio, estrategicamente disposto sobre uma estreita e comprida mesa. Vê-la, assim, poeticamente colocada, livre de suas calças rancheiro, da agressão ríspida de suas palavras quando perdia algum jogo, de seu irônico sorriso de superioridade ao me vencer nas pedaladas... foi como se tivesse apertado a campainha de um outro apartamento. Não! Aquela não era a Sylvia que eu conhecia!

Percebendo meu espanto e talvez mais espantada do que eu, Sylvia, com a indiferença da vítima, exibiu o seu pescoço quando me convidou para sentar em sua cama. Com os ruidosos estalos de motor de sua pronúncia suíça, disse-me que todas as tardes ali se instalava para ouvir "Músicas na Passarela". Um programa em que as músicas desfilavam como modelos esguios que serpenteiam seus vestidos.

Pela primeira vez eu saía do meu mundo de livros e penetrava nas notas das canções. No admirável mundo onde o discurso dos filósofos é processado num mítico liquidificador, no qual os excessos são eliminados e o sumo torna-se melodia. Espantada, eu via desfilar, diluídas nos tons e semitons dos graves e agudos, grossas páginas da concepção kantiana da liberdade, intermináveis diálogos platônicos acerca da natureza do belo, capítulos extensos de Thoreau convergindo os homens ao sublime estado de uma natureza selvagem... Em suma, totalmente submetida pelo embriagamento metafísico das canções, descobri com Sylvia uma nova cumplicidade.

Estabelecemos um segredo mágico que pairava sobre as curvas de nossas pedaladas diárias. Um segredo que envolvia um revelar de uma torrente de confidências. Um intervalo musical que suspendia nossos corações e nos projetava na construção das mais loucas possibilidades. E assim, embaladas pelas músicas que desfilavam, viajamos por terras distantes e abatemos as feras mais furiosas. Seduzimos astros de Hollywood e nos divorciamos por puro capricho. Pesquisamos doenças mortais nas selvas e ganhamos incontáveis prêmios, que, de tantos, jaziam nas prateleiras emboloradas pelo mofo do mil vezes repetido. Aprendemos línguas vivas e mortas e deciframos os mais complexos hieróglifos. Solucionamos os mais insolucionáveis crimes e de todas as agências secretíssimas recebemos os mais tentadores convites...

Sim, eu desvendava agora o mistério dos vampiros, a liquidez magnética de um labirinto ancestral, que os projeta no curso interminável das carótidas e numa bifurcação oferece o sangue sagrado. Não era somente uma necessidade de sobrevivência que lançava esses caçadores noturnos ao inevitável encontro de suas vítimas! Era a designação própria, que um dia os homens esqueceram, de misturar-se com o outro e abrir mais um portal. A necessidade primitiva de uma coletividade que não exclua o indivíduo, que o coloque trançado com o outro e, mesmo parecendo insólito, o liberte. Sim, com Sylvia aprendi minha primeira negação de Sartre: o inferno não era o outro...

A Lua dos Labirintos me revelara sua face. Agora, eu teria que trançar-me com muitos outros e me permitir perder-me nos corredores que me fossem apresentados. Compreendi mais uma lição da Lua, senhora das feiticeiras, claro! Os fios da austeridade é que nos permitem exercer nossa magia. Somente nos dissolvendo nos infindáveis portais que o outro nos apresenta, é que conseguimos extrair as infinitas células que ampliam nosso poder!

Agora, eu entendia perfeitamente a inesgotável capacidade de minhas avós para cultivar amizades. Compreendia o ruidoso entra e sai de diferentes personalidades, que compunham o bando de amigas de vó Vitalina. Um grupo bizarro, onde bruxas autênticas trocavam receitas de pães com fervorosas beatas e juntas rezavam intermináveis novenas.

Os ventos gelados despertaram em minhas sementes a necessidade de encontrar outros campos, para que uma outra terra as fizesse germinar. Daí, passei os dias daquela Lua entregue à deliciosa função de me misturar com as pessoas.

Os dias daquele inverno me presenteavam com pequenos fragmentos mágicos, e assim compreendia novas possibilidades de magia, advindas dos elos inexplicáveis que ia estabelecendo. Fui sendo moldada por invisíveis fadas que a cada dia me davam um novo dom. Aprendi com Sylvia o pensamento musical, a ver a vida como uma canção preguiçosa que desfila esguia como bailarina, carregando na ponta de suas sapatilhas o inferno e o paraíso.

Digerindo a capacidade de traduzir as palavras em uma louca sinfonia, fui magneticamente arremessada a uma outra vítima: Leyla, a menina doce e franzina que comigo dividia a carteira na escola. Ao contrário de Sylvia, Leyla não possuía a arrogância européia, não fingia uma sutil superioridade. Era delicada em seus gestos e seguia com a inabalável tranqüilidade dos lagos no olhar. Era dona do mágico dom dos camaleões e muitas vezes presenciei em sala o agigantamento de seu corpo, quando defendia suas idéias. Embora companheira num mesmo banco, eu ainda não a conhecia. Trocávamos lápis, borracha e cola, mas éramos diplomaticamente estranhas uma à outra. Entre nós havia uma linha invisível que nos separava. Embora compartilhássemos por dois anos a intimidade da mesma carteira, nunca ousamos transpor essa barreira, fingindo que éramos boas amigas.

Secretamente, eu nutria por Leyla uma ponta maldosa de inveja, disfarçada em pura indiferença. Me aborrecia a sua estúpida popularidade, sua capacidade quixotesca de vencer qualquer medo e adentrar pela sala do sisudo diretor do colégio, defendendo aos brados alguma injustiça praticada sobre um aluno, que ela até podia nem conhecer. Irritava-me sua inesgotável capacidade de liderança, sempre penetrando em terrenos impenetráveis para mim. Como um peixe fora do aquário, eu assistia ao vaivém de suas incursões pelos mais variados grupos, cozinhando, com minha indiferença invejosa, um olhar pidão que só queria ser aceita...

Pois bem, munida pelas canções de Sylvia, numa manhã chuvosa daquele inverno, timidamente perguntei a Leyla se podia visitá-la numa tarde qualquer. Minha resposta veio com um sorriso iluminado que me dizia: "Por que não esta tarde?" O presente daquele sorriso desmanchou o feio nó que por longos dois anos eu havia dado. Não existia mais nenhum vestígio de inveja. Hipnotizada como um bebê, não conseguia afastar os meus olhos daquele sorriso largo, que por vezes se envergonhava e escondia a bainha do lábio superior, ligeiramente encolhida sobre os dentes desproporcionalmente enormes.

Naquela manhã, fui pela primeira vez escalada para o jogo de queimado no pátio da escola. Até hoje me escondo como um avestruz, encabulada, ao lembrar de minha atônita atuação, pois devo ter sido queimada umas mil vezes! Mas nada disso importava. Eu me encontrava nas nuvens, balançando meus sonhos na corda estendida das expectativas.

Ao chegar em casa, algumas horas antes da hora marcada para nosso encontro, fui tomada por um sentimento aterrador, que alimentou-me com milhares de desculpas para não ir ao compromisso assumido. Afinal, Leyla não era como Sylvia, a amiga mais próxima que havia tido. Além do mais, ela possuía a incômoda qualidade do cor-de-rosa das meninas. Tudo que vestia lhe caía como uma luva. Os sapatos sempre combinavam com o cinto e nunca trazia um centímetro sequer de bainha despencada! Seus cabelos sempre estavam irritantemente penteados e nenhum fio rebelde se expunha.

Eu, que carregava a estética desarrumada das cores que nunca combinam como uma cicatriz definitiva, parecia estar me preparando para ser abatida num sombrio calabouço. E seria o cúmulo da tortura presenciá-la em seu próprio território, despida do uniforme do colégio. Talvez, quem sabe, ela estivesse envolvida por finas camadas de organza, sapatinhos de cetim, recostada em macias almofadas cor-de-rosa. Não! Definitivamente, eu teria que arrumar uma boa desculpa, pegar o telefone e cancelar essa visita desastrosa!

A Lua dos Labirintos, atenta a todos os meus passos, prontamente costurou os seus raios e severa me lançou um aviso. Já estava bem próxima do telefone, quando senti uma fria presença às minhas costas. Uma gélida permanência que fez tremer os ossos dos meus joelhos, lançando-me como um furioso tufão ao encontro da velha poltrona da sala. A princípio, petrificada pelo medo, não ousei fitar de frente o fantasma que rasgara a finíssima cortina que nos separa do mundo dos mortos. Agora, ele me caçava, acuando-me, pateticamente sentada naquela poltrona, tomada pelo bater dos dentes, tão comum aos medrosos.

Percebendo meu estado, o fantasma desconhecido recorreu às artes mágicas que só os mortos possuem. Pouco a pouco foi aquecendo o ambiente, a ponto de torná-lo próximo a uma aconchegante estufa de orquídeas. Não contente por ter extraído do ar todo o gelo dos cadáveres, espalhou um intenso perfume de rosas pela sala. Recuperei minha calma e vagarosamente fui abrindo os olhos, confiante de que nada de mal me aconteceria.

Quando me senti confiante o suficiente, abri completamente os olhos. Bem à minha frente estava tia Carmela, o espírito que habitava meu quarto! Uma atrapalhada aparição que se assemelhava a um engraçado personagem de algum filme de Chaplin. Como era de costume, vestia um vestido preto, que lhe caía sobre o corpo tal qual uma capa de caderno mal encapado. Seus sapatos, com bicos ligeiramente quadrados, abrigavam um par divertido de meias listradas, onde listras brancas se intercalavam com negras. Uma bolsa gordinha compunha desastradamente a inusitada desarmonia do quadro, que, debruado pela linha do excesso, completava-se no arremate de um pequeno chapéu de veludo negro, com uma pena curvilínea de alguma ave desconhecida.

Muitos anos depois, deparei-me, num livro, com uma descrição exata do sentimento que experimentei naquela época. Um belíssimo poema de Jenny Joseph, intitulado "Warning":

"Quando eu for velha vou me vestir de roxo
Com um chapéu vermelho que não combina, e não me deixa bem.
Quero gastar minha aposentadoria em conhaque, luvas de seda

E sandálias de cetim, e dizer que não temos o dinheiro da
manteiga.
Sentar-me no chão quando estiver cansada
Devorar amostras nas lojas e apertar botões de alarme
E raspar minha bengala pelos gradis das ruas
Para compensar a sobriedade da minha juventude.
Sairei de chinelos na chuva
Colherei flores em jardins alheios
E aprenderei a escarrar.

Poder usar blusas medonhas e deixar-me engordar
E comer dois quilos de lingüiça de uma só vez
Ou apenas pão e picles por uma semana
E estocar canetas e lápis e bolachas de chope e coisas em
caixas.
Mas por ora devemos ter roupas que nos mantenham secas
Pagar nosso aluguel e não xingar pelas ruas
Dando bom exemplo para as crianças.
Temos de convidar amigos para o jantar e ler os jornais.
Mas e se eu pudesse ir praticando um pouco agorinha mesmo?
Para que quem me conhece não fique chocado ou surpreso
Quando eu de repente for velha e passar a usar roxo."

Tia Carmela parecia estar me dizendo as mesmas palavras do poema. Exibia orgulhosamente a rebeldia que tanto caracterizou sua existência no mundo dos vivos, e que comigo repartira no momento em que nasci. Nos seus olhos cubistas, eu podia ver toda a loucura de Picasso, Paul Klee, Salvador Dali e o delirante banquete dos mendigos de um filme de Buñuel. Avalizados pela torta estética dos poetas, eles me diziam que eu não devia envergonhar-me do meu mau gosto, pois era a mais pura cicatriz daqueles que levam a vida sempre à margem, neste lugar indefinível onde o roxo pode ser amarelo e Alices sempre encontram apressados coelhos de cartola.

Já de posse de minha auto-estima, sacudindo alheia a gangorra dos meus ombros, repeti a frase que tia Carmela sempre repetia, quando porventura alguém a criticava: "E daí? Ninguém paga as minhas contas!"

Corri ao armário e vesti a roupa que me trouxera o apelido de "canário de uma muda só". Uma saia desbotada, indefinidamente rodada, com algumas pregas já se tornando vertiginosas curvas, e ainda resguardando um pouquinho de seu antigo marrom. Vesti uma blusa um pouco mais nova, já que uma dose de boa impressão não faz mal a ninguém! Só esqueci que marrons possuem uma rixa ancestral com os rosáceos, e assim me tornei juiz de uma luta sem fim entre o maravilha da blusa e o caquético e enfraquecido marrom da saia. Seguindo fielmente os genes que carregava de tia Carmela, arrematei a obra com um pesado sapato vulcabrás, que só eu considerava o mais leve dos calçados, e completei com um par de meias verdes!

Pois bem, devidamente preparada para minha visita, subi na minha bicicleta enferrujada, que um dia havia sido vermelha e hoje carregava o eczema próprio destes veículos: aquelas intermináveis casquinhas, corroídas pela ferrugem, que vão marcando o caminho que o ciclista percorre.

Ao chegar na casa de Leyla, logo fui surpreendida pela exótica atmosfera do salão, no qual uma gentil senhora muito baixinha me colocara. Uma enorme sala encoberta por uma rósea escuridão. Pequenos objetos chineses boiavam preguiçosos por sobre os móveis, supervisionados pela severa cortina bordô, que espiava atenta a tudo e principalmente a qualquer rebeldia que surgisse. Um confortável sofá cor de vinho, bêbado, acenava-me com a lascívia própria dos embriagados, tropeçando por vezes nas gêmeas-douradas que, como mesinhas pudicas, seguravam dois abajures com delicados desenhos orientais.

Não! Definitivamente não era aquela sala o ambiente que eu havia imaginado para Leyla! Nem de longe eu podia supor que as especiarias exóticas do Oriente se integravam com aquela menina, que a mim sempre lembrava uma boneca recém-saída de uma vitrine...

Aquele pedaço de geografia suspenso no espaço de concreto de um apartamento só me era comum em casas de gente torta como eu! Então, com meu pendor para as novelas de suspense, entregue à bebedeira do sofá, dediquei-me a elaborar uma de minhas loucas histórias. Leyla devia ter sido raptada quando bebê por um alucinado bando de saltimbancos. A prova estava estampada na senhora baixinha que me recebera à porta. Sim! Como é que esse detalhe havia me escapado...! Aquela senhora era uma famosíssima anã de um circo russo. A severa cortina nada mais era do que uma guardiã da pobre menina. Era isso! Leyla era mantida cativa, e se comportava tão polidamente, sempre com tudo em harmonia, só para não despertar suspeitas!

Inebriada pela história que ia construindo, custei a perceber que Leyla já se encontrava na sala. Me recebia com sua habitual polidez, vestindo uma graciosa saia de veludo marrom, uma blusa cacharel cor de caramelo, meias finas com um pálido tom de terra e um delicado mocassim de camurça marrom. Os cabelos, como sempre, refletiam a luminosidade dos troncos dos pinheiros e exibiam vaidosos uma larga fita de cetim cor de terra.

Enternecida pelo triste destino que havia elaborado para minha jovem amiga, pela primeira vez não fui tocada pelas longas garras da inveja. Dentro de mim, mil idéias, com loucos planos para libertá-la, e que fervilhavam meteoricamente. Ora me transformando numa agente experiente da austera polícia londrina, visto que sua frágil e elegante figura me lembrava as heroínas de Conan Doyle, no seu famoso Sherlock Holmes. Ora me colocava no papel de uma audaciosa espiã da Resistência Francesa e a entregava intacta ao casal sofredor das perseguições nazistas...

Dessa maneira, entregue a planos elaborados, fui despertada dos meus delírios pela voz de Leyla me apresentando à sua mãe. Um balde de água gelada sobre minha cabeça não teria sido mais eficaz. A mãe de Leyla era extremamente parecida com a filha. Caía por terra o elaborado rapto dos saltimbancos de circo... Não sabendo o que fazer com meu embaraço, deixei-me levar pela sábia estratégia que vó Vitalina assumia, ao ser flagrada num engano: submeter-me ao objeto do engano!

O que nem de longe eu desconfiava é que naquela tarde as mulheres da casa se entregavam aos sutis caprichos de Afrodite. Assim, completamente submetida, fui arrastada para um amplo banheiro, onde Leyla, Lilliam, sua irmã mais velha, e Margarida, sua mãe, ao longo de um interminável escorrer dos minutos, observavam meu rosto como compenetrados cirurgiões.

Por muito tempo dedicaram-se a virar minha cabeça para a direita, para a esquerda, de encontro ao reflexo da luz que, zombeteira, penetrava pela janela, para o alto, onde o teto me fitava com a indiferença plana daqueles que nos protegem só por obrigação, para baixo, olhando fixo os mínimos azulejos que, irrequietos, cochichavam entre si, quem sabe já conhecendo a tortura que me aguardava.

Depois de inúmeras especulações emitidas a meia voz, chegaram à brilhante conclusão do meu diagnóstico: eu possuía o mais grosso par de sobrancelhas que já se tinha visto! Pateticamente, encolhida sobre a tampa de madeira da privada, corri ao espelho para mirar a anomalia diagnosticada. Eu já pensava que havia surgido de repente, como resultado de alguma maldição enviada, por conta dessa mania que eu tenho de criar histórias. Afinal, eu tinha ido longe demais! Imaginar uma possível orfandade criminosa era coisa que nenhuma de nós, feiticeiras do meu clã, havia um dia realizado!

Ao mirar-me no espelho, vi que nada havia mudado. Eu continuava com a espessa cortina de pêlos que separava, como austera fronteira, os fios rebeldes do meu cabelo daquelas duas ilhas curiosas que a tudo viviam espiando. Eu podia respirar tranqüila. O dom de criar histórias não tinha limite e ninguém era punido por imaginar mais que as estrelas.

Curiosamente, o trio não enxergava o mesmo que eu. Me olhavam calculando ângulos invisíveis, confabulando entre elas sobre o árduo trabalho que teriam pela frente. Foi nesse exato momento que vi surgir à minha frente, bem próximo ao meu nariz, um objeto prateado, triunfantemente exibido por Margarida, a chefe dos cirurgiões. O gelo do medo imediatamente transformou minhas rótulas em dois redondos icebergs, que teimavam em boiar no oceano das minhas pernas tal qual um casal de siameses. O objeto era semelhante aos abomináveis instrumentos de trabalho de meu paciente dentista.

Margarida, com a tranqüilidade irritante de um médico, ergueu uma agulha gigantesca, prestes a perfurar a terra fofa de meu corpo, e me disse: "Não tenha medo, vai doer só um pouquinho!"

Pouco a pouco seu rosto foi se tornando enorme, dissolvendo-se em dois gigantescos olhos, que teimavam em desapropriar os meus atemorizados botões investigadores. Sentindo que meus olhos se preparavam para bater em retirada e se esconderem sobre a colcha macia de minhas pálpebras, fui dolorosamente sacudida por um ágil beliscão do instrumento, que me disseram se chamar pinça. Margarida triunfantemente exibia, para suas jovens assistentes, um tufo de cabelos de minha sobrancelha...

Com os olhos em chamas, vi muitos tufos serem exibidos. Até que ao final de uns dez minutos, que ninguém me convence não ter sido uma eternidade, as três emissárias de Afrodite me colocaram diante do espelho, para que eu melhor observasse o resultado da dolorosa operação. Lembro que relutei em abrir os meus olhos, talvez pela ardência, pois me parecia ter sofrido o mesmo castigo de Édipo, o jovem rei punido pelos deuses com uma cegueira, ou talvez pela certeza de que ia me deparar com uma horrorosa cicatriz, como castigo por ter imaginado tanta sandice.

Lembrando-me outra vez dos sábios conselhos de minha avó, dizendo que temos que encarar a desgraça de frente para que ela também se assuste com nossa força, enchi o peito com o vento da coragem e, como um velho malandro à procura de briga, olhei, desafiando o espelho. Nenhuma cicatriz em meu rosto! Agora, eu trazia um delgado par de curvas que magicamente ampliaram a minha visão, educando alguns fios encrenqueiros que teimavam em se engalfinhar com meus cílios.

Afrodite, enciumada pela devoção que eu nutria por Ártemis, colocara uma emissária no meu caminho, que, sutilmente, me ensinaria a doce arte de desenhar sobre o corpo os delicados desenhos dos quais a deusa tanto se orgulha.

Naquela Lua, aprendi com Leyla as sutilezas plásticas do feminino. Os intrincados contornos dos decotes, que ocultam inevitáveis paixões. Os bordados pudicos dos panos, que camuflam a natureza obscena dos corpos. As curvas sinuosas traçadas no couro selvagem dos sapatos, que penetram seus falos de fera no sexo incluso dos pés das mulheres.

E dessa forma, tornando-me uma delirante desenhista de Afrodite, fui por Athena, madrinha enciumada que me acompanhava desde pequena, lançada nos braços de uma terceira vítima: Thirla, aquela que se tornaria minha amiga eterna...

Thirla, inexplicavelmente, carregava as duas divindades que já haviam me iniciado. Como Sylvia, possuía a qualidade amazona de Ártemis e também a mesma capacidade de traduzir o mundo em melodia. Como Leyla, possuía as sutilezas do feminino, porém era menos explícita. Carregava aquilo que hoje reconheço como o principal atributo de Afrodite: a disponibilidade solitária das fêmeas. Nela não se viam os contornos óbvios do feminino, essas pegadas bem marcadas na areia, que Afrodite às vezes deixa por puro capricho. Não. Em Thirla, o feminino se expunha como aquela maçã envolta pela finíssima folha de papel lilás, que somente deixa transparecer o misterioso perfume da fruta. Tal qual uma tatuagem sagrada, o pequeno botão da rosa de Afrodite palpitava sob a pele de porcelana chinesa de Thirla, respirando através dos poros encobertos pela lã das brancas ovelhas das montanhas da Macedônia de seu habitual suéter negro.

Tendo em si todos os atributos das duas divindades, Thirla sobressaía pelo mítico malabarismo de conter mais uma: Athena, senhora das palavras e dos pensamentos ordenados. A deusa que deu aos homens as infiltrações ideológicas e os tornou delirantes quixotes, sempre prontos à busca dos moinhos de vento.

Como a razão dos deuses é coisa que não se deve interrogar, aceitei aquela nova amiga, pois a mim se chegara como um presente de Natal que se recebe em setembro. Pela primeira vez eu me aproximava de alguém como se saído do nada, sem nenhuma referência geográfica ou sociológica. Simplesmente a recebi sem fazer muitas perguntas.

Lembro que a conheci num dia em que voltava da escola. Um dia cinzento de junho, quando o frio se intensificava no vazado do bonde, que como cobra preguiçosa acenava para as antigas construções do Catete. Tentando me proteger do vento gelado que insistia em bolinar minhas pernas, atravessei os portais do tempo e misturei-me à bucólica paisagem urbana do Rio de Janeiro do século dezenove. Enrosquei-me nas rendas de minha própria saia, comprei um chapéu e um livro encapado por couro, onde letras douradas brilhavam sobre o esquálido corpo de Dom Quixote, o herói espanhol que me arrancava suspiros.

Então, sentada num velho banco da Praia do Flamengo, esperando uma garrafa que me chegaria com uma ardente carta de amor, fui bruscamente transportada de volta às carícias obscenas do vento de inverno no bonde, com a frase mais estúpida que naquele momento poderia ecoar: "Pena que vão demolir o Asteca... você não acha?"

Ter sido retirada de uma aventura tão fascinante já era um bom motivo para jogar minhas terríveis maldições sobre aquela magra menina. Além do mais, afirmar que meu cinema preferido, o meu pedacinho das montanhas sagradas dos astecas, iria sucumbir sob a fúria das britadeiras, com seus intrépidos dragões que eu via sempre como leões, era motivo para lá de suficiente para desejar-lhe no mínimo a morte!

Com a fúria das feiticeiras já pronta para ser acionada, encarei por alguns instantes aquela menina engraçada, dando-lhe uns últimos instantes de vida. Thirla, que na minha ira não havia percebido ser uma bruxa, olhou-me desafiadoramente, como se dissesse com os olhos: "Que bruxa é essa, que não consegue distinguir uma irmã?"

Aquela linguagem ótica, que só as bruxas dominam, devolveu-me a tranqüilidade. Como um índio decifrando o homem branco, percorri-a de cima a baixo. Seus cabelos tinham a tonalidade exata do mel quando ainda se encontra no favo. Caíam longos por sobre seus ombros, que sempre me lembraram o lugar onde começam as asas das águias. Possuía o marmóreo sorriso da Mona Lisa e o olhar matemático das equações de Euclides. Seu corpo carregava a brancura irada das pombas, que enganam os homens, fingindo pertencer à placidez monótona dos horizontes violados, mas que pertencem à fúria apaixonada das divindades.

Entregue ao êxtase de ter pela primeira vez uma feiticeira da mesma idade à minha frente, esqueci das rendas do século dezenove e decolei num louco avião vestida com um suéter preto, calça de veludo cotelê da mesma cor e calçando um par de botas de peão de roça. Em pouco tempo descobrimos que tínhamos os mesmos germes, aquela estranha doença chamada filosofia. Como eu, Thirla amava os franceses. Já tinha lido Sartre e também se apaixonara por Roquentin: herói embalado por uma negra que derramava notas de jazz sobre as páginas. Usava seus poderes de bruxa, desmontando a lógica enclausurada de uma adolescência envolvida com galãs de cinema e bailezinhos aos domingos. Como eu, tinha as mesmas cicatrizes, o mesmo aleijão daqueles que destoam do bloco.

Não consigo puxar da memória o tempo exato em que permanecemos naquele bonde. Sempre me pareceu não ter havido tempo e até hoje me encontro nesse intervalo mágico em que nos reconhecemos.

Mas, voltando à história. Depois de termos trocado telefones, começou uma interminável amizade que até hoje persiste. Uma ligação que nos fazia varar noites, discutindo Nietzsche, aconchegadas pela cauda felpuda de Branquinha, sua gata paraplégica, que compensava a falta de movimentos com o ronronar filosófico de seus sonhos que povoavam o quarto. Ah, quantas vezes fomos socorridas pela sabedoria felina daquele novelo de lã almado, que conhecia Kant como nenhum mortal um dia conheceu!

Os últimos dias de junho transcorreram envolvidos pelos vôos de nossos pensamentos, pelas inumeráveis incursões nos mundos secretos de Atenas, onde bebíamos o néctar do conhecimento. Construímos infindáveis projetos e nos fizemos parceiras em pequeninas trapaças, quando nos divertíamos ao escandalizar a lógica rosada das meninas, com nossa negra túnica de feiticeiras que sabem voar e se precipitar nos abismos. Divertia-nos explodir em gargalhadas, quando o resto do bando chorava. E anos depois, numa tarde clara de verão, na faculdade, fomos as únicas que gargalhamos, quando Márcio, entregue aos delírios de Posídon, concentrados numa gota de LSD, encurralou a sisuda professora numa minúscula sala de exame, sacudindo sua negra capa de toureiro.

Com Thirla, aprendi a irreverência contra os costumes bolorentos e preestabelecidos. Conheci a loucura de Athena e aprendi a lógica de sua ordem desordenada. Vi que a deusa não era somente aquela "traça de biblioteca", que um dia havia pensado: era, sim, a encarnação própria dos sonhos tornados letras, ordenadas em tábuas ou papéis. Não era a justiça guerreira do apaziguamento dos ânimos, que um dia vislumbrara. Era o virar da mesa bem-posta e o entornar do caldo.

* * *

A Lua dos Labirintos me revelara três aspectos do feminino. Três pequenos ângulos que se multiplicavam até o infinito, construindo uma louca mandala, um jorrar incessante de imagens que se reproduziam como pulgas, explodindo num universo lisérgico, felpudo como a cauda de uma gata...

Hoje, quando relembro as portas que me foram apresentadas nesta Lua, pego o telefone e ligo para Thirla, agora morando numa pequena cidade de Santa Catarina. Converso com ela, sabendo que o antigo templo dos deuses ainda está vivo, que o cinema Asteca, embora substituído por um conglomerado de escritórios e lojas, ainda esconde as montanhas sagradas dos deuses, que por vezes se disfarçam em dragões e assustam os mortais.

Por muitos anos, aprendi a ter neste mês a visita das deusas, e com elas tenho escutado as músicas de uma eterna passarela, aprendi a brincar com o espelho e me fazer bonita, e a sentir o vento de Athena bolinando minhas coxas e desmanchando as regras.

Uma das mais recentes visitas de Afrodite aconteceu nesta Lua. Eu me encontrava entregue à mansidão de Deméter, a deusa que amamenta o mundo com seus seios redondos, quando, numa manhã, Ronaldo adentrou pela cozinha com o olhar oblíquo dos apaixonados. Sem mais nem quê, sem que eu perguntasse, pois a lógica dos deuses não deve ser questionada, Ronaldo começou a falar de uma jovem que conhecera no ônibus que o trouxera, na véspera, do Rio. Desatou a desfilar um milhão de qualidades dessa ninfa recém-chegada da Chapada dos Guimarães e que, agora, com mãos de fada, amassava o mais delicioso pão integral.

Por um bom bocado de horas o escutei desfiar um rosário de qualidades. Do quanto ela era bela, do seu passado romântico, sempre vivido nas mais loucas comunidades perdidas no interior do Brasil... Inundada pelo poder de Deméter, cujo único inconveniente é o de nos fazer preparar os mais saborosos alimentos e, como conseqüência, engordar, eu assistia, do alto de meus noventa e sete quilos, as cintilantes flechas de Eros cravarem-se no peito nu de Ronaldo.

Desde pequena, acostumada aos avisos, por vezes desastrosos, que anunciam a visita das divindades, não fui mordida pela dentada fria do ciúme. Eu sabia que Afrodite andava enciumada dos meus segredos trocados com Deméter e suas companheiras, Héstia e Hera. Já desconfiava de uma selvagem coceira estrategicamente enviada a meu púbis, que obrigatoriamente me fazia tocar o templo de Afrodite. Muitas vezes, quando preparava um delicioso bolo, entregue ao vaivém de ingredientes que Deméter me oferecia, fui obrigada a correr ao banheiro, para colocar sobre a região afetada meia dúzia de pomadas. Nestes momentos, eu podia ouvir, vinda dos confins dos oceanos, a risada solta de Afrodite...

O anúncio de sua chegada me fez conversar com Deméter. A deusa, já acostumada com os ardis de Afrodite, explicou-me que já estava comigo há muito tempo, ajudando-me no parto e criação de Daniel. Héstia, com sua simplicidade peculiar, me disse que já havia me ensinado todos os seus truques, que entregara em minhas mãos o dom de gerir uma casa e prover de afeto minha família. Hera, como sempre a mais teimosa, custou a admitir que já era hora de ir embora. Por fim, convencida que era chegado o tempo de ir-se, ou talvez acuada pelo medo de alguma vingança de Afrodite, reuniu-se às outras para a despedida. Com ternura nos abraçamos ao calor de um bolo de chocolate, assando no velho fogão.

Já refeita pela dor da despedida e aconchegada pela certeza de que as Deusas nunca me abandonariam, pois assim me garantiram, chamei por Afrodite. Gritei-lhe para que me ouvisse nos abismos dos oceanos. Eu a esperava!

Nesta noite fui completamente tomada pela coceira. A região afetada se expandira misteriosamente, cobrindo todo o meu corpo de pequeninas luas vermelhas. Por mais que a entupisse de pomada, a situação mostrou-se incontrolável. Eu precisava da ajuda de um profissional.

Na manhã seguinte, procurei um médico homeopata. No pequeno consultório, a risada de Afrodite se fez estalar como um poderoso raio, quando, muito sério, o médico me jogou no umbigo a pergunta: "Você gosta de você mesma?" Nunca uma resposta custou tanto tempo para sair de meus lábios! Era como se o tempo tivesse dado uma cambalhota e outra vez me encontrasse diante do professor Roberto, que sadicamente mastigava os lábios ao nos fazer uma pergunta de matemática...

Usando as táticas de sobrevivência, adquiridas nos longos anos de ginásio, despistei o assunto, desenvolvendo uma sólida teoria acerca do excesso de subjetivismo humano. Não sei se o convenci. Não tenho coragem de perguntar e admitir minhas tolices.

Saí do consultório com a risada de Afrodite ecoando nos meus ouvidos. Uma incômoda gargalhada que me trazia o frescor das águas salgadas, beijando meu corpo num belo dia, moldando curvas perfeitas para mim e deixando nos meus cabelos o aroma vaginal das algas. Um riso que penetrava pela grossa camada de gordura que cobria meus ossos, dando-me a forma exata de uma bola.

Ocupada pelas novas funções da maternidade, eu havia enterrado Afrodite num canto escuro de alguma charneca. Esquecera-me de seu perfume e me besuntava com o óleo quente das frituras, com rechonchudos bolinhos dando-me um pouco de sua natureza. Tornara-me um objeto plácido, um lago redondo, onde todos na casa podiam se banhar. Esquecera-me de meus sonhos e sonhava pelos outros. Como Deméter, dava-lhes noites serenas e uma vida acolchoada por macios edredões de açúcar.

Entrei na minha casa, carregando meu próprio labirinto, aquele intrincado trançar de portais que durante tanto tempo deixara de explorar, pois experimentava o sagrado desfiguramento de Deméter. Num período em que esfacelei-me em milhões de facetas e me fiz uma infinidade de mulheres, que brotavam de acordo com as necessidades dos homens da casa.

Nesta noite, ao ler um livro de Carl Kerényi, *Essays on a Science of Mythology*, deparei-me com as palavras sábias de Deméter, orientando-me, dessa vez, não mais para o mundo das provisões familiares, mas para meu reencontro com Afrodite. O trecho em questão era um relato de uma mulher da Abissínia, que servia como porta-voz da doce Deméter: "Como pode um homem saber o que é a vida de uma mulher? A vida de uma mulher é muito diferente da do homem. Deus ordenou que fosse assim. O homem é o mesmo desde o momento de sua circuncisão até o fim de seus dias. Ele é o mesmo antes de ter conhecido uma mulher pela primeira vez, e depois. Mas o dia em que a mulher goza o seu primeiro amor, este a divide em dois. Ela se torna uma outra mulher nesse dia. O homem, continua, depois do seu primeiro amor, tal como era antes. A mulher é outra, a partir do dia do primeiro amor. Isso continua para o resto da vida. O homem passa uma noite com uma mulher e vai embora. Sua vida e seu corpo são sempre os mesmos. A mulher concebe. Como mãe, é uma outra pessoa, diferente da mulher sem filhos. Ela traz consigo o fruto da noite por nove meses no corpo. Algo brota em sua vida que jamais a deixará. Ela é mãe. Ela é e permanecerá mãe, mesmo que seu filho morra, mesmo que todos os seus filhos morram. Pois, em um momento, ela carregou um filho sob o seu coração. Nada disso o homem conhece. Ele nada conhece. Ele não sabe a diferença entre antes do amor e depois do amor, antes da maternidade e depois da maternidade. Ele nada pode saber. Somente uma mulher pode saber e falar disso. É por isso que não aceitamos que nossos maridos nos digam o que fazer. A mulher só pode fazer uma coisa. Ela pode se respeitar. Ela pode se manter decente. Ela deve ser sempre como a sua natureza é. Ela deve ser sempre donzela e sempre mãe. Antes de cada amor ela é donzela, depois de todo amor ela é mãe. Nisso se pode ver se ela é uma boa mulher ou não."

As palavras de Deméter caíram sobre mim como uma chuva sagrada. Uma água ancestral que junto às minhas lágrimas dava lugar ao furioso veio da juventude, que outra vez renascia no meu ventre envelhecido. Eu havia escondido a donzela que penteava vaidosa seus cabelos dentro de meu labirinto, não pelo capricho das seduções óbvias e sim pelo puro gozo de amar-se sem restrições. Pelo dom de se saber objeto de seu próprio desejo e fazer sexo consigo mesma nas manhãs ensolaradas dos verões. Adormeci nesta noite sentindo-me liberta de mais uma casca, uma pele transparente que me aquecera por um bom tempo, mas que precisava estender pelo caminho, da mesma forma que uma cobra ao se renovar.

Acordei no outro dia com um ruidoso bater de sino no portão. Ainda tonta pelo sono, arrastei-me até a porta. Qual não foi minha surpresa ao me deparar com o riso claro de Afrodite à minha porta, disfarçada no corpo de Patrícia, a jovem por quem Ronaldo havia se apaixonado!

Seus louros cabelos refletiam as manhãs dos primeiros murmúrios dos oceanos. Uma luminosidade ancestral que carrega o mistério dos musgos desenhados nas rochas, onde as mulheres expõem a nudez de seu sexo. Seus olhos confirmavam a identidade divina: eram azuis como as águas de Afrodite e sorriam com a falta de pudor habitual da deusa. Tendo reconhecido a divindade à minha porta, com a reverência própria que uma filha deve nutrir pela mãe, convidei-a para entrar.

Desde esse dia tive de volta a deusa que havia esquecido. Com Patrícia, reavi meu corpo e nos tornamos grandes amigas. Hoje, ao tomarmos café sem açúcar, perdidas em conversas intermináveis na cozinha, gargalhamos juntas ao nos lembrarmos da paixonite de Ronaldo, orgulhosas por meus quarenta quilos perdidos!

A Lua dos Labirintos revelou-me a capacidade mágica de junho em expor uma infinidade de portais. Minúsculas aberturas que nos remetem ao mais além de nós mesmas, sempre ao encontro das divindades e dos acasos míticos, que inevitavelmente trazem os recados dos deuses.

Hoje, depois de pesquisas e mais pesquisas, conheço cada divindade que se oculta por trás de cada dia de junho. Deixo-as para que também as ajude no mágico caminho do abrir de portas da Lua dos Labirintos:

1º de junho Dia em que os antigos romanos celebravam Carmenta: deusa dos nascimentos e profecias. Aquela que deu as artes e as ciências aos homens e que havia ensinado o alfabeto aos romanos. Diz o mito que Carmenta deu as consoantes a seu filho, mas as vogais, as letras que dão espírito às palavras, Carmenta guardou para si.

2 de junho Dia em que os antigos escandinavos celebravam a deusa Syn: guardiã dos portais do paraíso.

3 de junho Dia em que os antigos ingleses celebravam Shipton, deusa-mãe, provedora da abundância.

4 de junho Dia em que as feiticeiras celebram o nascimento de Sócrates, filósofo muito querido por nós.

5 de junho Dia em que os antigos irlandeses celebravam Goibniu: deus ferreiro que deu as armas que fizeram os thuata derrotarem os famosos inimigos. Dia em que na antiga Irlanda também se reverenciava Sheila-na-gig, a deusa com a face representada por uma vagina: senhora dos mistérios da vida e da morte.

6 de junho Dia em que as feiticeiras pedem a Hécate, senhora da noite, que abra os portais de seu reino e nos dê nesta noite as revelações que necessitamos saber. Dia em que os muslins realizam a "Noite da Observação", quando ficam atentos às imagens ou sinais enviados.

7 de junho Dia em que os antigos romanos se preparavam para o grande festival Vestália, em honra de sua divindade Vesta: protetora dos lares e doadora do fogo que cozinha os alimentos. O grande poeta Ovídio, ao se referir a Vesta, afirmou que era mais fácil senti-la do que explicá-la. Dessa forma se entende o porquê de Vesta, à semelhança da grega Héstia, nunca ter sido revelada sob a forma humana. Vesta era o símbolo próprio da regeneração, símbolo de um contínuo renascer da família e do estado romano.

8 de junho Dia em que preparamos os bolos que serão comidos e oferecidos a Vesta. Neste dia, devemos ter o fogo do fogão ininterruptamente aceso e somente nos dedicarmos aos afazeres domésticos.

9 de junho Dia em que os antigos romanos celebravam a Vestália: um dos principais festivais romanos.

10 de junho Dia em que os antigos persas celebravam Anahita: senhora das águas provenientes das estrelas. Para os gregos, Anahita se tornou conhecida como Anaitis, "a imaculada". Seu nome, Ardvi Sura Anahita, na língua persa significa "a úmida, a poderosa força imaculada". Como uma das mais poderosas divindades persas, Anahita encarnava as qualidades físicas e metafóricas da água. A poderosa energia que brotava num olho d'água das estrelas e caía sob a forma de chuva por sobre os homens, abençoando-os. Era também a deusa que dera aos homens o líquido sagrado: o sêmen, que a tudo fertiliza, propiciando aos mortais a experiência da imortalidade, refletida no seguir perpétuo das gerações.

11 de junho Dia em que os antigos romanos reverenciavam Fortuna: deusa guardiã dos portais do destino.

12 de junho Dia em que os antigos egípcios honravam Mut: deusa-mãe, protetora de todos os seres vivos. Trazida originalmente da Núbia, Mut, às vezes também conhecida por Maut, era uma deusa bissexual, representada sob a forma de uma ave de rapina. Seu nome significa "mãe", aquela que contém em si o poder da vida e da morte. Seu culto foi exercido por muito tempo, sendo mais tarde esquecido em favor do culto de Ísis e Hathor.

13 de junho Dia em que as bruxas mexicanas celebram San Antonio de Padua: protetor dos casamentos impossíveis e aquele que recupera aquilo que um dia se perdeu. Neste dia pode-se realizar poderosos feitiços, que com certeza darão um noivo à mais antiga solteirona.

14 de junho Dia em que os antigos escandinavos celebravam Vidar: filho de Odin e Siguna. Divindade heróica que protegia os guerreiros, dando a eles a coragem necessária para as grandes batalhas. Diz a lenda que Vidar sobreviveu ao Crepúsculo dos Deuses, tornando-se assim um deus que viveria as glórias da Idade de Ouro.

15 de junho Dia em que as antigas bruxas romanas celebravam Vertumno: o deus que propiciava as mudanças. De origem provavelmente etrusca, Vertumno tinha sua imagem erigida em frente ao foro do bairro etrusco. A ele se atribuía o poder de se transformar naquilo que quisesse, sendo por isso muito poderoso. O poeta Ovídio atribuiu-lhe um romance com a ninfa Pomona: protetora das árvores que dão frutos.

16 de junho Dia em que os indianos celebram o festival das curas de Buda, reverenciando a face curadora do deus.

17 de junho Dia em que os antigos gregos celebravam o festival dos pares divinos, quando os casais agradeciam aos deuses o encontro de seu parceiro.

18 de junho Dia em que as bruxas celebram os deuses masculinos em sua face paterna.

19 de junho Dia em que os antigos maias, da península de Yucatan, dedicavam-se aos preparativos para a festa de Ix Chel, quando honrariam a deusa com danças e oferendas.

20 de junho Dia em que os maias celebravam o festival de Ix Chel: deusa-serpente, guardiã das águas e da Lua. Diz a lenda que Ix Chel era a deusa mais bonita e sedutora, dotada de todos os ardis da sedução. Um dia, olhando para o céu, seduziu o Sol e fez dele seu amante. Seu avô, temendo que o Sol de tão apaixonado esquecesse de aquecer os homens, puniu a bela Ix Chel com um raio lançado sobre seu corpo. Mas a deusa, protegida pela imortalidade dos amores, não morreu. Por treze dias seu corpo foi velado pelo vôo de dragões alados, que não permitiam que ninguém se aproximasse. Ao término desse período, Ix Chel ressuscitou mais bela e sedutora. Seu amante, mais apaixonado ainda, conduziu-a para seu palácio no céu. Por muito tempo, o par de amantes viveu o mais voluptuoso dos romances. Até que um dia, o Sol, intoxicado pelo veneno dos amantes, louco de ciúmes, acusou Ix Chel de o estar traindo com seu irmão, a estrela da manhã. Ix Chel nada fez para se defender. Seu amor era tão intenso que qualquer justificativa acabaria por mutilá-lo. O Sol, não compreendendo a dignidade feminina, entendeu que o silêncio da deusa significava uma confissão. Com a violência própria do ciúme, arremessou Ix Chel de volta à Terra. A deusa caiu machucada num enorme ninho de aves de rapina. Por vários dias, os urubus a trataram, curando suas feridas com ervas mágicas que traziam dos confins do mundo. Ix Chel pouco a pouco recuperava sua antiga forma, tornando-se, à medida que se curava, mais bela ainda. Já curada de suas feridas, a deusa, em sinal de agradecimento, passou a viver com os urubus. No céu, o Sol a tudo espiava. Como um assaltante, depois da chuva, irrompia e a pegava de surpresa. Por muitos dias queimava sem piedade a Terra, só para que a deusa soubesse que ele estava presente e ainda a amava. Mas Ix Chel tinha sido violentada em seu amor-próprio... Vendo que suas tentativas de reconciliação não davam certo, o Sol, com a arrogância própria dos que se julgam traídos, raptou Ix Chel e a trancou em seu palácio no céu. Diz a lenda que Ix Chel, furtivamente, abandona seu leito nas noites em que o desejo a chama com seu canto de sereia. Nessas noites, não se vê a Lua no céu. Ix Chel se encontra nos braços de algum amante.

21 de junho Dia em que as bruxas do hemisfério sul comemoram o *sabbath* de Yule, festa que celebra o solstício de inverno.

22 de junho Dia em que Cuba comemora a Candelária de Yemanjá: deusa protetora das águas e mãe de todos os homens. De origem nigeriana, seu nome significa "mãe peixe". Diz o mito que Yemanjá tem muitas faces. Como Yemanjá Achabba é a mãe severa que pune seus filhos. Como Yemanjá Oqqutte é a violenta vingadora das injustiças e profanações. Porém, existe uma face que poucos conhecem, pois só pode ser vista nos sonhos: é a de Yemanjá Olokun, aquela que conduz os mortais às divinas paisagens dos sonhos proféticos.

23 de junho Dia em que os antigos irlandeses honravam Cuchulainn: o herói. Seu nome significa "o Caminho". É o arquétipo próprio do jovem herói, que destrona o velho rei.

24 de junho Dia em que os astecas celebravam a Festa do Sol: uma das mais importantes datas de seu calendário.

25 de junho Dia em que os antigos suecos celebravam as noivas de verão: festa dedicada às divindades protetoras da fertilidade e sexualidade.

26 de junho Dia em que o povo seneca realiza a Dança do Milho. Diz a lenda que, um dia, havia na tribo um homem que cuidava do milho, feijão e abóbora com muito carinho. Semeava a terra, plantava as sementes, aguava os pequenos brotos e os protegia dos insetos e ervas daninhas. Quando chegava o tempo de colher, realizava a colheita num cerimonial e colocava os grãos em lugar seguro, onde não seriam atingidos pelas intempéries do tempo. Assim procedeu por toda uma vida. Um dia, já bem velho, ficou doente. Como nunca havia casado, não constituíra família que o cuidasse na hora de sua última jornada. Solitário em sua tenda, o velho homem se preparou para morrer. Quando a morte estava bem próxima, ouviu vozes femininas fora de sua tenda. Arrastando seu corpo enfraquecido, o bom homem se aproximou da entrada de sua tenda para espiar quem falava. Pela primeira vez viu Onenha, o Milho, dizendo para suas irmãs, Feijão e Abóbora, que retribuíssem o carinho que aquele homem lhes dedicara, ajudando-o a vencer a doença. O velho índio se emocionou. Deitou-se outra vez em seu saco de dormir e magicamente foi conduzido ao lugar dos sonhos. Lá encontrou de novo Onenha, que docemente lhe ensinou a não morrer. Disse-lhe que recolhesse um bocado da água da chuva e bebesse. O homem acordou e viu que o céu se preparava para verter as águas que alimentam a terra e os rios. Aguardou a chuva com um pequeno pote na mão. As pequenas gotas começaram a cair e ele recebia as águas com seu pote. Depois de algum tempo, tinha o bocado suficiente. Bebeu com muita fé a poção que Onenha indicara. Em poucos dias recuperou a saúde e ensinou aos companheiros da tribo a Dança do Milho.

27 de junho Dia em que os antigos romanos comemoravam o festival do agradecimento das bênçãos, quando agradeciam pelas dádivas recebidas.

28 de junho Dia em que os gregos festejavam o aniversário de Hemera, deusa guardiã do dia, filha de Érebo e Nyx e irmã do Éter.

29 de junho Dia em que os antigos eslavos celebravam o Ano-Novo Rúnico.

30 de junho Dia em que os antigos romanos celebravam o festival do verão, dedicado a Aestas, deusa do verão, guardiã do calor que proporciona as colheitas.

Julho

A LUA DAS SEREIAS

"Da hora da infância, eu nunca pude ser
Como outros eram, nunca pude ver
Como outros viam, sentimento algum
Pude extrair de manancial comum.
Nas mesmas fontes eu não fui buscar
A minha dor, não pude despertar
Meu gozo com os tons de meu vizinho,
E tudo o que amei, amei sozinho.
Então, na minha infância, foi tirado
Na aurora de um viver atormentado,
Dos abismos de todo mal e bem,
O mistério que ainda me retém:
Da torrente e da fonte,
Do penhasco vermelho do monte,
E do sol, a rolar a meu lado
Com as tintas do outono dourado...
Do corisco na altura sem fim,
Que voando passava por mim...
Da tormenta, da voz do trovão,
E da nuvem, criando a ilusão
(Lá no meio do azul a brilhar)
De um demônio em meu olhar."

EDGAR ALLAN POE, "ALONE"

Recebi a primeira manhã da Lua das Sereias grávida de meu Minotauro: prenhe das cópulas das portas, dos portais que deflorei e por eles fui deflorada. Possuía agora a aquática tranqüilidade do olhar que mira os demônios e neles se reconhece. Não tinha mais medos e buracos rasgados na alma. A Lua dos Labirintos me trouxera ao encontro de minha vagina dentada: a essência primitiva do feminino que seduz e provoca nos homens o medo da morte.

Grávida de todos os monstros, divindades travestidas pela impotência dos mortais, mirei-me no espelho e reconheci em meu corpo as cobras aladas de antigas deusas astecas. E reconheci a indecência de Kali com as coxas vaginalmente abertas e convidando os mortais para que nela penetrem e conheçam o lugar onde brota a fonte do sêmen.

Desvendara meus véus e, com minhas garras, arrancara a flor de ouro que nasce no lugar onde as vísceras se encontram. Tomara o sangue que escorre como os rios de Oxum, misturando-se com as carnes rígidas das coxas, e o fizera sublime elemento dos encantamentos que pratico. Bebi a Lua num buraco aberto de um coração que ainda pulsava e vomitei estrelas que se tornaram constelações...

A Lua dos Labirintos tatuara meu corpo com os riscos sutis da sexualidade indecente das divindades, com a fúria lubrificada de meu sexo, que se abria tal qual gigantesca orelha pronta a receber os ruídos prateados que as sereias enviavam do topo dos penhascos perdidos nos mares. Réplicas dos discos de antigos heróis gregos, semitons curvilíneos me rodeavam como moscas rodeiam o açúcar.

Na ebulição própria das virgens que se preparam com exóticos perfumes para se entregarem na sagrada cama dos deuses, eu sentia que o sexo se misturava aos odores recebidos por minhas narinas, provocando a tonteira cardíaca da véspera dos encontros.

Naqueles primeiros dias de julho, ouvi o primeiro chamado da Lua das Sereias, um mágico bordado de linhas musicais, revelando as escamas lodosas que se abrigam aderidas no abismo das sereias. Pela primeira vez deparei-me frente a frente com minha marginalidade feminina, com o aleijão incômodo do viver à margem da história, excluída das decisões masculinas...

Na primeira semana de julho, fui convidada para minha primeira festa noturna. O mítico baile de Cinderela, onde talvez conhecesse meu príncipe encantado.

Atravessei os dias que me separavam da festa numa enorme expectativa, preparando-me como uma virgem para sua primeira entrada no templo. Procurei com minha avó as ervas próprias para o perfume que usaria na ocasião. Banhei todas as noites o meu corpo com um óleo, que vó Vitalina, em segredo, longe dos olhares severos de meu pai, me assegurava ser ideal para fulminantes conquistas. Lavei meus cabelos com água de chuva e gotas de lágrimas, que até hoje tenho o costume de recolher e colocar num vidro. Tomei os primeiros raios de sol na praia fria do Flamengo e deixei que meu corpo guloso se inundasse de vida. Costurei na bainha do vestido ocultas pétalas de rosas colhidas numa sexta-feira. Bebi por três noites o néctar da sedução: três pitadas de meu próprio sangue menstrual, misturado a um copo de leite e uma colher de mel. Enfim, utilizei todos os meus conhecimentos mágicos para aquele primeiro ritual, onde exporia, como uma flor, os presentes que trazia das deusas.

Depois de alguns dias de intensa atividade mágica, finalmente chegou a noite da festa! Recordo que usava um vestido de veludo cor-de-rosa. Um presente de tia Nazir, que, contagiada por meus pequenos rituais pré-grande-rito, entregou-me a roupa, confidenciando-me, com sua voz rouca de sacerdotisa, ser o rosa a cor que seduz os colibris. Hoje, rio sozinha, quando lembro dessa definição do masculino! Tia Nazir, uma bruxa sereia, que havia conhecido tão bem a fragilidade dos homens, me presenteara com uma grande brincadeira de Baubo. O cor-de-rosa definitivamente não é o traje de uma bruxa!

Mas, voltando à história. Vestida como uma princesa de contos de fadas, adentrei pela casa de Nicolau, o dono da festa. Um menino alto e louro que morava na rua ao lado. Suas festas eram bastante conhecidas e por muito tempo alimentei a esperança de ser convidada. Havia chegado a hora. Eu estava ali, no templo onde as musas desenvolviam todos os seus dons e Dioniso era celebrado!

O vestido cor-de-rosa misteriosamente pinicava meu corpo, dando-me a incômoda sensação que uma cobra deve sentir se a vestirem com uma pele de cordeiro. Por mais que tentasse me livrar dos minúsculos beliscões do tecido, eles, teimosos recomeçavam. Pateticamente, vestida de cor-de-rosa, com aquele estúpido copo de Coca-Cola nas mãos, esperei pela chegada das musas e Dioniso, enquanto na pista meus amigos dançavam como zumbis as músicas que os rádios tocavam. Nada acontecia, e as divindades não chegavam...

Por fim, cansada de tanta espera, humilhada pela ridícula posição que me obrigava a ficar eternamente sentada, esperando que algum menino me tirasse para dançar, vi as divindades chegarem.

Um súbito silêncio encheu a sala como um balão. Agora, eu percebia que o ambiente estava dividido por um imenso mar de tecidos rosados e um agitado bando de garotos com espinhas no rosto. Uns garotos empertigados voando como colibris em torno das rosas! Compreendi então o presente de minha tia Baubo. Como sempre, com sua forma de criticar o mundo contando engraçadas piadas, tia Nazir me fizera vivenciar o simulacro do feminino, vestindo o uniforme que quase todas as mulheres usavam.

O grande silêncio da festa me obrigou a olhar na direção que todos olhavam. Na porta, reconheci a entrada triunfal das divindades. Uma jovem bem alta desafiava com o olhar de Ártemis aquele bando de adolescentes pasteurizados. Seus cabelos louros caíam por sobre seus ombros, alongando-se até a cintura, onde pontas assimétricas indicavam zombeteiras as curvas das nádegas e o monte sagrado da vagina. Pernas longas e bem torneadas abrigavam o tecido áspero do *jeans*, tal qual o rosto da fêmea apaixonada abriga o roçar da barba do macho. Seu dorso, encoberto por uma camiseta, exibia a nudez selvagem de Ártemis, liberta dos panos que sufocam os seios. Redondos mamilos eriçados como as narinas de um deus no cio, insolentes, desafiavam os sutiãs das meninas.

Ao mirá-la, reconheci em seus olhos o brilho das feiticeiras, aquele luar obsceno de que tanto minha avó havia me falado, o luar que nos dava a dignidade da insolência e a reverência do irreverenciável. Somente naquele instante, consegui compreender o finíssimo fio da navalha das bruxas. Uma navalha tão afiada que conseguia rasgar as paredes das mais sólidas casas.

O silêncio dos templos em sua chegada, foi pouco a pouco cortado por estúpidas frases de indignação. E foi um tal de "pistoleira", "devassa", "bandida", "filha de sabe-se lá quem", "despudorada", "vê-se logo que não teve um berço"e um sem-fim de frases feitas e sob medida para os homens comuns. A situação de tal estupidez ficou tão absurda, que acabaram por recorrer à ajuda da mãe de Nicolau, que polidamente pediu aos deuses que se retirassem da casa.

Ao ver o sorriso idiota das meninas, vaidosas pelo triunfo de seus apertados sutiãs sobre os peitos nus de Afrodite, fui subitamente tomada por um acesso de coragem. Resoluta parti para o lugar da vitrola, local onde só os garotos tinham acesso, e coloquei em sua homenagem uma música de um disco de Stevie Wonder: *For once in my life*.

A menina, como se entendendo a homenagem que eu lhe prestava, adentrou pela sala e sozinha dançou. Sua dança não era como os passos ensaiados das garotas. Era o rebolar selvagem das plantas que se curvam às carícias dos ventos e a indecência sagrada das flores que mostram suas vulvas e recebem gulosas o falo multifacetado das chuvas.

Naquele instante, tive o ritual que havia esperado e me preparado por tanto tempo. Fui banhada pelo esperma de Dioniso e ungida pelos beijos das musas. Fui iniciada por uma sacerdotisa ancestral, uma bruxa da minha geração, solitária e rebelde, da qual depois vim a saber o nome: Letícia.

Após ter deixado no ar as gotas do suor das divindades, Letícia, da mesma maneira que havia entrado sem ser convidada, retirou-se, deixando-me como presente o convite para rastrear suas pegadas de serpente. Hipnotizada pelas pregas de liberdade que rasgaram todas as cortinas da casa, abandonei a festa dos lacinhos e fui descalça para casa. Foi meu primeiro gesto ritual de feiticeira.

Ao chegar em casa, trazia em meus pés a cicatriz da mula-sem-cabeça, a mulher eqüina que, solitária, cavalga pelas noites, assustando os mortais com o fogo de sua vulva sagrada. O ser solitário que aprendera a amar com as histórias de vó Vitalina, que um dia profetizara que chegaria o momento em que eu a conheceria. Sim, um dia, quando estivesse junto aos mortais que a temiam, ao vê-la, imediatamente me afastaria do bando de tementes e me uniria ao seu cortejo de bacantes.

Pois bem, eu havia conhecido a majestosa égua da noite e a seguira com as sandálias invisíveis de Hécate. Abandonara o travestimento borrado de ruge, dos pós-de-arroz cor-de-rosa, e me pintara de vermelho como uma índia, arrancara as anáguas que escondiam minhas coxas, escancarando minha vulva para que nela penetrasse o pênis da Lua...

Na manhã seguinte, joguei na lixeira o sutiã que havia pela primeira vez usado na festa de Nicolau. Saí à procura das pistas de Letícia, a jovem feiticeira.

Seu nome, quando era evocado, causava o mesmo efeito que os gregos experimentavam ao ser enunciado o nome de Lâmia: monstro feminino que diziam ser responsável pelo rapto das crianças e que se agarrava aos homens para lhes chupar o sangue. Utilizando a lógica torta de vó Vitalina, sempre desconfiando daqueles que eram descritos como boas almas, eu ampliava minha admiração por aquela bela feiticeira.

Colhendo informações, acabei por saber que Letícia era a musa dos *beatniks*, que um dia tanto me fascinaram, ao virar as páginas de uma revista. Um grupo de jovens rebeldes que, numa casa em Santa Teresa, dedicava-se à literatura, artes plásticas, música, teatro e filosofia. Cultuavam escritores "malditos", interditos à linguagem convencional das instituições, e considerados como estimuladores da anarquia social. Com meu pendor "gauche" de feiticeira, em poucos dias eu devorei Artaud, o mestre do teatro das vísceras, Kerouac, o mochileiro dos sonhos, Genet, o vagabundo poeta, Bukowski, o fálico carteiro, e outros que me levaram ao encontro de meu próprio caos: o umbigo do mundo de que tanto falavam os mitos.

Hoje, ao escrever estas linhas, me dou conta de que nunca falei com Letícia, nunca ousei esboçar-lhe um tímido "oi", mas dela fui a mais fiel amiga, uma amiga silenciosa que seguiu suas pistas por toda a vida. Uma companheira na arte, que, através de uma selvagem rebeldia amazona, abraçou a nudez das feiticeiras e abandonou os mamilos plásticos do feminino travestido. Hoje, ao sabê-la uma jovem senhora, alegro-me quando me contam de suas lutas pelos animais abandonados, pelo ativismo incessante de uma *beatnik* que jamais se aposentou. E respiro orgulhosa por essa sacerdotisa de Dioniso que me iniciou na dança solitária das feiticeiras...

A Lua das Sereias, com o canto hipnótico de Letícia, havia me despido da estupidez das meninas. Eu já não conseguia permanecer na mesma calçada que o bando cor-de-rosa desfilava. Agora, estava irremediavelmente marcada pelas eróticas mordidas de Lâmia, consciente de meu poder enquanto feiticeira, solitária, rasgando com meus sonhos as convencionalidades que o mundo tentava me impor.

À medida que escapava do papel que a sociedade esperava que eu desempenhasse, de preferência com louvor, sentia que mais me aproximava de minhas ancestrais. Desvendava o lúdico acaso que me fizera a última descendente mulher, numa família que, até meu nascimento, sobressaíra por sua linhagem feminina. Eu, a última feiticeira de meu clã, deveria resolver, agora, num mundo mais propício às mudanças, os pequenos entraves que minhas ancestrais, por culpa de um tempo mais retrógrado, não tiveram a chance de resolver. Afinal, todas as oportunidades que elas não tiveram, eram-me dadas agora. O tempo era propício ao desabrochar das mulheres e do seu poder! Compreendia nitidamente as palavras de vó Vitalina, quando um dia me dissera que nem tudo poderia me ensinar, pois muita coisa desse mundo ela não tinha como entender!

Assim, guiada pelas mãos da doce Lua, deixei que os sinais me chegassem e, com os instrumentos próprios que o mundo me dava, tratei de desvendá-los. Eu tinha instrumentos poderosíssimos ao alcance de minhas mãos. Possuía a exposição da cultura, a ajuda valiosa da psicanálise, o delinear aguçado das artes e o discurso metódico das ciências. A mim só cabia mesclar o pensamento mágico a esta gama de instrumentos, e retirar o sumo sagrado de um conhecimento que nos presenteia com uma vida digna de ser narrada.

O canto de Letícia ampliara a foto que tia Nazir havia tirado, quando zombeteiramente me deu o vestido cor-de-rosa. Pelos entraves próprios de sua geração, tia Nazir não havia conhecido os instrumentos necessários à crítica do "feminino", de seu tolo papel representado por muitos séculos, com a mulher praticamente obrigada a uma vida dupla, eternamente em cima do muro. À minha tia faltaram enchimentos culturais que estofassem sua personalidade e que lhe permitiriam uma atuação efetiva no mundo.

A Lua das Sereias me dava o entendimento exato de meu papel dentro do meu clã. Eu teria que me fazer sereia, teria que completar a obra que minhas ancestrais não tiveram como terminar. Teria que me revelar enquanto ser mítico, vivendo num mundo totalmente avesso às manifestações do sagrado. Haveria de mostrar o verdadeiro corpo das serèias, antigas feiticeiras que tiveram seus corpos mutilados.

O surgimento de Letícia me acenava para a realidade de que existiam muitas como eu, cada uma vivendo à sua própria maneira, mas todas convergindo para a mesma direção: o encontro que para nós foi marcado nas profundas águas que os homens sempre evitaram. Todas nós éramos responsáveis pelo ressurgimento do Feminino, esta capacidade mágica que toda mulher possui de ser uma sereia. Teríamos que mergulhar nos entraves de nossas antepassadas e resgatá-las de suas cadeias...

Envolvida pela leitura de textos *beat*, passei um bom tempo de julho mergulhada em caminhos que me aproximavam cada vez mais da magia. Agora, podia ver que o mundo onírico herdado de minhas antepassadas integrava-se nos questionamentos de uma boa parte da cultura. Com lágrimas nos olhos, li *Cartas do Yage*, de Burroughs e Ginsberg. No pequeno livro, estava relatado o mundo sagrado das bruxas, a utilização ritual de algumas plantas que propiciam aos homens um contato mais direto com as divindades. A magia era vista como alguma coisa real, digna de constar dos relatos dos estudiosos, fazendo parte efetiva do mundo dos homens!

Um trecho especialmente ficou gravado em minha memória:

"... Em todo caso, para abreviar, voltei a uma reunião formal do grupo, de noite, em suas choupanas. Desta vez o líquido estava recém-preparado e foi oferecido com toda cerimônia. O bruxo entoou uma terna litania (e soprou fumo de cigarro ou cachimbo sobre a borda de um copo) durante alguns minutos antes. Logo acendi um cigarro e soprei um pouco de fumo sobre o copo e bebi. Vi uma estrela, fugaz aerólito, antes de 'ir-me', e uma Lua Cheia. Ele me serviu primeiro e logo me recostei esperando Deus sabe que outras visões prazenteiras e logo comecei a 'elevar-me' e logo todo o maldito Cosmos enlouqueceu ao meu redor, creio que o mais forte e pior que havia tido. O LSD era a perfeição, mas não me chegou tão profundamente, nem tão horrivelmente dentro. Primeiro comecei a compreender que minha preocupação pelos mosquitos e os vômitos era uma besteira, já que existia a grande questão da Vida e da Morte. Me senti frente à Morte, meu crânio em minha barba, sobre o tecido, sobre o pórtico, movendo-se de um lado para outro e finalmente detendo-se como numa reprodução do último movimento físico, que fizera antes de me deter imóvel frente à verdadeira morte... Tive náuseas, saí correndo e comecei a vomitar, todo coberto de serpentes, como um Serafim Serpente, com serpentes coloridas numa auréola ao redor de meu corpo. Me sentia como uma serpente vomitando o universo ou um camponês bêbado, que vomitara ao compreender o Assassinato do Universo. Minha morte próxima, a morte próxima de todos, todos sem preparação, eu sem preparar, tudo ao meu redor, nas árvores havia o ruído desses animais espectrais. E os outros que haviam bebido, vomitando (parte normal das sessões de Cura) na noite, em sua horrível solidão dentro do universo, vomitando sua vontade de viver, de serem conservados neste corpo... Voltei e me recostei, Ramon acercou-se muito terno e solícito (não havia bebido, atuava como uma espécie de ajudante para auxiliar os pacientes) e me perguntou se estava OK e muito enjoado. Eu disse: bastante. Voltei a escutar o espectro que se aproximava de minha mente... Toda choupana parecia rajada de presenças espectrais, todas elas sofrendo transfigurações ao contato com uma Coisa Única e misteriosa, que era nosso destino e que cedo ou tarde haveria de nos matar. Enquanto isso, o curandeiro entoava uma litania, mantendo um canto muito simples, suave, repetido e logo metamorfoseado, espécie de consolo, Deus sabe o que significava: parecia significar algum ponto de referência, com o qual eu ainda era incapaz de entrar em contato..."

Eu comprovava pela primeira vez que a feitiçaria estava sendo vista como fonte de conhecimento! Não mais enxergada sob a ótica colonizadora de alguns pensadores e sim como um antiqüíssimo corpo de sabedoria, que entregava aos homens as chaves de uma integração real consigo mesmo e com todo o universo. É bem verdade que já tinha vislumbrado essa possibilidade na obra dos surrealistas, mas eles se portavam como civilizados que brincam com o pensamento primitivo, sem nunca sujarem as mãos. Eram como algumas obras da psicanálise que traziam o inconsciente à tona, mas o trancafiavam nos hospícios e consultórios, catalogando-os sob o nome de neurose ou psicose! Não! Os *beats* me acenavam com a possibilidade real do ressurgimento de mundos dos quais eu era oriunda.

Lembro que quando li *Cartas do Yage*, procurei vó Vitalina e disse-lhe feliz que encontrara um livro de uns homens que haviam procurado alguns bruxos, descendentes diretos de povos exterminados da América, e com eles experimentaram o cipó que sua amiga Palmira tanto falava. Na época, quase ninguém se referia a esta planta e muita gente deve ter rido de Palmira, uma forte cabocla amazonense que dizia que suas avós falavam com os desejos do mundo, quando bebiam um chá feito de um cipó que continha a alma das mulheres.

Vovó, curiosa como eu, me fez mil perguntas sobre aqueles homens. Depois, saciada em sua curiosidade, disse: "Muita coisa virá depois disso, Márcia. As vozes dos índios gritarão em cada pé de planta e nossas antepassadas despertarão de seus túmulos."

Vó Vitalina pôde assistir viva, alguns anos depois, ao cumprimento de sua profecia. A década de setenta reviveu, com o movimento *hippie*, religiões primitivas consideradas extintas... Mas isso conto depois.

A Lua das Sereias já se encontrava no meio de sua jornada, quando escutei um novo chamado. Eu tinha ido visitar Leyla, numa fresca tarde de um sábado. Pensava em convidá-la para tomar sorvete e depois caminharmos como sempre, sem destino, nos deliciando com loucos projetos de ficarmos famosas e morarmos vizinhas a Salvador Dali, na Espanha. Aliás, devo dizer que esses sonhos sofreram apenas um pequeno desvio de cálculo. Afinal, hoje, Leyla é uma excelente desenhista que mora na África e eu consegui publicar alguns livros e moro em Friburgo!

Mas, voltando à história. Quando me dirigia à sua casa, senti que alguma coisa muito especial me aconteceria. Alguma coisa indefinida, mas que me provocava um fenômeno que vó Vitalina chamava de "fervura da água na panela". Algo assim como acordar com a sensação exata que se vai ganhar na loteria e desde manhã cedo começar a gastar por conta. Sim. Era exatamente a água fervendo na panela o que eu sentia.

Ao chegar em sua casa, encontrei-a sentada na mesa da copa, lanchando com uma outra menina. Contrariando meu habitual fechamento com suas amigas, fui imediatamente tomada por uma intensa simpatia, o que fez com que a água fervendo na panela atingisse o ponto ideal de fervura. Meu termômetro mágico mostrava-me que naquela menina residia aquilo que eu intuíra pelo caminho!

Leyla, acostumada com meu mau humor para com suas amigas, já se preparava para dissipar os ânimos, convidando-nos para ouvir alguns discos novos na sala. Nisso, fomos surpreendidas por um corte momentâneo e providencial de energia. Restou-nos como opção o tagarelar despreocupado em seu quarto.

Fátima, a menina, possuía a independência própria das amazonas, um estado puro de liberdade selvagem, uma lâmina aguçada no olhar, capaz de numa só mirada rasgar o mundo e dilacerá-lo em mil fragmentos. Utilizando o minucioso teste que vó Vitalina me ensinara a usar, para quando quisesse reconhecer uma bruxa, constatei em seus olhos o brilho dos abismos que as feiticeiras carregam.

Assim, humilde perante a poderosa Hipólita, rainha das antigas amazonas, bebi suas palavras tal qual um poderoso elixir. Foi quando pela primeira vez ouvi o discurso sideral dos astros. Fátima desenhava no caos germinal das folhas brancas, a mandala astrológica que traduzia os desígnios das Moiras: senhoras do destino de cada mortal.

Vagamente, eu recordava de uma antiga ciência comentada por vovó, dizendo que somente feiticeiras letradas conseguiam dominar. Uma ciência que envolvia o conhecimento de matemática e principalmente a capacidade de entender as retas e os ângulos contidos num círculo. No entanto, com seu quase nulo conhecimento das letras, nunca pudera aprender, mas se lembrava que uma velha tia, curiosa como eu, um dia havia aprendido com uma bruxa francesa. Como isso tinha se passado há muito tempo, ela não conseguia se lembrar do nome da ciência, que de ciência não tinha quase nada, pois era um poderoso oráculo...

Acostumada ao meu oráculo rudimentar de pedras enxerguei, naquela jovem feiticeira, a possibilidade de desvendar a misteriosa ciência de que vovó tanto falava. Assim, deixando Leyla atônita, naquela tarde fui a mais gentil feiticeira. Dentro de mim residia a certeza de que a Lua me preparava uma nova etapa em minha iniciação.

Esta certeza foi confirmada, quando Fátima, vestida com as contas de Afrodite que as sereias lhe trouxeram do fundo dos oceanos, tocou um *blues* em seu violão. Era a primeira vez que eu assistia a uma mulher tocar, com tanta maestria, um tipo de música essencialmente restrito a músicos masculinos! Definitivamente, a Lua colocara uma feiticeira bem à minha frente...!

Depois daquela tarde, arrumei uma lista de pretextos para dela me aproximar. É claro, pois Fátima, como eu, também era uma bruxa solitária! Munida com uma boa desculpa, fui ao encontro de mais uma sereia.

Os dias de julho escorregavam úmidos como as vaginas das mulheres, carregando o aroma aquático do sexo das sereias e me transformando numa *voyeur* das estrelas. A cada dia, eu aprendia mais segredos com Fátima, a feiticeira dos astros. Com ela, conhecia a linguagem geométrica das divindades, rabiscando intrincados aspectos astrológicos no caos branco do papel. Aprendia a reconhecer a sonolência lisérgica de Netuno, meu doce Posídon, governando uma sétima casa, onde Vênus, a sedutora Afrodite, dividia-se entre mil amores. Desvendei as violações de Plutão, o temido Hades, e compreendi as irrupções dos temperamentos apaixonados. Assim, desenhando o balé dos astros, meus conhecimentos foram magicamente acrescidos. Eu me tornava, no meio exato do ano, uma Lua brilhante, digna de sua mãe que no céu me observava.

Quando os dias de julho já se preparavam para deixar os homens, e, no céu, a Lua colocava seu corpo pronto para explodir no orgasmo do último dia, recebi, vindo do menino de óculos que se constituía no esboço de meu primeiro amor, o convite para com ele ir ao cinema. Estranhamente, não acolhi o convite com o ardor que pensara explodir no dia em que chegasse o seu chamado...

Alguma coisa indefinidamente áspera me incomodava, algo como um borrão desastradamente produzido sobre os lençóis de uma cama de virgem. A mim me chegava espinhenta sua patética superioridade masculina, zanzando em torno dos meus passos, procurando o lado exterior das calçadas, espremendo-me ao encontro dos muros das casas, como se me fosse interdito o violar dos horizontes dos meios-fios. Suas mãos, tomadas pelo suor incômodo do triunfo da testosterona, despejavam, por sobre as minhas, a gosmência própria dos detritos das cidades que vomitam em valas escuras o horror inconsistente dos lixos, procurando esconder-se em inexplicáveis sacolas de plástico azul.

Sentindo-me com uma presa caçada sem a menor reverência, via o grande amor que sonhara desvanecer-se na pálida luz do lanterninha que nos indicava duas cadeiras vazias. Como uma enorme tela por detrás da tela que se descortinava, vi seus óculos serem substituídos pelo brilho opaco dos desejos que enxergam na mulher apenas um bom naco de bife. Surpresa, constatei que o mocinho do filme também possuía essa estranha fome e que a mocinha, seguindo os fiéis conselhos do leonino falo de Hollywood, portava-se como uma estúpida peça de carne exposta nas prateleiras dos açougues.

Desiludida pelo final repentino de minha primeira experiência amorosa e entediada pelo enredo melado da tela, onde o galante mocinho sempre resgata a frágil mocinha, abandonei a possibilidade de uma contraparte e, tomando o lado interdito da calçada, rumei para as terras das amazonas, sereias, lâmias, cadelas e vacas sagradas.

Com alívio, vi o filme encerrar-se num triunfante *the end*, e, antes que o menino me perguntasse, recusei um possível sorvete ou qualquer coisa que me fizesse lembrar de sua língua querendo engolir minha alma.

Chocada com a falta de sensibilidade dos meninos, dirigi-me à casa de minha avó, louca para lhe relatar a drástica experiência em que havia se transformado o meu primeiro amor. Até hoje me divirto ao lembrar do olhar fulminante que lancei a seu Joaquim, como já disse, o eterno pretendente de minha avó. Ele, sentado à frente de seu armazém, deve ter tido, até seus últimos momentos de vida, a indagação de por que não respondi ao seu alegre cumprimento, rejeitando com um olhar de ódio o suculento coração de doce de abóbora que me oferecia...!

Tomada por minha primeira fúria contra a agressiva sexualidade masculina, adentrei pela cozinha de minha avó, disposta a exterminar qualquer elemento macho que porventura cruzasse o meu caminho. Louro, seu fiel papagaio, compreendendo a seriedade da situação, encolheu-se em seu poleiro, escondendo sua cabeça sob o travesseiro verde de suas asas. Pela primeira vez, eu o vencia!

Vovó, intrigada pela fúria de Hécate que meus olhos refletiam, não me indagou sobre o que tinha acontecido. Pegou o velho bule e ferveu um pouco de água, depositando sobre ela uma pitada de mel, uma concha de praia, nove folhas de matricária e um punhadinho de um misterioso pó que guardava num vidro, trancado a sete chaves.

Por momentos esqueci minha fúria contra os homens. A possibilidade de desvendar o mistério daquele pó pareceu-me infinitamente mais fascinante do que os patéticos maneirismos dos machos querendo provar sua rota soberania. Então, devagarinho, fui indagando sobre a razão de cada elemento.

O mel, disse vó Vitalina, era para adoçar o fel que corroía minha alma e enfraquecia minha força. A concha, era o mar das mulheres-águas que eu deixara escorrer com minha zanga, transformando-me num deserto árido. A matricária era a seiva das mulheres-plantas que eu ceifara, quando permiti que um homem chegasse até mim, sem pedir permissão à floresta encantada que toda mulher carrega. Ah!, aproximava-se a revelação do último ingrediente, o elemento misterioso que desde pequena eu indagava sem nenhuma resposta!

Vovó, compreendendo a razão de minha curiosidade, escapulia por mil atalhos... Tive que ouvir desde a capacidade que as conchas têm de dar fertilidade a uma mulher estéril até o valor medicinal da matricária no momento do parto. Até que, por fim, apiedando-se de minha curiosidade, já beirando uma leve manifestação psicótica, vovó, divertida, me fez a seguinte revelação: "Márcia, o pó que você tanto quer saber o que é e de onde vem, é um segredo que me foi passado por minhas ancestrais, um segredo que você só poderá revelar a uma outra mulher e nunca, sob nenhuma hipótese, a um homem." A simples enunciação de que havia por trás do pó um segredo secretíssimo, me fez respirar profundamente e dar asas à minha incontrolável imaginação...

Delineei-o com o fino pincel das profanações, imaginando uma antiqüíssima antepassada violando a tumba de sua mãe e recolhendo alguns ossos, que por sua vez se transformaram em pó que foi acrescido pelo pó dos ossos de todas as minhas antepassadas. Ao olhar os olhos ternos de minha avó, não pude imaginá-la moendo os ossos de sua mãe e assim caiu por terra a novela de mistério que começava a se agigantar em minha cabeça. Resolvi então deixar de lado minha inclinação para os romances e com muita atenção aguardei a continuação do relato.

Vovó, divertindo-se com minha ansiedade, exercia seu dom de contar histórias e quando o ouvinte pensava ter chegado o final, enveredava por intrincadas vielas, como se estivesse enrolando um novelo interminável. Até o anoitecer, fiamos aquela mágica linha, entregues às voltas vertiginosas dos milhares de exemplos, que filosoficamente minha avó substituía em lugar do final do enigma do misterioso pó. Ao perceber que as asas da noite anunciavam a chegada de sua doce senhora, vovó, muito séria, falou: "Márcia, você deve ter reparado que tomei atalhos que desviaram o curso da história que comecei. Não pense que foi por puro divertimento. Eu me lembrei que quando recebi de minha mãe o segredo de minhas antepassadas, no céu estava presente o olho da Lua, e minha mãe me disse que sem ele se extinguiria a força das palavras. Agora, que as primeiras estrelas já chegaram e a Lua vaidosa se prepara para pousar o olhar sobre sua cabeça, vamos até a cozinha tomar o chá que lhe preparei, pois depressa a Lua chega."

Inundada pela expectativa, bebi de um só gole a perfumada bebida. Tudo em volta começou a girar vertiginosamente. Minha cabeça, como se acolchoada por invisíveis penas, não conseguia reter um só pensamento. Encontrava-me entregue ao silêncio linfático das placentas, germinando como uma bolha sagrada, que depois seria cuspida pelo estreito canal de uma vagina umedecida pela primeira menstruação. Como um pássaro ao adquirir suas primeiras penas, sentia o pulsar ritmado do coração da liberdade me chamando ao longe.

Assim, expelida pelo rubi das mulheres, emergi do sangue com duas enormes asas de abutre. Voei sobre rios onde mulheres nuas lavavam seus filhos, por sobre montanhas onde faunos acariciavam os corpos das ninfas com delicadas flautas que emitiam o canto das estrelas, por sobre desertos onde Lilith rasgava o peito de seus amantes e uivava sobre as pedras como uma louca cadela.

As imagens se sucediam como furiosas gotas de chuva sobre um solo seco e por muitos anos sem água. Por mais que eu tentasse me agarrar a qualquer fragmento de realidade, explosões incessantes de átomos solitários me levavam a uma outra cena. Então, completamente submetida aos caprichos do caos, deixei-me ser levada como ínfima partícula de poeira que se mistura à atmosfera.

Após ter sobrevoado terras desconhecidas, fui tragada pela força magnética da boca de um imenso vulcão, oculto no coração de uma densa floresta. Meu corpo se precipitava no vazio com tal velocidade que pequenas partículas de tecido se desprendiam, dando-me a sensação de me tornar uma serpente que trocava a pele. Ao me deparar no solo, surpresa constatei que me tornara uma meia-serpente. Meu corpo encontrava-se totalmente coberto por uma pele colorida, onde curvas vermelhas trançavam-se no lustroso e escorregadio negro sensual, que se espalhavam pelas dobras de minhas reentrâncias. Ao tentar emitir um som, percebi que minha língua sibilava ágil, tentando morder os fragmentos de poeira que se encontravam no ar. Estranhamente, não sentia nenhum desconforto. Parecia-me que sempre estivera naquele estado intermediário, no qual o selvagem se misturava aos requintes sutis do civilizado. Totalmente adaptada, arrastei-me sobre o solo à procura do grande buraco das serpentes.

Depois de percorrer estreitos caminhos, finalmente cheguei ao lugar onde outras mulheres-serpentes me aguardavam. Fui saudada pelo ruído ensurdecedor de línguas que sibilavam no ar como fêmeas possuídas por um grande cio. Aos poucos, o barulho deu lugar a uma surda batida, que a mim pareceu ser oriunda de nossos corações. Mas, não! O ruído vinha diretamente da garganta da terra, infiltrado nas estreitas rachaduras das pedras que nos rodeavam.

Embaladas pelo bater ritmado daquele coração invisível, iniciamos a dança curvilínea das serpentes, o balé primordial de Lilith, a primeira mulher a rejeitar as imposições de um paraíso monotonamente masculino. Sim, a deusa rejeitada pela civilização entediada que os homens criaram a partir de uma costela, que não fazia a menor falta em Adão. Lilith, a deusa criada por semens e excrementos, abandonara o dedo inquisidor de um deus masculino e se abrigara em nossos braços, as mulheres-serpentes, feiticeiras identificadas com os demônios...

Retorcendo nossos corpos em furiosos orgasmos, encharcamos o solo com o visco sagrado das transparências impuras, este líquido obsceno dos pesadelos de Eva e desejo recalcado em Adão. Como sacerdotisas ancestrais, reverenciávamos nosso sexo sem o pudor dissimulado das virgens modernas, que esfregam suas coxas nos travesseiros, cercadas por anéis de noivado e com a alma esquálida e seca dependurada num cabide do armário...

Enroladas sobre nossos próprios corpos, entrelaçamos nossas línguas em longos abraços que nos fundiam numa massa luminosa, viscosa e sangüínea. Aos poucos, me dei conta de que nosso gozo criava um mágico rio de sangue. Um líquido perfumado que trazia a vegetação e o fogo ao banhar as bordas da terra. Ternamente, vi surgindo os primeiros grãos que alimentaram a fome dos homens, o esfregar erótico de duas pedras que furiosamente comprimiam seus sexos de rocha, para ao final explodirem exaustas numa poderosa faísca recém-parida.

Naquele momento, compreendi que a mulher dera aos homens o segredo da criação permanente das divindades. Não havia sido Prometeu quem dera aos homens o fogo imortal dos deuses.

Quando me dei conta do mistério da criação, percebi que do rio menstrual emergia uma enorme taça de ouro, ornada com preciosos rubis. As mulheres-serpentes, percebendo também o que acontecia, formaram rapidamente um círculo em torno do sagrado objeto. Cantávamos antigas canções esquecidas pelos mortais. Canções que falavam do gozo, das carícias sobre nossos corpos e das línguas dos deuses que não humilhavam o sexo, fazendo com que as flores se abrissem.

Cantando e dançando em torno da taça, nos acariciávamos como as pedras que geraram o fogo. Lentamente, um monolito emergiu de dentro da taça com a seguinte inscrição gravada:

"Tudo que criei hei de destruir. A Terra vai ressurgir como oceano primordial, como infinito, tal como era no início. Serei então aquilo que de tudo restou, depois de ter me transformado numa serpente que ninguém conhece."

Despertei do transe com o rosto iluminado de vovó, que, sorrindo, me perguntou: "Descobriu o segredo?" Zonza pela experiência, timidamente balbuciei um sim. Eu havia desvelado o significado do misterioso pó. Agora, estava pronta para ter o meu dentro de um vidro que eu procuraria nos dias que se seguissem!

Hoje, passados os anos, com muito orgulho, vez por outra contemplo o misterioso vidro. Com o mesmo atravessar de atalhos, escorrego pelas vielas, quando alguma amiga curiosa sobre ele me indaga. Não chegou ainda a hora de revelá-lo. A Lua não se prepara para qualquer uma...

No último dia de julho, encontrei o vidro que abrigaria o meu pó, disposto magicamente ao lado da pele deixada por uma pequena serpente, num estreito atalho da Floresta da Tijuca. A Lua das Sereias efetivamente me iniciara em mais um segredo.

Lembro que durante todos os dias em que vivi minha primeira Lua das Sereias, senti claramente a presença de alguma divindade. Depois disso, quando em julho recomeço meu caminho de volta ao lugar dos rochedos perdidos nos confins dos oceanos, tenho já o nome de cada uma destas divindades:

1º de julho Dia em que as feiticeiras honram Atargatis: deusa sereia dos assírios. Conta a lenda que um dia desceu do céu um ovo, caindo nas águas profundas do mar, emergindo depois de passarem alguns dias, sob a forma de uma belíssima sereia. Despertando a admiração dos mortais que, além de sua beleza, veneravam também sua aguçada sabedoria, Atargatis logo provocou o ciúme de outras deusas. Uma delas, tomada pelo ódio por tão poderosa rival, jogou um encantamento sobre a linda sereia. Ela se apaixonaria por um jovem e dele ficaria grávida, consumindo sua juventude entregue ao enlouquecimento da paixão. Atargatis logo se apaixonou por um jovem mortal, do qual, como diziam as palavras costuradas no destino, ficou grávida. Passado o tempo de gestação, a deusa deu à luz uma menina, Semíramis, que se tornaria mais tarde a fundadora da Babilônia. Conhecendo o encantamento, Atargatis tratou de revertê-lo. Chamou do mar o seu amante. Quando o beijava, jurando que lhe seria fiel para sempre, afogou-o nas águas profundas. Depois, pegou nos braços a jovem recém-nascida e colocou-a em terra firme, numa clareira de uma floresta, pois aí as pombas a alimentariam e tomariam para si a tarefa de criá-la. Dilacerada pela certeza de que nunca mais teria sua filha em seus braços, Atargatis jogou-se nas águas escuras de um lago e transformou-se num peixe. Dizem que, depois disso, o povo assírio nunca mais comeu peixe ou carne de pombas.

2 de julho Dia em que a antiga Itália honrava as mulheres grávidas.

3 de julho Dia em que o povo Pueblo celebra Palulukon: divindade serpente que dá as águas aos homens.

4 de julho Dia em que as bruxas celebram Hécate: a deusa cadela, tratando de seus cães ou auxiliando entidades que protejam animais abandonados. De acordo com os mitos dos índios norte-americanos, o cachorro desempenha as mais importantes funções em sua mitologia. Assim, para o povo seneca, a Mulher Canibal tem o seu poder aumentado como resultado de seu amor por esses animais. Para os índios, uma pessoa pode receber de seu cachorro a sua "orenda", isto é, seu poder, desde que o ame profundamente. Se, pelo contrário, a pessoa for cruel com esse animal, a orenda que o cão lhe dará será a experiência de um sofrimento.

5 de julho Dia em que os índios norte-americanos celebram a Dança do Sol.

6 de julho Dia em que os antigos romanos celebravam a Consuália, dedicada ao deus Conso: protetor da terra, dos cereais e das colheitas.

7 de julho Dia em que no Brasil se celebra a festa de Omolu: deus da varíola e da febre. Aquele que de tão terrível é melhor nem dizer o seu nome! Conhecido no

Daomé sob o nome de Sakpatá. Na Nigéria, ele é Xapanã. Entre os geges, ele é Aynion e entre os iorubas, Omolu. É o rei dos senhores da terra e rei dos espíritos. Aquele que provoca as epidemias, mas também carrega o poder de curá-las. Diz a lenda que num tempo muito antigo, um dia todos os orixás dançavam numa festa, à exceção de Omolu. Ogum, seu irmão, procurou Nanã, sua mãe, indagando-lhe sobre o motivo da postura reclusa de seu irmão. Nanã lhe disse que Omolu tinha medo de aparecer em público, em razão das pústulas que cobriam seu corpo. Ogum, que gostava imensamente de seu irmão, resolveu ajudá-lo. Foi com ele para o mato e com fibras teceu uma roupa para Omolu. Este, vendo que suas feridas não mais apareciam, encheu-se de coragem para entrar na festa. Ao entrar no lugar onde todos dançavam, Omolu cantou numa canção a sua história e de como Ogum o tinha vestido com uma roupa de palha da costa. Embora cantasse com extrema maestria, ninguém quis com ele dançar. Todos sentiam nojo daquilo que imaginavam ter oculto por debaixo de suas vestes. Somente Iansã, a bela senhora dos ventos, movida por sua altivez e coragem, o chamou para dançar. Dizem que, enquanto rodopiavam, o vento levantou as vestes de Omolu. Todos perceberam com muito espanto que por debaixo da palha se escondia um homem belíssimo, com o corpo perfeito e sem nenhum defeito. Diz a história que Oxum, ao ver esta cena, até hoje se encontra despeitada. Iansã, em troca, recebeu de Omolu o poder de reinar sobre os mortos.

8 de julho Dia em que os antigos romanos honravam Summanus: primitivo deus do trovão, especialmente do trovão noturno.

9 de julho Dia em que a Nova Escócia comemora o Carnaval da Lagosta, quando primitivamente se celebravam as deusas ligadas à água.

10 de julho Dia em que na Inglaterra se comemora Lady Godiva: deusa desnuda.

11 de julho Dia em que na antiga Grécia se celebrava Theano: deusa protetora dos vegetarianos.

12 de julho Dia em que na Índia se celebra o Festival das Danças Antigas, quando a dança é reverenciada em sua sacralidade. Para os indianos, a dança é a linguagem mais perfeita, pois fala mais que as palavras. Como diz um antigo poeta xivaíta: "Aquilo que nenhum sinal pode descrever, a dança mística nos faz compreender."

13 de julho Dia em que os japoneses celebram Bon: festa anual em honra dos mortos.

14 de julho Dia em que as bruxas celebram rituais que envolvem injustiças sociais, já que neste dia aconteceu a tomada da Bastilha, uma das maiores manifestações populares de repúdio aos abusos das classes dominantes.

15 de julho Dia em que os antigos finlandeses celebravam Rauni: deusa do trovão.

16 de julho Dia em que os antigos egípcios celebravam o aniversário de Set. Identificado com o porco, o asno e o hipopótamo, Set muitas vezes é visto por muitos estudiosos, como, por exemplo, Plutarco, como a encarnação do mal. Embora o deus vermelho (uma das muitas designações de Set) não fosse uma criatura que se poderia chamar de bondosa, não se deve esquecer que foi ele, com sua lança, que venceu Apópis, o tenebroso senhor das trevas. Deve-se lembrar também de que houve uma época em que Set era responsável pela produção dos oásis.

17 de julho Dia em que os japoneses celebram Ama-Terasu-O-Mi-Kami: deusa do Sol, aquela que ilumina o firmamento. Honrada como a deusa legisladora de todas as outras divindades e como guardiã do povo japonês. Amaterasu é uma das mais poderosas divindades e o símbolo da unidade japonesa. Representada sob a forma de um sol brilhante. Ainda nos dias de hoje seu emblema tremula na bandeira nacional.

18 de julho Dia em que os antigos egípcios celebravam o aniversário de Néftis: deusa guardiã dos lares e protetora das mulheres na hora do parto.

19 de julho Dia em que os antigos gregos celebravam as bodas de Afrodite e Apolo.

20 de julho Dia em que os antigos lituanos se dedicavam à confecção das guirlandas que adornariam as portas de suas residências. E com isso garantindo prosperidade, harmonia e a presença das divindades.

21 de julho Dia em que os antigos maias celebravam o ano-novo.

22 de julho Dia em que os índios norte-americanos celebram o Festival de Choctaw.

23 de julho Dia em que os antigos romanos celebravam a Neptunália, consagrada ao deus Netuno: senhor do elemento úmido. Sua festa era celebrada durante a época de maior seca, no ápice do verão.

24 de julho Dia em que os antigos romanos honravam Salácia, divindade do mar e personificação da água salgada.

25 de julho Dia em que os indianos celebram Naga Panchani, a festa do povo serpente, crianças da deusa Kadru.

De acordo com a lenda, os Nagas eram os guardiães dos tesouros dos palácios do fundo das águas e de lá tiravam os livros sagrados do conhecimento. Historicamente, a realeza Naga, da região sul da Índia, constituía-se de tribos que retinham os costumes matriarcais. Eram praticantes da herança matrilinear: não proibitiva à liberdade sexual feminina.

26 de julho Dia em que o povo pueblo celebra o Festival do Búfalo e a Dança do Milho.

27 de julho Dia em que os antigos gregos honravam as pitonisas: mulheres sábias que transmitiam as mensagens das divindades aos mortais.

28 de julho Dia em que os antigos celtas celebravam o Domhnach Chron Dubb: festival que assinalava o começo do tempo da colheita.

29 de julho Dia em que no México se realiza a Festa de Santa Marta.

30 de julho Dia em que as feiticeiras do hemisfério sul celebram Imbolc: um ritual de purificação e fertilidade.

31 de julho Dia em que os antigos nórdicos honravam o deus Loki: aquele que oferecia aos mortais a experiência do imprevisível. Filho de Farbauti, aquele que bateu e gerou o fogo, e de Laufey, a filha do bosque. Loki se fez então o combustível que propicia o fogo, ou o espírito sagrado deste elemento. Seu nome prende-se a uma raiz germânica que significa "chama". Até hoje, em muitos países escandinavos, seu nome é invocado para explicar alguns fenômenos que impliquem a presença do fogo. Na Noruega, por exemplo, costuma-se dizer que Loki está batendo nos filhos quando o fogo crepita.

Agosto

A LUA DA LOBA

"Iaô, Oiaô,
Mãe Oiá.
Não é de hoje que ela é honrada,
e sim desde muito tempo atrás.
Ela chega na casa da Bruxa
arrastando os pés sujos de lama.
Egun de Elegbá, roupa pesada,
ela se atreve a confinar o velho em seu quarto.
Enchente que impede todo mundo de deixar a casa.
Iaô, Oiaô,
Mãe Oiá.
É ela que usa a verdade contra a maldade.
Ela fica na fronteira
entre a vida e a morte.
Aduaneira das multidões!
Mulher de Ogum,
Ela pegou o tambor pra tocar e o rasgou em pedaços,
Ela dançou sob a árvore de Odan e a rasgou em pedaços.
Iaô, Oiaô.
É ela quem faz um pacto
com alguém que quer ter um filho
e não o quebra.
Ela carrega o lampião pra dentro de casa
e passeia por ela
andando em círculos,
esperando o Criador chegar.
Você acha que está seguro em casa?
Se pensar demais nela,
talvez não esbarre nela.

Ela briga com você e você jamais ganha.
Mesmo que não brigue com você,
ela é terrível.
Tudo o que ela faz é grande.
Iaô, Oiaô.
Se for uma dança que gira, ela dança,
Se for Bembê, ela dança, ô, ela dança.
Quem dança com os tambores de Bata? Ô, ela dança.
Quem dança com Shekerê? Ô, ela dança.
Mulher de Ogum, ela é quem dança
seja o que for.
Ela vem dançando mascarada de Egungun
há muito, muito tempo.
Oiá tinha tanta honra que se virou e tornou-se
Orixá.
Oiá guarda a estrada que leva ao mundo
e dela sai.
Oiá, respeito ao que mete medo!"

JUDITH GLEASON, "REZA TRADICIONAL DE OIÁ"

Os ventos de agosto varriam o inverno, brincando com as saias das meninas, penetrando por entre as fendas de suas coxas e deixando em seus ventres o embrião das ventanias. Atônitas, indefesas em seu pudor, pediam aos céus alguns pares extras de mãos que conseguissem conter o sexo dos vendavais. Mas os céus sempre se excitam com as seduções dos deuses... Assim, entregues às obscenidades da natureza, tornavam-se grávidas dos espíritos. Prontas a ingressar no templo dentado de uma caverna que guarda o coração das mulheres. Mas as meninas, cegas pelo cor-de-rosa dos anúncios das revistas, abortavam os embriões dos deuses e inventavam a cada dia novos botões que apertavam as saias.

Trazendo em meu corpo a tatuagem pisciana das sereias, eu recolhia pelas calçadas os pequenos embriões abortados e com cuidado depositava-os no coração que havia conhecido na caverna das sereias. Alguma coisa me dizia que um dia as meninas transformadas em mulheres os reclamariam... Hoje, ao receber pelo correio tantos relatos de mulheres mutiladas, devolvo a cada uma o rebento das divindades, para que outra vez engravidem e desabrochem no parto das ventanias.

Embora o rebuliço dos ventos agitasse a cidade naqueles primeiros dias da Lua da Loba, sentia-me como um coiote solitário vagando em árido deserto. Muitas vezes, ao escutar o lamento dos vendavais, fui tomada pela intensa necessidade de me pôr nua à janela de meu quarto e entoar a canção dos uivos, esta solitária melodia dos lobos engolindo a Lua.

Já quase prestes a me tornar um coiote, fui presenteada com o primeiro sinal daquela Lua. Já haviam passado os primeiros dias de agosto, quando numa bela manhã fui surpreendida por um tricotar agitado de assuntos entremeados por ridículos risinhos. Na cozinha, as empregadas comentavam a notícia bombástica do bairro: a mãe de Glorinha, uma senhora de uns cinqüenta e poucos anos, estava grávida!

Com a maldade própria das mulheres que um dia abortaram os embriões das divindades e nunca procuraram reavê-los, as mulheres de minha rua se aglomeravam em pequenos grupos e se dedicavam a uma grotesca pantomima de bocas e olhares ultrajados. Quantas vezes ouvi, de seus lábios inflamados, discursos sobre a sem-vergonhice daquela senhora que já tinha idade para ser avó, pois uma mulher com aquela idade devia se dar ao respeito!

Tomadas por insidiosa fúria, disfarçada pela moral do recato, vi todas as mulheres se afastarem da mãe de Glorinha. Eu presenciava, efetivamente e pela primeira vez, o tabu do sexo. Para mim, era semelhante ao comportamento de minhas amigas, que evitavam pronunciar a palavra "menstruada" e escondiam o absorvente bem no fundo da gaveta, esgueirando-se depois pela casa com um absurdo objeto enrolado em metros de papel higiênico. E daí, culpadas, depositavam a coisa na lata de lixo, esquecendo que aquilo era seu próprio sangue. Mas dessa vez era pior, a gravidez daquela senhora me chegou com um grande aviso de que o sexo era igual à menstruação: toda mulher tem, mas deve esconder.

Esquecendo de minhas inclinações para virar coiote, dediquei-me, naqueles primeiros dias de agosto, a um maior conhecimento daquela "messalina balzaquiana", foco das conversas maldosas das mulheres. Acuada pelo desprezo da comunidade, ou talvez muito solitária, a senhora não estranhou quando bati à sua porta, levando um presente para o futuro bebê. Me recebeu com carinho e, agradecida pelo presente, convidou-me para ir até a sala, onde me serviria um bom pedaço de bolo. Despertada em minha gulodice, tornei-me naquela hora sua mais guerreira aliada...

Seu corpo carregava com orgulho as marcas sagradas do tempo. Não era aquilo que hoje em dia se instituiu como modelo exemplar de velhice disfarçada. Não havia em sua pele o repuxar nervoso de uma plástica brigando com o tempo e pequenas ondas de gordura preenchiam os ângulos de sua idade. Seu olhar continha a sabedoria própria de cada minuto vivido e dentro dele se podia ler toda sua história. Sua voz tranqüila refletia o vaivém preguiçoso das nuvens e contava histórias de bolinhos fabulosos que enfeitiçavam.

Por uma tarde inteira fui embalada pela lavanda salpicada nas roupinhas do bebê alegremente aguardado, pelo aroma sutil de uma limonada com folhinhas de hortelã e ainda muitos pedaços de um bolo de chocolate, que realmente enfeitiçava! Mesmo que ela não tenha me relatado sua condição de bruxa, deixei sua casa na certeza de que ela era uma...!

A Lua da Loba me revelara sua primeira lição: feiticeiras não escondem o seu sexo! Dessa forma, envolvida pelo manto guerreiro de Hipólita, a rainha das amazonas, tornei-me fiel companheira daquela bruxa grávida, objeto das caras de nojo das mulheres de unhas pintadas e cabelos duros de laquê. Na escola a defendi com veemência dos ataques caricaturais das filhas das mulheres travestis. Aquela infame linhagem que se reproduz geometricamente, levando o feminino a uma quase extinção. E como resultado óbvio deste meu envolvimento, pouco a pouco fui excluída: vista como espécime torto num jardim repleto de flores de plástico.

Conhecedora da solidão das flores selvagens, estendi minhas raízes para os campos sempre floridos de meu próprio clã. Então, como uma mítica Ártemis nos anos sessenta, juntei-me ao conhecimento maduro de Hera, as mulheres de meia-idade.

A experiência da gravidez da mãe de Glorinha colocou um feio borrão em meu campo ótico do feminino. Eu vislumbrara um enorme repúdio no rosto das mulheres, tanto nas de minha idade como naquelas que já haviam cruzado a fronteira dos trinta anos. Era como se de repente a mãe de Glorinha tivesse exposto na janela o seu absorvente e revelasse aos quatro ventos o sangue humilhado de sua menstruação. Com surpresa, vi refletido no olhar das mulheres a indignação por sua própria condição de fêmea. Eu, que desde pequena havia aprendido sobre a sacralidade de meu corpo, me encontrava agora em meio a um cinzento oceano de dúvidas.

Minha mãe, uma jovem mulher prestes a completar trinta anos, misteriosamente agora se dedicava a intermináveis visitas ao cabeleireiro, a cada semana uma nova cor sobressaía em seus cabelos. Sua penteadeira, antes repleta por delicados mimos, onde uma pequena bailarina suspirava pelos círculos dos anéis que um dia talvez se transformassem em redondas coroas, agora se encontrava entupida por uma multidão de potes com estranhos rótulos. O mundo dourado da bailarina se transformara num mar gosmento de cremes contra rugas, flacidez, envelhecimento da pele e sinais da idade!

À medida que via o bélico arsenal dos cosméticos crescendo assustadoramente na penteadeira da bailarina, que nessa altura já tinha sido despejada e agora vivia triste e sufocada pelo vapor do banheiro ao lado da indiferença higiênica das escovas de dentes, percebia que dentro de meu próprio clã morava o medo da velhice.

É certo que minha mãe não era uma feiticeira convicta de sua tradição. Eu bem sabia de sua enorme necessidade de se diluir nas malhas da civilização, adotando os comportamentos da moda e cantarolando Nat King Cole, como se o mundo fosse uma eterna demonstração de *glamour* e beleza. Mas eu também já a vira, com seu traje de feiticeira, como uma sacerdotisa furiosa, tirar Mauro, meu irmão caçula, das garras da morte que se apresentara usando o nome de crupe. Ah, e como aquela luta foi bonita...! Mamãe, com rezas e ervas, dia e noite se engalfinhou com a senhora cobradora das almas. Para espanto de todos, colocou no quarto de Mauro uma pequena árvore de Natal em pleno junho, dizendo que as bolas coloridas e os enfeites brilhantes não permitiriam que a vida se afastasse do corpo franzino de meu irmão. Anos depois, pesquisando as origens da feitiçaria, deparei-me com o significado da árvore de Natal: era um antigo totem colocado nas casas durante o inverno, para assegurar que a chama do Sol não morresse!

Mas, voltando à história. Mesmo sabendo que minha mãe não era uma feiticeira que se pudesse procurar a qualquer hora, vê-la entregue ao medo do encontro com Hera, que vó Luísa um dia me dissera inevitável, me parecia assustador. Com a inocência própria das feiticeiras que se iniciam, enchi-me de dúvidas. Será que a mulher só é mulher por algum tempo? E quando ela deixa de ser mulher, no que é que ela se transforma? E se ela deixa de ser mulher com uma determinada idade, em que gênero se encaixariam as anciãs?

O terror que eu via estampado nas mulheres que se aproximavam da maturidade me fez compreender que a mulher estabelece neste período uma espécie de morte simbólica, um aniquilamento de sua condição, e, tonta pelos apelos de uma sociedade que lhe exige beleza eterna, assume duas posturas. A primeira era a posição de minha mãe que, como a grande maioria das mulheres, insistia numa juventude eterna, nem que para isso lhe custassem longas torturas em academias e salões de beleza. A segunda, também seguida por uma maioria espantadora, era o simples decreto de que haviam morrido. Enterravam seus corpos numa enorme massa de banha, introjetavam uma crueldade totalmente estranha ao feminino, criando um bizarro aleijão assexuado e em conseqüência perseguindo todo aquele que se apresentasse aos seus olhos com o esplendor fulgurante de uma sexualidade ativa.

Em meio a minhas dúvidas, surgiam como um pálido farol, iluminando o negror dos oceanos, os rostos das mulheres, como a mãe de Glorinha, que tinham ficado ainda mais bonitas com o florescer da maturidade. Não preciso dizer que eram feiticeiras...!

Movida pela necessidade de esclarecer minhas dúvidas, aliei-me fortemente a uma tia, que preocupava a ala convencional de meu clã: América, aquela que aos trinta e poucos anos carregava o vaticínio patriarcal de que seria uma irremediável solteirona!

América levava no corpo o sal das águas do Algarve, realçado por uma negra noite no olhar. Quando menina, recusara a maternidade de Afrodite, a deusa que auxiliou minha avó na educação das meninas em terra estrangeira. Não gostava das artimanhas sutis de Afrodite, sempre envolvida com os perfumes aquáticos das conchas das vaginas, nem tampouco lhe seduzia o esculpir da carne misturada às sutilezas das águas do sexo. Preferiu adotar uma outra mãe, uma deusa que conhecia sua fome de conhecimento, um insaciável apetite de palavras e uma incontrolável tendência a narrar histórias. Afrodite, avessa às palavras e à tentativa dos mortais de explicar o mundo, encarou com indiferença a recusa da menina. Vovó, sabedora do quão terrível pode ser a indiferença da divindade, bem que tentou apaziguar os ânimos entre as duas. Mas Afrodite nunca se deu ao trabalho de ouvir desculpas. Simplesmente deu com os ombros e resolveu não mais olhar para a menina.

Tia América cresceu protegida por Athena, a deusa que lhe presenteou com a lucidez das palavras e uma inquestionável justiça. Tornou-se a peça fundamental nos distúrbios tão próprios às famílias. Sempre com o olhar voltado para o equilíbrio. Assim, toda e qualquer pendência passava por suas mãos. Resolvia as mais sérias questões, desde um simples arrepiar de pêlos entre Olinda, a mais velha e filha de Hécate, e Aída, a preferida de Afrodite, até uma possível separação entre casais. Com o passar dos anos transformou-se num plácido lago onde as intranqüilidades eram dissolvidas.

Todos na família acreditavam que Afrodite havia mesmo cumprido a sua palavra. Tia América, como sua mãe divina, também não se casara. Mas o que ninguém enxergava, era aquilo que vó Vitalina comentara num dia em que se falava sobre o afastamento da deusa: "Os deuses também pregam mentiras!"

Naquela Lua, em meu estreito convívio com América, percebi as sutilezas aquáticas de Afrodite, tatuadas em algum lugar que a princípio eu não enxergava. Um lugar que de tão escondido caracterizava-se como ausência. Assim como o braço perdido da Vênus que explode em delicadas lembranças de antigos movimentos, mesmo não estando cravado no mármore. Uma vulva sagrada oculta sob a tecelagem de Athena e que transformava a tapeçaria, dando-lhe suaves contornos e delirantes perfumes. E assim guiada pelas narinas das feras de Ártemis, segui as pistas que o aroma descuidado deixava por onde passava.

Aos poucos me aproximava do lugar onde as tatuagens foram gravadas. Na curva de seu sorriso suspenso pelos fios invisíveis da contida Athena escutei o estalo da risada de Afrodite, contorcendo-se na espuma da areia, submetida às cócegas de Posídon, senhor das seduções. No equilíbrio de seus olhos noturnos, ultrapassei o sono e cheguei aos sobressaltos dos íncubos de Afrodite e sua irmã Lilith. Com uma tesoura metafísica cortei a gola que ocultava o colo e vi irromper com fúria a vulva desenhada no encontro dos seios. No balé dos gestos que acompanhavam suas histórias reconheci a inversão sagrada de Afrodite, onde, como um leque, o pudor de um véu se oferece obsceno...

Não! A deusa não abandonara minha tia. Somente tinha pregado uma mentira, pois era intenso o seu amor e Afrodite nunca abandona uma mulher. Ela finge que vai embora e se esconde num lugar onde brinca com os mimos das mulheres que não a quiseram acolher. Torna-se um hóspede de porão, um fantasma perfumado que não se interessa em assustar, que vaga pelas ausências púbicas, tatuando estranhos hieróglifos...

Naquela Lua de Agosto, vi Afrodite revelar-se por inteiro, quando a notícia inesperada correu pelas bocas das mulheres do clã: América ia se casar! Longe, muito longe, Afrodite me disse: "Os deuses também mentem, menina!"

A Lua da Loba trouxe-me a certeza de que uma mulher será sempre uma mulher, independente do que se diga, se está ficando velha, se está tomada pelas rugas, ou se a menopausa chega e o sangue desaparece, ela sempre será uma filha de Afrodite. Por mais que tenha lutado contra isso, a deusa estará oculta em alguma prega de seu corpo, pulsando os suspiros lascivos dos sonhos de Lilith.

Hoje, ao experimentar os primeiros sintomas da menopausa, orgulhosa, acaricio meu corpo, envaidecida dos sinais que o tempo nele gravou. Não sinto medo da velhice, pois sei que esta foi uma invenção dos homens, que sempre temeram a impotência que a presença de todas as deusas pode acarretar, que não conseguem alimentar os desejos sutis de uma Afrodite madura e além disso sabem muito bem que Athena foi a única a derrotar Ares numa briga! Às vezes me vejo envaidecida como uma loba perante a Lua, consciente de que carrego em minha vagina o fluir infinito de um sangue que, de tão pleno, não precisa se revelar, um sangue metafísico, um rio de ausência que gera múltiplas realidades. Assim como a prenhez de uma loba: mãe de Glorinha...

Quando a Lua da Loba se aproxima, meus pêlos se eriçam e os ventos gelados se preparam para levar a fluidez do visco do meu gozo para a morada das divindades, onde se sentem honrados pela lembrança de seus antigos ritos:

1º de agosto Dia em que os antigos galeses honravam Blodeuwedd: a deusa com rosto de flores. Diz a lenda que Arianrhod, deusa-mãe, senhora dos mistérios do amor, um dia, irada com seu filho Llew, sobre ele lançou uma maldição: nunca ele haveria de ter uma mulher humana. Math e Gwydyon, os dois magos, compadecidos pelo encantamento que fora lançado sobre o pobre rapaz, logo trataram de criar uma mulher, feita com plantas e flores. Ao ver tão linda jovem, Llew foi tomado por uma ardente paixão. Pouco tempo se passou para que o par se unisse numa belíssima cerimônia de casamento. No entanto, Blodeuwedd, possuindo a alma das flores, também possuía, como elas, a instabilidade fugaz dos amores. Logo ficou entediada com seu amado e, um dia, enquanto olhava de sua janela um bando de caçadores que passava pelo jardim do castelo, viu-se profundamente atraída por um desses jovens. Seu nome era Gronw, o lorde de Penllyn. Blodeuwedd, usando das artimanhas próprias das flores, lançou sobre ele o olhar da primavera e exalou o perfume das noites de verão. O lorde, enfeitiçado pela sedução bordada nas pétalas da deusa que trazia o vulcão das florestas na face, logo tombou apaixonado. Em pouco tempo trançaram as pernas no leito macio dos amantes. A paixão foi tão violenta que Blodeuwedd acabou por assassinar Llew e depois fugiu do reino com seu amado. Os magos a perseguiram por montanhas e florestas e acabaram por encontrá-la numa clareira, aconchegada pelas carícias de Gronw. Indignados com o crime que a deusa cometera, transformaram-na numa coruja, a ave noturna que avisa aos amantes sobre a chegada dos inoportunos.

2 de agosto Dia em que na Costa Rica se celebra a Festa de Nossa Senhora dos Anjos: a madona negra.

3 de agosto Dia em que os antigos macedônios celebravam um festival em honra das Dríades: espíritos das árvores. Diz a história que os macedônios acreditavam que cada árvore possuía uma alma individual, uma força elemental que se encontrava na casca de seu tronco e galhos. Essas almas eram femininas e mortais, pois feneciam quando morria a árvore que ocupavam. Eram generosas com os mortais que nutriam carinho pelas árvores e terríveis com aqueles que por elas não tinham respeito, punindo-os com as mais terríveis maldições.

4 de agosto Dia em que os antigos astecas honravam Xochiquetzal: deusa das flores, aquela que amava as mulheres. Diz a lenda que, num tempo muito antigo, somente a deusa e um homem escaparam de um grande dilúvio que devastou toda a humanidade. Eles se abrigaram num pequeno bote e, após as águas terem baixado, Xochiquetzal percebeu que o mundo teria que ser repovoado. Unindo-se ao homem, deu à luz algumas crianças, mas estas nasceram mudas. Xochiquetzal, diante do fato, pediu ao céu que lhe ajudasse. Uma pomba foi enviada e magicamente deu às crianças o dom da fala. Talvez querendo impressionar a deusa, a pomba exagerou em seu encantamento: deu a cada criança uma língua diferente. É por isso que existem na Terra tantos idiomas.

5 de agosto Dia em que na antiga Bretanha se celebrava a Bênção do Mar, em honra da deusa Ys: senhora de todos os mares.

6 de agosto Dia em que a tribo dos índios Cherokee celebra a Verde Dança do Milho, em honra da deusa Elihino: personificação da terra e senhora da abundância.

7 de agosto Dia em que os antigos egípcios celebravam sua reverência pelo rio Nilo e às divindades a ele associadas, tais como Nut, Mut, Hathor e Neith.

8 de agosto Dia em que a Igreja celebra o aniversário de Maria.

9 de agosto Dia em que os antigos romanos celebravam o Festival de Vênus, consagrado à deusa do amor. Embora, a partir do século II a.C. tenha sido assimilada à Afrodite negra, Vênus era uma divindade muito antiga. Venerada pelos latinos, possuía um santuário nas proximidades de Ardea, bem anterior à fundação de Roma. Era uma divindade da vegetação e beleza, patrona das flores e símbolo das paixões.

10 de agosto Dia em que os antigos gregos honravam Hécuba: personificação feminina da fecundidade. A lenda nos diz que Hécuba, nos dias que precederam o nascimento de seu segundo filho, viu, num sonho, sair de seu ventre um archote que incendiava Tróia e os bosques de Ida. Intrigada pela significação deste sonho, Hécuba procurou alguns adivinhos para que o decifrassem. Os adivinhos lhe deram como resposta um terrível vaticínio: de seu ventre nasceria aquele que causaria a ruína de Tróia. Dilacerada pela triste sentença, Hécuba se recusou a matar a criança que seu ventre guardava. Resolveu que após o nascimento o deixaria num dos bosques de Ida, para que as Moiras, senhoras do destino, dele se incumbissem. Páris, o rebento portador do vaticínio, nasceu poucos dias depois. Hécuba, como tinha planejado, abandonou-o no bosque, onde pastores o recolheram e o criaram. A maldição acabou por se cumprir: Páris, já adulto, revelou-se o causador da queda de Tróia!

11 de agosto Dia em que os antigos persas dedicavam honras à deusa Kista, aquela que desperta os mortais para o conhecimento espiritual. Dia em que a Igreja celebra Santa Clara, que, no Panteão da Santeria, foi identificada com Odudua, deusa nigeriana, representativa da Mãe Primordial: mãe de todos os deuses e deusas.

12 de agosto Dia em que os antigos egípcios celebravam o Lichnapsia: Festival das Luzes de Ísis.

13 de agosto Dia em que os antigos gregos celebravam o Festival de Hécate: deusa-cadela protetora das colheitas. Conta o mito que em noites em que a Lua se escondia no céu, Hécate vagava pelas estradas da antiga Grécia, fielmente acompanhada por seus cães e iluminando o caminho com uma tocha que trazia sempre nas mãos. De vez em quando interrompia sua caminhada para recolher as oferendas que seus devotos deixavam no cruzamento de três estradas. Alguns dos mortais que a miraram numa dessas caminhadas diziam que a deusa tinha três cabeças, todas de animais. A primeira era uma serpente, a segunda uma égua e a terceira uma cadela. Hécate retribuía para aqueles que a honravam com oferendas, dando-lhes o dom dos encantamentos.

14 de agosto Dia em que no Brasil alguns terreiros do Candomblé comemoram a festa de Oiá: a deusa filha do fogo, mãe dos espíritos dos mortos e representação máxima da liberdade. De acordo com Judith Gleason, que em seu livro *Oiá: Uma Deusa Africana* relata magistralmente a tradição desta deusa, Oiá pode se manifestar de variadas formas naturais. Tanto pode ser o rio Niger, como tufões, ventanias, fogo, raios e búfalo. Sua proteção está dirigida principalmente às mulheres, dando-lhes a força necessária para a liderança feminina. É uma deusa dos limites e das transformações.

15 de agosto Dia em que os chineses celebram o festival da lua, consagrado a Chang-O: deusa lunar detentora do princípio feminino. Conta a lenda que um dia, num tempo muito antigo, Chang-O vivia na Terra, casada com um homem forte e considerado pelo povo de sua cidade como o melhor arqueiro da região. Os deuses, envaidecidos por este herói mortal, enviaram uma garrafa para ele, contendo o elixir da imortalidade. Chang-O, num dia em que limpava a casa, descobriu a garrafa e, curiosa, pegou-a em suas mãos para melhor observá-la. Talvez por culpa do sabão que lhe ficara nas mãos depois de ter lavado uma enorme pia cheia de pratos, deixou que a garrafa escorregasse, espatifando-se no chão. Chang-O, com medo da fúria de seu marido, voou para a Lua e aí ficou morando para sempre: transformada num sapo para que seu marido jamais pudesse reconhecê-la, caso a encontrasse.

16 de agosto Dia em que os antigos assírios celebravam Atergatis: deusa da criação original e fecundidade. Foi assimilada pelos romanos, adquirindo, enquanto Dea Syria, características de sabedoria e controle sobre o destino dos mortais. Em sua representação há uma enorme cobra a seu lado. Sob outra forma, possuindo a cauda de um peixe, ficou conhecida como uma deusa-peixe, tendo este animal a ela consagrado.

17 de agosto Dia em que os antigos romanos celebravam a festa de Diana: deusa lunar protetora das feiticeiras. Dia em que os antigos tchecos pediam clemência por Jezenky: espíritos femininos que viajavam pela noite, seqüestrando crianças mortais e aprisionando-as em pequenas jaulas com o fim de alimentá-las.

18 de agosto Dia em que os antigos armênios celebravam o Festival das Bênçãos das Videiras: agradecendo às divindades agrárias pela colheita.

19 de agosto Dia em que os antigos romanos celebravam a Vinalia Rustica, consagrada a Vênus da Videira, como forma de agradecimento pela colheita das uvas.

20 de agosto Dia em que na antiga Mesopotâmia se celebrava a festa de Inanna, assimilada com a terra, amor, grão, oráculo e vinho. Diz a lenda que num tempo antigo, Enki, o deus da sabedoria, guardava em seu reino as Tábuas do Destino e os encantamentos que dariam aos mortais os bordados da civilização. No entanto, Enki não queria que os mortais conhecessem a beleza, daí escondia a sete chaves estes instrumentos. Sua filha, Inanna, nutria um enorme carinho pelos mortais. Um dia decidiu que obteria os instrumentos sagrados de seu pai. Num pequeno barco, atravessou as águas da terra até chegar ao rico reino de Enki. O poderoso deus, feliz pela visita da filha, mandou preparar um farto banquete, regado por seus melhores vinhos. Inanna, conhecendo bem as inclinações de seu pai por esta bebida, ao longo da refeição, estimulou-o a beber. Enki, mesmo intuindo que a filha lhe preparava alguma cilada, movido por seu amor paternal, não ousou decepcioná-la. Bebeu uma taça atrás da outra. Inanna, quando viu que seu pai se embriagara, perguntou-lhe se ele seria capaz de satisfazê-la em qualquer pedido. Enki, bêbado, respondeu-lhe que pedisse o que quisesse. Inanna pediu então os instrumentos sagrados! Imediatamente após receber o presente, a deusa rumou para seu barco e navegou de volta para Erech, cidade em que morava. No dia seguinte, Enki, ao acordar, apercebeu-se da estupidez que fizera. Impossibilitado pela forte ressaca, não pôde perseguir Inanna para reaver os instrumentos. Lançou então sobre ela um encantamento: uma vez doado um só instrumento, nunca mais ela o reaveria. A deusa, desconhecendo o encantamento, deu os instrumentos aos sumerianos. Assim, eles conheceram o vaivém das estações, o esculpir das belas formas nas pedras, o requinte da sabedoria, a lucidez da justiça, a lapidação das palavras que tanto podiam encantar como despertar a fúria, e muitos outros fragmentos do mosaico da civilização. O povo, agradecido pela bondade da deusa, logo encontrou várias formas de adorá-la. Construíram os mais lindos santuários onde entregavam suas oferendas. Bordaram fabulosos mantos e tiraram da terra magníficas jóias. Dizem que assim começou o culto a Inanna, aquela que deu a civilização aos homens. O culto de Inanna foi de suma importância para as mulheres da antiga Suméria. Além de deusa civilizadora, era a senhora do princípio feminino, aquela que dera às mulheres a sacralização de seu sexo. Muitas preces em forma de poesia lhe eram destinadas e foram traduzidas graças ao trabalho da arqueologia. Para mim, existe uma que deixa bem claro o papel que a deusa representava para o mundo feminino. Use-a sempre que quiser que Inanna lhe escute: "Quando para o touro selvagem, para o senhor, eu me tiver banhado, Quando para o pastor Dumuzi, eu me tiver banhado, Quando com meus lados eu tiver enfeitado, Quando com âmbar minha boca eu tiver coberto, Quando com "kohl" meus olhos eu tiver pintado E então em suas mãos claras minhas costas tiverem aconchegado, Quando o senhor, deitado ao lado da santa Inanna, o pastor Dumuzi, Com leite e creme o colo tiver sido amaciado... Quando sobre minha vulva suas mãos ele tiver pousado, Quando, como seu barco negro, ele tiver... Quando, como seu barco estreito, ele tiver trazido vida a ela, Quando sobre o leito ele tiver me acariciado, Então acariciarei meu senhor, um doce destino escolherei para ele, Acariciarei Shulgi, o fiel pastor, um doce destino escolherei para ele, Acariciarei suas costas, o pastor de todas as terras, Eis o que decretarei para seu destino."

21 de agosto Dia em que os antigos romanos celebravam a Consuália: festa para a primeira colheita, dedicada à deusa Ceres.

22 de agosto Dia em que se inicia astrologicamente o signo de Virgem, o signo da deusa Grão: como Ceres, Ishtar, Deméter, e outras.

23 de agosto Dia em que os antigos gregos celebravam o Festival de Nêmesis, senhora da vingança divina, aquela que castiga os crimes e corrige aquilo que excede, como, por exemplo, o orgulho excessivo de um mortal. Seu santuário ficava em Ramnunte, uma pequena cidade da Ática.

24 de agosto Dia em que os antigos romanos celebravam a demarcação da primeira abertura do Mundus Cereris: útero ou labirinto de Ceres, rainha do mundo subterrâneo.

25 de agosto Dia em que os antigos romanos celebravam o Opseconsiva, festa da colheita, dedicada a Ops: deusa da opulência e fartura. Dia em que os antigos egípcios celebravam o aniversário de Ísis e Nut.

26 de agosto Dia em que se celebra a igualdade feminina.

27 de agosto Dia em que na Índia se celebra o Festival de Krishna e se consagram os ritos de Devaki, sua mãe divina.

28 de agosto Dia em que os antigos gregos celebravam o aniversário de Athena.

29 de agosto Dia em que o antigo Egito celebrava o aniversário de Hathor: mãe de todos os deuses e protetora do Egito.

30 de agosto Dia em que os antigos gregos celebravam a Charistheria, uma cerimônia de agradecimento, dedicada às Cárites: deusas que deram o dom da benevolência aos mortais.

31 de agosto Dia em que na Índia se celebra Anant Chaturdasi: festival de purificação feminina.

Setembro

A LUA DA RISADA DE AFRODITE

> *"É grande a minha fama e todos a proclamam, seja na terra, entre os mortais, seja entre os deuses, sou deusa, Cípris. Faço a ventura de quantos, desde o distante Ponto até os limites de Atlas, reverenciam meu poder, e abato os outros, os relutantes, que me tratam com desdém (deuses também partilham desses sentimentos, as homenagens dos mortais nos lisonjeiam). Vou demonstrar que é certa a minha afirmação. O filho de Teseu, criança da Amazona, Hipólito, pupilo do casto Piteu, é o único entre os habitantes de Trezena que ousa chamar-me de pior das divindades, ele foge do amor e evita o casamento. Seu culto se dirige à irmã de Febo, Ártemis filha de Zeus, maior das deusas para ele. Pela floresta verde vai exterminando as feras da região, com seus cães inquietos, sempre com a deusa virgem, nessa convivência muito elevada para um simples ser humano. Não me causa despeito essa predileção (de fato, que me importa?) mas, pelas ofensas para comigo, Hipólito será punido ainda hoje e sem maior esforço meu. Um certo dia em que, na casa de Piteu, ele se dirigia à terra de Pandíon para a celebração dos sagrados mistérios, Fedra, fidalga esposa de seu pai, o viu e teve o coração, naquele mesmo instante, inteiramente dominado pelo amor violento e irresistível, que eu mesma instiguei. E desde que Teseu, quando foi acusado de haver feito correr o sangue das Palântidas, saiu de Atenas, em exílio por um ano, e velejou com sua esposa para cá, a desditosa*

Fedra, sempre transtornada pelo aguilhão do amor, definha silenciosa e resignadamente, sem que seus criados, sem que ninguém conheça a causa de seu mal. Mas este amor não deve terminar assim: farei uma revelação ao rei Teseu e esse rapaz que me é hostil há de morrer ferido em cheio pela maldição paterna, pois Posídon, augusto deus, senhor do mar, deu a Teseu o privilégio de pedir três graças e não será vã a sua súplica. Fedra perecerá, inda que nobremente, seu infortúnio não me causa piedade e não me leva a desistir de justiçar um inimigo. Então estarei satisfeita. Mas vejo vir chegando o filho de Teseu voltando de alguma caçada fatigante. É Hipólito. Vou afastar-me, pois, daqui. Seguem-lhe os passos numerosos caçadores cantando em altos brados hinos de louvor à casta Ártemis. Ele não sabe ainda que já estão abertas as portas do inferno e que estão vendo o sol pela última vez."

EURÍPIDES, FALA DE AFRODITE, "HIPÓLITO"

A cidade paria suas primeiras flores, salpicando os jardins de minha rua com obscenas promessas de amor. Pequenos lábios molhados de orvalho estalavam em beijos que excitavam os pássaros e transformavam as abelhas em antiqüíssimas sacerdotisas de um bordel sagrado. No céu, a Lua se divertia com os suspiros dos mortais, escondendo seu sexo por entre os véus nublados, como enorme janela erótica, objeto do desejo do *voyeur*...

O perfume aquático dos cios, sorrateiro, infiltrava-se pelas rachaduras no cimento das calçadas, de onde trançavam misteriosas teias que, tal qual minúsculos espermatozóides, perfuravam os véus das vaginas, abrindo-lhes os grandes lábios e depositando o fogo no útero das mulheres.

Vó Vitalina, percebendo, como eu, as artimanhas sutis de Afrodite, falou-me que havia chegado a Lua do furor, a Lua do atrito dos corpos e do coito dos deuses. Divertida, ela me disse do estranho fogo que as mulheres guardavam, preparando-se para explodir na espessa lava do mel das abelhas. Falou-me do rio das águas leitosas e dos seus peixes que seduziam sob a forma de um oceânico perfume...

Confirmando as sábias palavras de minha avó, vi a cidade sendo invadida pelas lavas que saíam furiosas dos úteros, barrigas que se contorciam em chamas, lembrando as antigas dançarinas dos templos, quando lânguidas se entregavam às carícias numinosas do sexo. Vi os olhos refletirem a gula das vulvas e as coxas eriçarem os pêlos ao contato obsceno do Sol. Sim! A cidade, naqueles primeiros dias da Lua da Risada de Afrodite, escancarava o sexo e se tornara uma prostituta mítica, a sagrada sacerdotisa dos coitos caóticos, aquela que seduzia pelo simples prazer de exercer alguma matemática demente, na qual o que importa não é o resultado nem tampouco os cálculos e, sim, o diluir-se no desenho abstrato das operações.

O tempo, preparando-se como um amante à espera da amada, misturava excêntricas fragrâncias aos ventos, vindas de um antigo lugar onde as pedras escondem o visco das fêmeas. Os relógios sonolentos interrompiam a dança marcial das horas e deixavam escapar o líquido caótico dos acasos através dos orifícios de suas engrenagens.

Inebriada pelo irromper vulcânico do desejo das virgens, eu via em cada esquina o rebolado de Afrodite transformando a cidade em imensa boca carnuda, que a língua sagrada dos pecados molhava com a luxúria própria dos anjos decaídos. E nesta gula antropofágica de metamorfoses femininas, o Cristo se fez mulher e, de cima da montanha, entoou os cantos de Afrodite. Antigas canções que faziam com que a castidade das meninas abaixasse o olhar e se envolvesse em panos.

Perdida nas ondas das anáguas de minha avó, vi brotar selvagem, como o rasgar de lâmina em fino tecido, o vulcão dos meus primeiros desejos eróticos. Conheci meus primeiros carinhos e apaixonei-me pelo prazer que irrompia de dentro de mim. Tornava-me selvagem Amazona na virgem floresta de meus pêlos. De longe, muito longe, Afrodite ria...

Intrigada pelo som longínquo daquela risada, indaguei de minha avó sobre sua origem. Eu precisava saber o que a deusa queria. Vó Vitalina, com os olhos transformados em duas cintilantes luas, disse-me que era chegado o tempo de iniciar-me nos segredos da deusa. Falou-me das coisas que só as mulheres falam e contou-me histórias de um tempo em que repartíamos nossos mistérios e os utilizávamos em poderosos rituais. Nesse tempo, ríamos como Afrodite e detínhamos o poder da Grande Mãe em nossas mãos. Não tínhamos o pudor enclausurado do Estado nos exigindo o sacrifício de nosso prazer e o silêncio de nossas línguas de Kali. Ainda não haviam extirpado nossos clitóris e estancado nossas águas com as grossas paredes de um dique. Não conhecíamos a simulação do orgasmo e uivávamos furiosas sobre os lençóis, pronunciando as imundícies sagradas de Vênus...

Com a paciência de uma antiga sacerdotisa, nessa Lua aprendi com minha avó a alimentar os poros gulosos de minha pele com iogurte e mel. Colhi meu sangue de ouro, saído dos canais de minha vulva, e com ele fiz o creme mágico das feiticeiras: mítica mistura de sangue, mel, óleo extraído de doces amêndoas, sumo de pétalas de rosa e algumas gotas de orvalho colhidas antes do nascer do Sol.

À medida que ia aprendendo, reconhecia em meu riso o som de Afrodite, um estalo melódico, solto como a liberdade das aves e feroz como as feras que acuam os homens na mata. Reconheci em meus gestos a liquidez curvilínea dos pretextos femininos e o contorno sutil das seduções.

Trançada nas teias de Afrodite, fui fisgada pelas histórias dos amores das mulheres do meu clã, uma tribo de Amazonas ferozes que em nenhum momento se arrependeram de suas paixões. Um alucinado cortejo de bacantes com afiadas garras rasgando as grossas cortinas das repressões e que naquela Lua de setembro me conduzia à Mesa, região de Lesbos, onde me esperava intacto o Naos Messon, templo sagrado de Afrodite: aquele onde as mulheres depositavam seus mais caros mistérios e ofereciam as mais delicadas oferendas.

Lembro que ouvia, dos lábios de vó Vitalina, a história das seduções de tia Nadir, quando um som de risos distantes desviou minha atenção. Uma forte pressão nos meus ouvidos isolou-me da realidade, como se tivesse sido criada uma dimensão que se sobrepunha ao quarto de minha avó. Um perfume de rosas produzia em minha mente um leve torpor, uma embriaguez que nunca experimentara. Sem poder emitir uma só sílaba, eu via a imagem de minha avó dissipando-se numa tênue fumaça, que impregnava-se pelos orifícios de meu corpo, metamorfoseando-o numa espécie de casulo que respirava. Um pequeno casulo de uma borboleta mágica que ia se enroscando sobre si mesmo ao sabor da leve brisa que o conduzia pelos fofos caminhos das nuvens. Ao longe, um som de mulheres entoava um antigo hino, uma velha canção de Safo:

"Em teu trono ofuscante, Afrodite
Sagaz filha eterna de Zeus

Eu imploro: não me esmagues
de aflição,
vem a mim agora, como certa vez
ouviste meu longínquo lamento, e cedeste,
e te ausentaste furtivamente da
casa de teu pai
para atar pássaros em tua áurea
carruagem, e vieste. Vistosos pardais
trouxeram-te ligeira para
a sombria terra, suas asas vergastando o médio céu.
Feliz, com teus lábios perenes, sorriste:
"O que há de errado, Safo, por que me chamaste?
O que deseja o teu tresloucado coração?
Quem deverei fazer amar-te?
Qual delas voltou as costas a ti?
Deixa que ela fuja, logo virá atrás de ti.
Recusa dela os favores, e logo serão teus.
Ela te amará, ainda que não saiba nem queira."
Vem pois a mim agora e liberta-me
da espantosa agonia. Labora
por meu tresloucado coração. E sê de mim aliada."

Ao término da última palavra, senti que meu corpo se alongava dentro do casulo. Já não havia o ondular dos movimentos causados pelo vento e, mesmo sem ver, eu sabia que estava dentro de um círculo. A razão desta certeza me chegava pelo calor sentido ao meu redor, um cálido aquecimento na atmosfera me dando a impressão de estar rodeada por intenso cinturão de energia. Minhas pernas dobradas alongavam-se vagarosamente, impulsionando os dedos dos meus pés a perfurarem as linhas dos fios delgados do casulo em que me encontrava. Meus braços, comandados por rígidos músculos, espreguiçavam-se, como se saídos do sono profundo das sementes.

Em pouco tempo, o trabalho silencioso de minhas células desvencilhou-se de toda a teia. Sem surpresa, constatei o que havia intuído: eu me encontrava mesmo dentro de um círculo formado por doze mulheres.

Atordoada pelo despertar do sono hibernal, experimentado dentro da cápsula mágica que até ali me conduzira, custei a perceber que estava totalmente nua em meio às mulheres que refletiam minha nudez, como se fossem mágicos espelhos ou a continuação de mim mesma. Algo dentro de mim me dizia que as duas possibilidades estavam certas, mas isso só pude constatar algum tempo depois...

As mulheres, como se há muito tempo estivessem aguardando a minha chegada, gentilmente me guiaram a um aposento composto por delicados desenhos na parede e uma pequena piscina de mármore no centro. Conduzida pelas mãos, fui levada a mergulhar no líquido branco que transbordava como um tênue veio de água, saído das anáguas das espumas de uma enseada onde o templo se situava. Até hoje retenho em meus poros o visco da nata daquele leite. Sim! A piscina estava repleta de leite de cabra e mel!

Meu corpo, imerso no denso oceano de Amaltheia, a cabra sagrada, extraía do leite pequeninas células luminosas que, rápidas, se misturavam às minhas. Em pouco tempo, minha pele refletia a luminosidade do início das manhãs e o esplendor do romper das águas das grávidas.

Percebendo que eu já estava completamente desintoxicada, livre dos miasmas cinzentos da civilidade, as mulheres iniciaram seu trabalho. Colocaram-me de pé e com as mãos descreveram massagens curvilíneas sobre meu corpo, como se moldassem a massa de uma delgada escultura. Arredondaram minhas arestas e evidenciaram as curvas dos meus quadris, coxas e nádegas. Na região do púbis esculpiram um delicado monte e em torno de minha vulva plantaram um sinuoso tapete de fios de seda. Perfumaram-me com óleo de rosas e conchas marinhas e pentearam meu cabelo com pentes de madrepérola. Depois, usando uma toalha felpuda de penas de ganso, secaram cada parte de minha pele e nos orifícios introduziram pérolas.

Terminada a tarefa, conduziram-me para o amplo salão do templo, ornamentado com fios de rosas e tochas que exalavam um inebriante perfume. Timidamente penetrei no aposento. Alguma coisa me dizia que ali seria realizado um ritual que nunca mais se repetiria. E a certeza de que alguma fenda se abriria no tempo dava-me a sensação de estar vivenciando os instantes que antecederam a criação da vida.

Assim, unida às outras mulheres, tal como aquela dona-de-casa que aguarda a visita de um convidado ilustre, arrumei flores nos jarros, espalhei pétalas de rosas pelo chão e molhei as colunas com perfume de rosas. Por fim, já entregues ao delicioso cansaço que antecede as cerimônias, vi surgir, na alameda que ligava a cidade ao templo, um alegre bando de mulheres que a ele se dirigiam com oferendas nas mãos. À medida que chegavam, recolhíamos e depositávamos as oferendas sobre uma espécie de mesa feita de pedras. Por minhas mãos passaram frascos contendo iogurte fresco, colares de conchas, pentes de madrepérola, garrafinhas com o sangue menstrual de mulheres que já se dirigiam para a menopausa, assim como virgens que experimentavam seu primeiro fluir sangüíneo, pequenos espelhos contornados por conchas, jarros com mel extraído do pólen das rosas e uma infinidade de mimos que só a imaginação das mulheres consegue compor.

Entregavam suas oferendas e despiam-se por inteiro. Não pairava no ar nenhum constrangimento e, tanto as jovens como as mais idosas, exibiam seus corpos com orgulho. As mais velhas, conscientes de sua sabedoria, gentilmente orientavam as mais novas, ensinando-lhes a untar seus corpos com óleo de rosas e espuma do mar, e ainda lhes mostravam como esfregar seus dedos na região do umbigo com uma porção de iogurte e mel, além de acariciarem-se umas às outras. Uma onda imensa de carinho invadia o templo, deixando o tempo lá fora magicamente parado. Nenhuma brisa ousava soprar e somente os pássaros, emissários de Afrodite, nos lembravam que o mundo existia lá fora...

Enquanto me entregava aos carinhos de minhas companheiras, uma rósea luz introduziu-se no ambiente, trazendo consigo um forte aroma de oceano. Afrodite, a deusa do mar das mulheres, havia chegado! Com ela, um estrepitoso bando de sereias aladas e minúsculos pássaros aquáticos, divertiam-se e enchiam o ambiente de bolhas coloridas. Pérolas de variados tamanhos brotavam do solo, misturando-se à fina areia, para, juntas, formarem um magnífico tapete marinho.

Inebriada com tanta beleza, esqueci que vinha de outra dimensão no tempo e me entreguei aos contornos daquela mágica realidade. De repente, me vi submersa nas malhas sutis de uma Grécia que nenhum livro me revelara. O mundo helênico das mulheres que fiam e desenham no ar os bordados das histórias das paixões. Estas mulheres aquáticas que nadam na terra e como sereias míticas arrastam os mortais para as oceânicas cavernas subterrâneas dos desejos.

À semelhança de uma autêntica grega, descobri minha sexualidade além das funções sexuais. Não era mais a função que determinava a ondulação de minha sensualidade. Não estava mais presa a uma visão bipolar do mundo, limitada pela cadeia dos opostos. A beleza me iniciara nos mistérios de uma sexualidade que se expande livre, sempre guiada pelos bordados sutis do Belo. Como verdadeira filha de Afrodite, misturei-me às linhas de nossos corpos que transpiravam as curvas do Belo. Dissipei as retas cinzentas dos conceitos maniqueístas, incutidos por uma cultura que todos os dias ostenta a gangorra em que os homens modernos tentam se equilibrar: ora tendendo para o bem, ora oscilando para o mal. Uma gangorra infernal que define o mundo no tempero sem graça do claro ou escuro, onde a turma dos limpinhos se junta para o interminável banho anti-séptico, regado a muito alvejante artificial.

No templo de Afrodite, iniciei-me como caçadora da beleza, procurando o mistério sublime do Belo em cada partícula de vida. Desmontei o enfadonho jogo de cartas, onde espadas combinam com espadas e onde tudo, tudo mesmo, se restringe a um bolorento exercício de combinações mecânicas. Vislumbrei o absurdo das determinações rígidas, com o pênis sempre penetrando vaginas, arroz sempre acompanhado de feijão, meninas vestindo-se de rosa e meninos vestindo-se de azul...

Com meus nós desfeitos, recebi Afrodite, que só se aproximou de mim depois de constatar a dissipação dos valores que eu carregava como um fardo. Seu corpo traçava as ondulações da serpente mítica, aquela que indicou às mulheres os caminhos das transgressões e a curva própria dos desejos ilícitos que tanto assustam aos homens, eternamente envolvidos com o tolo brinquedo de construir cidades e sedimentar Estados. De seus olhos explodia o vulcão luxurioso das noites em que as fêmeas uivam para a Lua, expostas como uma flor indecente à procura de uma narina gulosa que a engula. Suas mãos exibiam o balé profano das carícias proibidas, o contorno infernal dos tabus e a curiosidade das explorações obscenas...

Ao vê-la, recordo-me que senti como se o fogo inflamasse minha carne e me transformasse na essência própria das chamas que consomem sem que se consiga detê-las. Sim, era essa a impressão! Eu me tornara uma tocha que em si carregava a facticidade de sempre arder e arder, até que meu último instante chegasse...

A deusa, depois de colocar uma guirlanda de conchas sobre minha cabeça, com um gesto iniciou o ritual.

Uma música distante, talvez saída da garganta do oceano, invadiu todo o ambiente, levando-nos a dançar. Nossos corpos se contorciam ao ritmo dos beijos da espuma na areia e do borbulhar compassado dos peixes. A delicadeza de nossos movimentos pouco a pouco foi tomada pelo furor dos desejos, levando-nos ao êxtase das conchas que se abrem e revelam o molusco que nelas habita. Uma furiosa dança em que os sonhos das mulheres se mostravam reais e faziam corar a face dos homens.

Por fim, cansadas pelo gozo de explodir nossas águas, misturando-as nas pedras do templo, pode ser ouvido um antigo poema de John Donne:

"Chama-nos para o que quiseres,
Somos o que somos por amor,
Chama aquela, e eu também sei voar.
Nós somos igualmente tochas
E morremos por causa do que somos,
E dentro de nós encontramos a águia e a pomba.
O enigma da fênix tem mais sentido para nós:
Nós duas, formando um só ser, nos adaptamos uma à outra,
Assim, para algo que é neutro, ambos os sexos servem,
Morremos e ressuscitamos continuando a mesma coisa

E provamos o sabor do misterioso justamente por causa deste amor."

Ao ouvir a última palavra do poema, deparei-me com o quarto de minha avó, lugar onde tudo havia começado. Não demonstrando a menor surpresa, vovó, uma feiticeira que conseguia rasgar o tempo e varar dimensões, disse-me que eu tinha ido ao lugar onde as bruxas aprendiam o grande mistério de seu poder: o umbigo das fêmeas, local onde morava a serpente da vida! Pediu-me então que naquela Lua iniciasse uma prática, exercida por mim até hoje: recolher o sangue de minha menstruação sobre um pires branco e depois depositá-lo sob o sereno da Lua até que secasse. Já seco, eu deveria retirá-lo do pires e depositá-lo num pequeno frasco, agora transformado num fino pó. Esse pó serviria para reativar minhas forças, para curar-me das doenças que afligem algumas mulheres, para manter meus seios rígidos, livrar-me de possíveis sortilégios e também para poderosíssimos feitiços.

Hoje, ao ver meu vidro repleto, lembro de vó Vitalina com o seu, preparando estranhos cremes que lhe davam o frescor de uma juventude eterna. Milagrosas poções que devolviam o viço da pele e o frescor dos primeiros sangramentos.

Nesta Lua da Risada de Afrodite conheci o poder que residia na menstruação, o remédio sagrado das mulheres, o elixir da beleza eterna e a cura de nossas doenças. Aprendi a domar meu fluxo sangüíneo e torná-lo a Lua que eu necessitasse. Assim, se quisesse que meu ser refletisse a completude da lua cheia, eu conduziria meu fluxo para os dias em que ela estivesse brilhando no céu. Se porventura necessitasse do poder de fazer germinar os projetos que tinha em mente, era só dirigir meu fluxo para os dias em que a lua crescente estivesse presente. Dessa forma, devagarinho me transformei em Lua e fiz do meu sangue um oceano sagrado. Todo mês era abençoada pelos raios sagrados da lua que, solta, ondula as marés e regula os nascimentos... Aprendi a me curar dos incômodos corrimentos vaginais: simplesmente adicionava treze pitadas do pó de meu sangue num banho de assento feito com água pura de fonte e folhas secas de rábano. Determinei seduções com pequenas pitadas deste mesmo pó adicionadas ao batom de meus lábios, ou acrescentando-o ao perfume que usava...

Os primeiros dias da Lua da Risada de Afrodite já tinham se passado e eu me encontrava cada vez mais consciente de minha própria sensualidade. Já não havia em mim o olhar controlador dos ditames da moda e as censuras comuns de uma sexualidade bloqueada. Possuía a medida exata de minha posse e, a cada dia que passava, tornava-me mais dona de meu nariz.

A vivência do ritual em Lesbos expandira incrivelmente minha sensualidade, a ponto de conseguir, a uma certa distância, despertar o objeto de meu desejo. Como experimentava pela primeira vez o meu corpo como instrumento mágico, confesso que me excedi nas tentativas iniciais. Como um Eros míope, arremessei dardos aleatoriamente, contentando-me exclusivamente com as respostas positivas que obtinha. Para mim, filha de uma civilização onde os homens sempre tomam as iniciativas, era fascinante a possibilidade de exercer minha recente autonomia ativa. Então, alheia aos humores do meu corpo, atraí uma boa leva de nulidades, que até hoje me dão vontade de conseguir uma borracha mágica para apagá-los de minha vida.

Vó Virgínia, que já tinha sentido meu primeiro encontro com a deusa amante dos homens do Algarve, e que pela estreita convivência com essa rival transformada em cúmplice, bem conhecia o furor que a deusa assumia com as seduções alienadas e com a profanação do corpo feminino pelas mãos viscosas extraídas de revistas femininas, disse-me que o poder que eu estava utilizando me pregaria uma peça! Movida pelo encanto de saber-me dona absoluta de minha sensualidade, estava provocando a ira de Afrodite.

Com a rebeldia própria de uma Ártemis, fechei meus ouvidos e fingi que não ouvia. Afrodite, cansada de minha estupidez, logo me aprontou uma cilada: colocando-me à frente um magnífico Apolo bem mais velho do que eu! Lembro-me que na época todas as meninas suspiravam ao vê-lo desfilar pelas claras areias do Arpoador.

Utilizando os poderes recém-conquistados, em pouco tempo despertei sua atenção. O belo Apolo, para dizer a verdade, era um poço de estupidez engarrafada num patético narcisismo. Mas nada disso importava. Eu estava tão envaidecida por sua atenção, que fechava os ouvidos quando a torrente de asneiras escorria de sua boca! Pois bem, durante alguns dias desfilei pela praia com aquela montanha de testosterona esnobe e hipnotizada consigo mesma. A satisfação de demonstrar para minhas amigas que eu era irresistível me anestesiava e me deixava imune a tanta asneira.

Afrodite, percebendo que o escorrer gosmento daquele narcisismo medíocre não estava surtindo o efeito esperado, de pronto me colocou numa segunda e definitiva cilada. Numa tarde, quase com o sol querendo ir embora, o patético Apolo me convenceu a subir até seu apartamento, valendo-se das mesmas cantadas decadentes que muitos homens utilizam até hoje. Intensamente curiosa para ver até onde iam as famosas falácias masculinas, acompanhei-o.

Seu apartamento era um templo travestido, ornado com objetos de extremo mau gosto, nos quais se percebia a duvidosa perversão das folhinhas dependuradas nas paredes das oficinas. Curiosa como uma criança em véspera de Natal, eu inspecionava cada objeto, como se estivesse num bizarro museu. Vi desfilar horrorosos copos vermelhos, debruados com uma fina camada de tinta dourada na borda, pesos de papel com estúpidos cupidos boiando no vidro, isqueiros cafonas, onde o maiô das mulheres caía de acordo com os movimentos que as mãos executassem, e estratégicos espelhos em torno de uma cama escandalosa, ornada por almofadões de cetim na forma de robustos corações.

Enquanto me dedicava à exploração de mais alguns objetos, subitamente fui jogada em cima da cama, com as mãos nervosas do Apolo tentando as primeiras carícias. Assustada pelo ineditismo da cena, sentia suas mãos tocando-me como se fossem repugnantes baratas que me atacavam inesperadamente, deixando-me com profundas ânsias de vômito. Tentando me safar de seus braços, dei-me conta de que a situação era perigosa. O herói da testosterona usava de toda sua força e estava mesmo disposto a me violentar! No momento em que tomei consciência do perigo que corria, ouvi, vindo de muito longe, a risada de Afrodite!

Assim, dando-me conta de minha insensatez, pois utilizara meus poderes para atrair tal espécie de gente ao templo em que meu corpo se transformara, humildemente reconheci meu erro perante a deusa. O resultado de minha tomada de consciência foi surpreendente: Apolo, literalmente, caiu fulminado no chão, contorcendo-se em dores causadas por uma providencial crise de rins.

Até hoje deixo escapar boas risadas quando relembro seu olhar assustado, indefeso, pedindo-me que buscasse socorro. Como, no fim da história, as bruxas sempre levam a reputação de malvadas, honrei a tradição e o deixei em seu bizarro museu, esperando que alguém o socorresse...!

Naquela Lua de setembro, além de aprender os mistérios de minha sensualidade, reconheci em meu corpo o lugar onde o ancestral ônfalo se encontrava depositado, aquele que representava o primitivo oráculo de Delfos, onde Gaia foi adorada pela primeira vez, dando aos mortais que a honrassem a capacidade de vazar o tempo e conhecer os deuses. Gaia, mãe de todas as divindades, sob a forma de terra, soprara em meu corpo os seus vapores, da mesma forma que um dia havia respirado por entre as fendas da terra no antigo oráculo de Delfos, onde Píton, a sacerdotisa, dedicava-se a decifrar mensagens que os deuses enviavam aos mortais.

O reconhecimento de meu corpo como guardião do sagrado ônfalo, o umbigo do mundo que todas as feiticeiras carregam, deu-me a solidez regeneradora da terra, fez-me e misturou-me às entranhas invioladas dos mistérios, os míticos segredos das metamorfoses femininas. Esta capacidade mágica que as mulheres possuem de sempre estarem com os pés nos limites, nas fronteiras que separam realidade e fantasia. Somente as mulheres conseguem perfurar as grossas cortinas de um universo calcado sob a lógica incômoda da ordem, elas desorganizam as realidades para estabelecer caóticas transformações, fazendo do mundo aquele interminável fluxo de coelhos saindo de cartolas...

Somente as mulheres ultrapassam as obtusas arestas do sexo e explodem em serpenteios lácteos e uivos saídos das grotas. Somente elas são capazes de dilacerar a rigidez estática do cotidiano e multifacetá-lo em inúmeros gozos, quando se tornam então prostitutas sagradas: pitonisas que iniciam os rapazes nas artes do sexo. Sim! Pois, se há uma coisa que ainda é carregada pelo feminino, o que vem desde os tempos em que Deus era mulher e a Terra tinha peitos e vulva, é a iniciação dos meninos nas curvas da sexualidade. Somente a mulher leva consigo o significado ancestral de "virgem", a mulher que é livre e dona absoluta de seu corpo, aquela que de tanta liberdade se torna disponível a toda e qualquer fantasia. Aquela que traz o mistério das cobras no rebolado das curvas que se espalham no leito: este eterno mudar de pele.

Com a Lua da Risada de Afrodite foi-me revelado o mistério da selvagem sensualidade das mulheres, indomável faticidade que carregamos e que nos leva à floresta dos prazeres. Mostrou-me também o outro lado desta sensualidade, o caminho da perversão de nossa natureza, quando, enfraquecidas pelas violências contra nós praticadas, nos entregamos à nossa própria destruição, mutilando nosso corpo com violações talvez piores dos que as que nos foram impingidas.

Afrodite, neste setembro, mostrou-me a face das mutilações daquelas que se recusaram a ouvir sua risada, mulheres submetidas a uma moral sexual voltada para a expiação e culpa, submissas a uma ordem masculina reguladora dos bons costumes, com vistas exclusivas para a manutenção do Estado e todas as suas ramificações, como ciência, economia etc. Fêmeas aleijadas, envolvidas em tristeza, abafando suas curvas protegidas por enormes camadas de gordura, com constantes maledicências saindo de seus lábios escancarados para conspirar contra aquelas que exercem o esplendor feminino, com falsas cruzadas em nome da moral da família, sabendo lá no fundo que sofrem estoicamente por abafar sua sexualidade...

* * *

Assim, levada pela Lua de setembro, fui conduzida por Afrodite aos braços de uma outra divindade: Perséfone, senhora absoluta dos reinos profundos, aqueles que a moral patriarcal nominou "infernais".

Nosso primeiro encontro deu-se numa fresca tarde em que me encontrava entregue à feitura de um creme que aliviasse minhas sardas. Uma mistura de mel, manteiga extraída do leite de cabra, três pitadas de pó do meu sangue menstrual, um pouco de minha própria saliva em jejum, um punhado de pétalas trituradas de maravilha e um pouquinho de leite de minha vagina. Receita que vó Vitalina me garantira atenuar as pintas rebeldes que teimavam em brincar no meu rosto. Aliás, receita de eficácia comprovadíssima e até hoje por mim utilizada!

Mas, voltando à história de meu encontro com Perséfone. Seguindo fielmente cada passo da receita que minha avó me passou, senti que um estranho buraco se abria dentro de mim. A poção exigia movimentos ritmados, intercalados por pausas, quando eu tinha que repetir por nove vezes: erva daninha brotou, meu jardim ela manchou, a mancha trato com carinho, uma flor vem a caminho. A princípio, pensei que o buraco se devia ao desenho imaginário que formava em minha mente, repetindo visualmente aquilo que as palavras do encantamento diziam. Aliás, esse procedimento é a chave para a realização de um feitiço, pois de nada vale repetir mecanicamente as palavras de um encantamento, se não conseguimos desenhar o seu significado no espaço. Pois bem, achando que o buraco acontecia porque estava entretida com uma jardinagem mágica, revolvendo a terra fofa e fresca de um jardim perdido no tempo, acabei por não dar importância ao buraco que se formava na região do meu umbigo. Afinal, desenhos no espaço podem ser reais e bem que uma toupeira podia ter escapado do jardim e resolvido que meu ser era um bom lugar para construir sua toca!

Ao término da colocação do último ingrediente, depois de ter dado as nove voltas exigidas em torno do pote, fui tomada por intensa sonolência. Misteriosamente, o buraco formigava, dando-me uma espécie de cãibra por toda a região do meu ventre. Convencida que a toupeira invisível tinha vazado a cortina do tempo, escolhendo meu corpo como moradia, resolvi deitar-me em minha cama para facilitar-lhe o trabalho de escavação.

Deitada, eu sentia o buraco se aprofundando como estreito túnel de uma velha mina. A toupeira, talvez já confiante com meu consentimento, entregava-se ligeira ao seu trabalho, escavando o tecido de minha epiderme com todo o vigor. Meu corpo se estendia rigidamente na cama, envolvido por uma sensação forte de energia, como se as células borbulhassem no interior de um redemoinho marinho e depois emergissem renascidas em alguma enseada.

Atravessando o caótico balé das células, foi-me revelada a visão de meus órgãos. Não como aprendera na escola através de um patético manequim de plástico transparente, onde os órgãos se expunham com a rigidez dos cadáveres. Dessa vez eu tinha o pulsar descompassado da vida diante de meus olhos, a imprevisibilidade regendo o corpo e escapando das tolas definições da ciência, que nem de longe aceita o fato de que um órgão possa ter uma inteligência própria e relativamente independente das condições externas. E além do que os órgãos só esperam dos humanos um relacionamento almado, numa relação onde mutuamente se respeitem, aceitando a premissa de que ambos possuem uma alma.

Pela primeira vez conheci cada órgão de meu corpo, esses hóspedes ocultos, que levavam a vida na expectativa de que um dia houvesse entre nós este encontro. No acetinado vermelho do coração, perdi-me nos labirintos de minhas próprias emoções: sentimentos pulsantes e guardados em minúsculas teias de artérias. Toquei o novelo de sua concha de sangue e descobri que ali, oculta por tênue cordilheira sangüínea, habitava a ninfa das revelações. Uma tímida mulher de sexo jorrante e enorme vulva ávida pelo inesperado que morava além de seu pulsar...

Escorreguei nas montanhas siamesas dos meus rins e conheci os gêmeos elfos alquimistas. Misteriosos seres que dominavam os cristais e as águas. Aqueles que lapidavam meus rios, dando-lhes o tom exato das emoções que o coração filtrava.

Assim, depois de ter visitado cada recanto onde meus órgãos moravam, fui magneticamente puxada para o escuro corredor de minha vagina. Paredes acetinadas o recobriam, deixando-me aquela impressão de que me encontrava prestes a penetrar num templo aveludado. Odores marítimos exalavam de todas as partes, causando-me uma espécie deliciosa de desmaio, com sons de antigas canções embalando-me como o regaço de uma antiqüíssima Mater.

Quando percebi que o caminho do corredor se alargava, vozes femininas entoaram um canto, um poema de E. E. Cummings:

> *"em algum lugar onde nunca estive, de bom grado além*
> *de toda experiência, seus olhos têm o seu próprio silêncio:*
> *em seu mais frágil gesto há coisas que me envolvem,*
> *ou que não posso tocar por estarem próximas demais*
> *seu mais singelo olhar facilmente me desvela*
> *embora eu tenha me fechado como dedos,*

você abre pétala por pétala a mim como abre a Primavera
(tocando habilmente, misteriosamente) a sua primeira rosa...
nada do que haveremos de perceber neste mundo iguala
o poder da sua intensa fragilidade..."

Ao término da última palavra, subitamente fui sugada para um amplo salão exatamente situado no final do corredor. Um aposento redondo constituído por elásticas paredes, que se acomodavam no espaço de meu ventre como o desenho matemático de uma fina meia que se encaixa na perna de uma mulher. Um morno calor se expandia pelo ambiente, onde vultos femininos projetavam-se no arredondado elástico das paredes, descrevendo sinuosos movimentos tal qual luminosas partículas de poeira que se fundem no ar.

Interrompendo por instantes este balé original, um som longínquo mansamente se insinuou no salão. Um misto de sussurro, gemido e ofegância formava harmoniosa melodia que penetrava em cada célula de meu corpo, produzindo um cintilante fluir sangüíneo. Era como se a vida estivesse sendo criada naquele espreguiçar contínuo, fazendo com que as paredes elásticas se expandissem muito além de seus próprios limites. E aquele suspiro melódico trazia em si o cheiro das águas de todo o universo, os mares gelados da Lua e os oceanos de fogo do Sol.

Daí, embalada pela canção de meu útero, vi surgir, saída de um lago vermelho no centro do salão, a doce Perséfone: senhora do fluir contínuo dos renascimentos, aquela que nos suga para o interior de nosso próprio ventre e nos revela a luz das estrelas de nosso cosmo composto de carne, sangue e desejos. A deusa que carrega em si a negação do estúpido axioma dos órficos: "Soma Sema", ou seja, o corpo é um túmulo.

Com Perséfone descobri o borbulhar eterno da vida em meu corpo. A fugacidade dos desejos misturando-se aos rios vermelhos das águas sangüíneas e desembocando ininterruptamente nos infinitos renascimentos. O expandir de minhas células gulosas pela amplidão das possibilidades e pelo gozo de explodir-me continuamente no fogo sagrado das emoções. Com esta deusa aprendi a adequação elástica dos desejos e vi que o mundo é uma perna de mulher, que, lânguida, se espreguiça para receber o beijo das meias...

Depois de me ter revelado o avesso de minha identidade, demonstrando o quanto é idiota se pensar que os corredores abrigam os demônios, Perséfone deu-me uma fruta com cara de vulva e útero: uma romã. Pediu-me para que eu a comesse como se estivesse comendo a mim mesma, que mastigasse e engolisse cada bocado como se fosse morrer naquele instante e só me restasse um último arfar. Então, ávida por minha carne, como mítica canibal, me engoli.

Ao final do último pedaço, Perséfone metamorfoseou-se em minúscula serpente e ligeira introduziu-se por entre o último bocado da fruta. Com muito cuidado o levei à boca e o deixei escorrer por minha garganta sem mastigá-lo, sentindo-o transformar-se em sangue: poção sagrada que se misturava às estrelas habitantes de minhas células e que incessantemente explodiam em orgasmos.

No momento em que senti que o sangue de Perséfone havia definitivamente me tatuado, percebi que estava de novo à frente do creme mágico que minha avó me ensinara a fazer. Misteriosamente, minha menstruação havia chegado...

* * *

Hoje, quando os últimos ventos de agosto se despedem e o rebuliço dos botões nos jardins sugere que o tempo está prestes a dar à luz, aguço os meus ouvidos e procuro a risada de Afrodite nas estrelas. O riso solto dos partos, das pernas escancaradas e dos dentes brancos das vulvas famintas. Uma gargalhada molhada como a grama de setembro, como as bocas que procuram o abismo chuvoso dos beijos e se deitam numa enseada perdida na distante Lesbos. Uma risada que ouve o cantar de Fáon, velho barqueiro que um dia conduziu Afrodite em seu barco, disfarçada em anciã maltrapilha, sem lhe exigir nenhum pagamento. O velho barqueiro enrugado pelos fios da velhice, que em troca recebeu da deusa um pequeno frasco contendo a poção da juventude eterna. Um ancião que despertava as belas mulheres de Lesbos e por quem Safo um dia se apaixonou.

Fáon, eterno apaixonado por Afrodite, não resiste ao vê-la estendida em sua nudez, coberta pela espuma fugaz do pudor, e, como Eros primordial, rouba de Caetano Veloso o frasco encantado de curvilíneas notas musicais, que revelam aos mortais o ondular oceânico da beleza e chamam as divindades:

> *"O homem velho deixa vida e morte para trás*
> *Cabeça a prumo, segue rumo e nunca, nunca mais*
> *O grande espelho que é o mundo ousaria refletir os seus sinais*
> *O homem velho é o rei dos animais*
> *A solidão agora é sólida, uma pedra ao sol*
> *As linhas do destino nas mãos a mão apagou*
> *Ele já tem a alma saturada de poesia, soul e rock'n'roll*
> *As coisas migram e ele serve de farol*
> *A carne, a arte arde, a tarde cai*
> *No abismo das esquinas*
> *A brisa leve traz o olor fugaz*

Do sexo das meninas
Luz fria, seus cabelos têm tristeza de néon
Belezas, dores e alegrias passam sem um som
Eu vejo o homem velho rindo numa curva do caminho de Hebron
E a seu olhar tudo o que é cor muda de tom
Os filhos, filmes, livros, ditos como um vendaval
Espalham-se além da ilusão do seu ser pessoal
Mas ele dói e brilha único, indivíduo, maravilha sem igual
Já tem coragem de saber que é imortal."

CAETANO VELOSO, "O HOMEM VELHO"

1º de setembro Dia em que na Índia se comemora o Festival de Radha, dedicado à deusa Lakshmi: aquela que dá aos mortais a fortuna, abundância nas colheitas e personificação da beleza.

2 de setembro Dia em que nas antigas ilhas gregas se festejava o Festival da Uva: dedicado a Dioniso e Ariadne.

3 de setembro Dia em que o povo hopi celebra Lakon, cerimônia feminina da cura, quando os índios celebram as deusas das quatro direções. É também o dia em que os navajos honram "A Mulher das Transformações": divindade filha do Menino de Longa Vida e da Menina Feliz: o casal mítico doador da vida. Diz a lenda que a Mulher das Transformações continha em si os poderes da criação e a força vital de seus pais, sendo, portanto, sinônimo de vida e criação. Os navajos dizem que foi a única a crescer com a sabedoria da fundação e a medida do tempo.

4 de setembro Dia em que os antigos gregos celebravam a Marathonia, festival de celebração de Ártemis: protetora das amazonas e das mulheres na hora do parto. Diz a lenda que era filha de Zeus e Leto. Irmã gêmea de Apolo, nasceu em primeiro lugar e ajudou sua mãe no parto do irmão. Os gregos a descreveram como uma belíssima jovem, arisca à aproximação masculina e eternamente jovem. Com seu arco protege as mulheres das violações masculinas e igualmente os animais indefesos. Quando esquecida por alguma mulher, envia-lhe uma flecha mortal na hora do parto. Sua vingança pode ser terrível, e as lendas nos contam várias histórias, entre elas a do assassinato das filhas de Níobe, que um dia ofendera sua mãe Leto. Também lhe é atribuída a morte de Tício, assassinado por ter tentado violentar Leto.

5 de setembro Dia em que a Índia celebra o Festival de Nanda Devi: deusa doadora das bênçãos, aquela que pariu o monte Ganges e o rio Ganges.

6 de setembro Dia em que no México se festeja a Virgem dos Remédios: derivação mítica da antiga deusa Tonantzin.

7 de setembro Dia em que os bengaleses celebram o Festival de Durga: deusa protetora do feminino. Durga, também chamada "A Inacessível", representa os mistérios femininos interditos aos homens. Como Ártemis, preside os partos e pode se tornar violenta quando o princípio feminino é violado. Personificação do princípio materno, é a fêmea furiosa que defende suas crias. Na Espanha, este dia é dedicado à Fiesta de la Vendimia: festival de celebração das colheitas; portanto, é um dia dedicado às divindades ligadas à terra e à fertilidade.

8 de setembro Dia em que no Brasil se celebra a festa da natividade da Virgem Abençoada.

9 de setembro Dia em que na antiga Albânia se celebrava a festa de Te Veilat: dedicada às deusas da colheita e da fertilidade.

10 de setembro Dia em que na China se celebra o Festival de T'wan Yuan Chich, celebração da reunião das mulheres, dedicada à Lua: suprema senhora do feminino.

11 de setembro Dia em que os antigos egípcios celebravam a Festa da Rainha, honrando-a com oferendas e cânticos. Para eles, a rainha, enquanto manifestação das divindades, era tão sagrada quanto estas. Dia em que a antiga Roma celebrava os Jogos Romanos: dedicados a Minerva, Juno e Júpiter.

12 de setembro Dia em que a antiga Babilônia celebrava a festa de Beltis: deusa da beleza, amor, sexualidade e fertilidade. Seu nome, Belit-Ilani, significa "a amante dos deuses". Seu culto era realizado pelas mulheres, quando as virgens, antes de se casarem, deveriam passar algum tempo no templo, e, depois de iniciadas pelas sacerdotisas, entregarem-se ao primeiro estranho que se apresentasse. Dia em que na antiga Grécia as mulheres executavam a Tratta, a dança do oceano somente permitida ao feminino e absolutamente interdita aos homens. Esse dia era conhecido pelos gregos como Astraea, dedicado a Astréia, constelação de Virgem. Diz a lenda que Astréia era filha de Zeus e de Têmis, deusa da justiça e irmã do pudor. Viveu entre os homens durante o período da Idade do Ouro, espalhando sobre eles os sentimentos da justiça e da virtude. Nesse tempo os homens eram felizes e não havia desigualdade entre eles e a natureza. Tudo se harmonizava em torno de um sentimento de integração com o todo, e as injustiças não eram praticadas. Um dia, o homem caiu em orgulho e começou a se considerar superior, degenerando todo o equilíbrio em que vivia e espalhando o mal sobre a Terra. Nesse dia, Astréia, desiludida, subiu ao céu e se tornou a constelação de Virgem.

13 de setembro Dia em que as bruxas da antiga Europa celebravam Hel, deusa primitiva escandinava: reguladora das chamas do caldeirão sagrado e propiciadora da regeneração. Seu caldeirão, localizado no centro da Terra, foi associado como lugar de torturas e padecimentos pelos cristãos, distanciando assim o seu verdadeiro significado de purificação e renascimento.

14 de setembro Dia em que os antigos egípcios celebravam a Festa das Luzes, uma data próxima do nosso Finados. Neste dia se honrava a deusa Nephthys e os espíritos dos mortos.

15 de setembro Dia em que os antigos gregos iniciavam os Mistérios de Elêusis: dedicados a Deméter e Perséfone. Neste primeiro dia realizavam a Asormos: uma assembléia onde o objetivo maior era a confraternização.

16 de setembro Segundo dia dos Mistérios de Elêusis, denominado Holade Mystai, dia em que os iniciados se banhavam no mar para purificação.

17 de setembro Terceiro dia dos Mistérios de Elêusis, quando os gregos ofereciam cevada e outros grãos como forma de oferendas que simbolizavam a força da vida.

18 de setembro Quarto dia dos Mistérios de Elêusis: data da consagração do cesto sagrado de Deméter.

19 de setembro Quinto dia dos Mistérios de Elêusis, denominado Heton Lampadon Hemaera. Os gregos saíam em procissão, tendo tochas acesas nas mãos, simbolizando a busca desesperada de Deméter por sua filha Perséfone. Dia em que os antigos babilônios celebravam a Festa de Gula: deusa doadora da vida. Aquela que guarda em si a força vital que sustenta a vida e que tanto pode curar como matar.

20 de setembro Sexto dia dos Mistérios de Elêusis: quando se dava a sagrada noite da iniciação. Noite em que os gregos saíam de Atenas numa procissão rumo a Elêusis. Dia em que os antigos incas celebravam o nascimento do deus solar Quetzalcoatl.

21 de setembro Sétimo dia dos Mistérios de Elêusis. Dia em que os antigos gregos realizavam disputas esportivas e jogos, em honra do ciclo feminino representado por Perséfone, a jovem, Deméter, a mulher madura, e Hécate, a anciã.

22 de setembro Dia em que as feiticeiras do hemisfério sul celebram Ostara, o *sabbath* que marca o início da Primavera. Festa em que as bruxas ornam seus altares com flores e ovos pintados, demonstrando que é chegado o tempo da regeneração do velho e do desabrochar da sexualidade. Oitavo dia dos Mistérios de Elêusis: denominado Epidaurion Hamaera. Dia em que na antiga Turquia se celebrava a morte de Tiamat: deusa da abundância e da fertilidade.

23 de setembro Dia em que se inicia o signo astrológico de Libra, primitivamente consagrado à deusa semita: Ishtar. Nono dia dos Mistérios de Elêusis, denominado Plemo Choai. Data em que as vestais honravam o útero sagrado de Deméter, assegurando assim uma colheita farta para os gregos. Dia em que na Finlândia se celebra a Festa de Mielikki: divindade protetora dos animais.

24 de setembro Dia em que Cuba celebra Nossa Senhora das Mercês, que na santeria é identificada com Obatalá, divindade Yoruba, pai e mãe de todos os deuses e deusas.

25 de setembro Dia em que os esquimós celebram o aniversário de Sedna: deusa protetora dos mares e guardiã do reino dos mortos.

26 de setembro Dia em que os antigos povos do Islã celebravam o Culto da Expiação, uma data que marcava o sacrifício de Azazel, o deus bode. Primitivamente seus atributos eram os mesmos de Dioniso, Pã, Herne e muitos deuses corníferos. Com o surgimento da sociedade patriarcal, Azazel foi transformado em demônio. Consta no Corão como o demônio que se recusou a prostrar-se diante de Alá, após a criação do primeiro homem. Como castigo por tamanha afronta, foi condenado à morte para o dia em que chegasse o Juízo Final.

27 de setembro Dia em que os antigos gregos celebravam o aniversário de Athena: deusa do conhecimento e da justiça. Dia em que na Coréia do Sul se celebra Choosuk: festival da Lua que honra os espíritos dos mortos.

28 de setembro Dia em que os antigos egípcios celebravam Saleeb, festival que assinalava o período de cheia do rio Nilo, protegido pela deusa Hathor.

29 de setembro Dia em que os antigos gregos celebravam o festival de Nêmesis: deusa da vingança divina.

30 de setembro Dia em que os antigos romanos celebravam a Meditrinália, festival em honra de Meditrina: deusa da medicina e da cura.

Outubro

A LUA DA CURA

"Eu tô grávida
Grávida de um beija-flor
Grávida de terra
De um liquidificador
E vou parir
Um terremoto, uma bomba, uma cor
Uma locomotiva a vapor
Um corredor
Eu tô grávida
Esperando um avião
Cada vez mais grávida
Estou grávida de chão
E vou parir
Sobre a cidade
Quando a noite contrair
E quando o sol dilatar
Dar à luz
Eu tô grávida
De uma nota musical
De um automóvel
De uma árvore de Natal
E vou parir
Uma montanha, um cordão umbilical
Um anticoncepcional
Um cartão-postal
Eu tô grávida
Esperando um furacão, um fio de cabelo
Uma bolha de sabão
E vou parir

Sobre a cidade
Quando a noite contrair
E quando o sol dilatar
Vou dar à luz."

MARINA LIMA E ARNALDO ANTUNES, "GRÁVIDA"

A primavera esparramava-se sobre a cidade como se a mítica nádega de Baubo estivesse exposta, indicando aos mortais que mais uma vez Perséfone se atirava nos braços de Deméter: senhora dos mistérios da terra. Guiada por uma insaciável fome de histórias, eu a seguia como antiqüíssima beata grega, molhando com água-de-cheiro os caminhos por onde seus pés de cristal pisassem.

A roda do ano já havia se enroscado no laço de sua gravidez redonda e se preparava para engolir os dias e mais uma vez emprenhar. Eu, que percorrera as curvas sinuosas do tempo, sentia-me prestes a dar à luz. Porém, intuía a Lua me avisando que o nó ainda não estava arrematado e ainda havia muita coisa no caminho.

Hoje, revendo as primeiras histórias que me iniciaram no giro da Lua, reconheço o ponto exato em que me encontrava na minha primeira Lua da Cura: um estado de gravidez avançada, quando o corpo se enlaça no abraço redondo que protege o rebento prestes a nascer. Escrevendo as memórias de meu caminho de iniciação, justamente entrando neste capítulo, mais uma vez fui visitada por minha avó. Uma visita constante e silenciosa, como a grávida Lua Crescente boiando no céu, observando calma as contrações de seu ventre, que se abre aos poucos e prepara suas águas para as obstetrícias chuvas da Lua Cheia...

A presença de vó Vitalina, insinuando-se exatamente nesta parte do livro, me dá a certeza de que tudo o que com ela aprendi e tenho passado a vocês, encaminha-se para a completude de uma enorme Lua. E mais ainda, juntas, agora com um grande número de bruxas desabrochando, cumpriremos os mistérios ancestrais do feminino e inundaremos o cotidiano com as águas da Cura. Uma cura renascida de nosso próprio corpo mutilado, que, tal qual antiga Fênix, renascerá de suas próprias cinzas. Uma cura que não será trazida pelo reconhecimento de uma pseudo-santidade. Uma cura que é o sentimento da dignidade perante si própria e pela satisfação de estar no mundo, não como vítima do carma, sujeita aos padecimentos típicos de um pensamento patriarcal culpado, e sim plena da consciência de sua faticidade para o cumprimento do traçado sutil do prazer...

Vó Vitalina, com sua forma geométrica de me dizer as coisas, neste momento em que escrevo, me prepara uma estranha sincronicidade. Como todos os dias, o carteiro trouxe-me algumas cartas de leitores. Em sua grande maioria, falam de amores que querem seduzir com feitiços, problemas financeiros que querem que sejam fantasiosamente resolvidos... Enfim, totalmente desconectadas com o princípio da feitiçaria, que absolutamente não se propõe a ser um curativo instantâneo para as neuroses do mundo. Assim, já sabendo que vou encontrar pela frente o raciocínio simplista e mecânico de uma espiritualidade travestida, dificilmente leio todas as cartas que me são enviadas. Então, depois de ter acordado de um breve cochilo, dei de cara com algumas cartas recém-chegadas. Em sonho, eu havia estado com minha avó e lhe contara dos projetos para este capítulo. Faleilhe sobre algumas lembranças, algumas cenas que se passaram há bastante tempo, e lhe contei principalmente sobre minha insegurança em falar desta Lua. Afinal, não posso me considerar uma pessoa totalmente curada, portanto não sou dona de alguma verdade sobre o intrincado e delicado processo de renascimento que a Lua de Perséfone implica!

Vovó, como sempre, ouviu-me em silêncio. Ao nos despedirmos, alguns segundos antes de ser acordada pelo chamado insistente do telefone, me disse: "A resposta com o vento está a caminho." Não é preciso dizer que acordei mais insegura do que estava! Mais uma vez minha avó me indicava uma charada como resposta...

Eu já havia ciscado como uma galinha em torno da máquina de escrever e não me chegava a inspiração necessária. Resolvi adiar o começo deste capítulo e me dedicar a outros afazeres. Passei um bom tempo na cozinha, decorando o bolo de aniversário de Ronaldo: por pouco ele não se transformou num carro alegórico de escola de samba. Depois, assei dois tabuleiros de pasteizinhos macrobióticos. Finalmente, sem mais nada que fazer, tendo à minha frente um capítulo vazio, resolvi esquecer de meu problema e fazer aquilo que tia Nazir fazia, para espanto de todos, quando vivia uma grande aflição: entregar-me completamente ao prazer...!

A simples eliminação de um capítulo vazio em minha mente já me deixara mais leve. Afinal, nada me obrigava a preencher a página em branco, e se nunca mais viesse alguma frase à minha cabeça, isso também já não tinha importância! A perspectiva de deliciar-me numa tarde chuvosa, ouvindo os discos que mais gosto, era tão saborosa que, numa fração mínima de tempo, não existia mais problema.

Depois de ter expulsado Billie do sofá, coloquei na vitrola um disco de Marina. Minha cadela, já instalada numa outra poltrona, ronronava como uma gata, entregue aos seus sonhos. Quase que instintivamente, estiquei minhas mãos para as cartas que estavam sobre a mesinha de centro. Uma pilha de envelopes que eu sabia de antemão o que escondiam...

As três primeiras cartas confirmaram minha certeza: eram pedidos de feitiços. Perdida entre eliminações de amantes, amores desfeitos, paixões não correspondidas, falta de auto-estima e múltiplas violações femininas, vi uma pequena luz irradiar de um pequeno envelope gordinho, feito com papel reciclado. Não sei se por meu engajamento ecológico ou pela curiosidade causada pelo volume, abri cuidadosamente a macia carta. Uma letra miudinha, como minúsculas flores-do-campo, desenhava os contornos de uma linda história. Marina, como se intuísse o prazer que me aguardava, como o rouxinol de uma velha história, encheu toda a casa com os acordes grávidos de "Grávida"...

Iara, a doce Iara dos rios, contava-me suas histórias com sua querida tia Zezé, aquela que a iniciara nos caminhos da Arte! Não era uma carta movida por interesses mecânicos, onde o que está em jogo é somente busca de afirmação de poder. Era uma carta de *cura*! Contendo tudo aquilo que me havia sido passado por minhas antepassadas: a cura é um estado de gravidez permanente!

Iara, com sua letrinha de menina, me dizia: "Sua querida avó Vitalina me lembra demais uma tia que eu tive e que infelizmente há seis anos não tenho mais o prazer de sua presença física. Ela e eu tínhamos uma cumplicidade muito grande. Eu me lembro dos chás de erva-doce e de erva-cidreira que ela fazia para mim quando eu ficava doente. E me lembro de como uma tarde de brincadeiras em sua casa, sempre remexendo em suas coisas, me parecia tão mágica!"

Vó Vitalina acertava mais uma vez! A resposta veio com o vento, embalada pela voz de Marina. Na sala, a triplicidade mágica se formara. Billie, minha *rottweiler* negra como as cadelas de Hécate, confirmava-me com seu olhar de gata: eu, Marina e Iara. Três feiticeiras grávidas...

A Lua da Cura mais uma vez me indicava o caminho a seguir, exatamente como da primeira vez que havia me revelado seu verdadeiro rosto: de forma lunar, insólita e mágica.

Naquele primeiro outubro de iniciação, as coisas andavam me acontecendo de forma bem estranha. Não sei se influenciada pela aproximação de meu aniversário, os primeiros dias daquela Lua pareciam me dizer coisas que só eu conseguia entender. Era como se de repente o mundo virasse o rosto em minha direção e me deixasse experimentando uma espécie de solidão egoísta, dessas que se tem com o amado nos primeiros tempos do romance. Embora a primavera exibisse as suas cores sem nenhum pudor, algo me dizia que alguma coisa se ocultava por trás de um invisível véu.

Envolvida com aquilo que a astrologia denominou, num momento de insensatez, como "inferno astral", decifrava a linguagem geométrica dos aspectos que os astros faziam com meu mapa natal, sem prestar muita atenção ao que acontecia lá fora. O mundo naqueles dias era só meu. Não me interessava mais nada...

A Lua, acostumada com minhas esquisitices, boiava preguiçosa no céu, tecendo silenciosamente o finíssimo tapete que abraçaria os acontecimentos que estavam por vir. Nem de longe eu desconfiava que naquele outubro teria tantas aventuras...

A primeira aventura chegou-me com o sorriso radiante de Marco, meu irmão, adentrando o meu quarto e dizendo aos berros que iria partir. Ia a Londres para estudar e "ver o mundo". Tomada pelo impacto da notícia, esqueci de minha solidão egoísta e juntos construímos mil roteiros, onde nos perdíamos em exóticas estradas, visitando minúsculas cidades do imenso Atlas estirado sobre minha cama. A alegria de Marco inundava meu quarto de primavera, como se todas as flores estivessem ali dentro, irrompendo como espinhas furiosas nos rostos dos adolescentes à espera da descoberta do sexo.

Depois de passada a euforia dos primeiros instantes, dei-me conta de que sua partida seria definitiva. Um fino véu de tristeza cobriu meus olhos. Marco nunca mais voltaria.

Muitos anos depois de sua partida, após inúmeras férias passadas aqui, comprovei o que antes intuíra: suas cinzas espalhadas sobre a grama de uma praça do Village me acenavam marotas, dizendo que já haviam cumprido sua jornada. Ele tinha visto o mundo, apaixonou-se e fez amor com a vida. Agora era hora de se recolher como a semente e florescer numa outra Primavera.

A partida de Marco tatuou definitivamente meu caminho nos desvarios da escrita. Agora, sem o irmão que ouvira meus sonhos, via-me sozinha perante uma infinidade de sentimentos que brotavam. Daí, comecei a escrever um primeiro livro. Uma espécie de diário adolescente, no qual misturava-me com uma personagem fictícia, cumprindo um destino que minha timidez impedia. Audaciosa, intitulei-o "Uma Voz ao Vento".

Nas primeiras semanas daquela Lua, expus nas páginas brancas de um caderno os primeiros sintomas de minha gravidez. Furiosamente escrevia tudo o que me passava pela cabeça, desde a intensa emoção provocada por um antigo filme, visto e revisto inúmeras vezes, até os planos de um dia me soltar como folha no tempo e revirar os países do Atlas. Marco de longe me mandava notícias de um mundo diferente, onde os jovens se reuniam dançando em torno das árvores. Os primeiros embriões da contracultura *hippie* estavam em mim plantados!

Como os caminhos da Lua possuem atalhos curvos, só há pouco tempo fui entender o significado da partida de Marco, exatamente na Lua da Cura: Lua do renascimento. Da mesma forma que ela tatuara minha inclinação para a escrita num ensolarado mês da primavera, sua despedida do mundo, que tanto amara, se dera numa Lua de julho, a Lua das Sereias, uma Lua de inverno. Um ciclo se fechava e dava lugar a outro, depois de sua morte. No mesmo mês comecei a escrever "A Cozinha da Bruxa"!

Ao rever minhas lembranças, dou-me conta das artimanhas da Lua. A cura se iniciara no desenho de minha caneta rabiscando sonhos, pequenos projetos que por muito tempo anulei com a lógica comum dos idiotas que morrem de medo de se expor e acumulam frustrações que os enterram vivos num bizarro funeral. Marco, com sua fome de vida, engolira o mundo e me mostrava que agora era hora de se sair do casulo. Por mais que eu tentasse me convencer de que levava a vida com a dignidade ensinada por minhas ancestrais, o modo como havia enterrado meus sonhos não o confirmava. O excesso de peso demonstrava a mutilação que me impingira, com a cínica desculpa de que agora era uma dona-de-casa! A sensualidade afogada por espessas camadas de banha na Lua das Sereias de alguns anos atrás era remexida com uma colher mágica de sofrimento e desejo de prazer. Por um lado, encontrava-me imersa na grande dor de ter perdido meu irmão, mas, por outro, o bailado de suas cinzas pairando sobre Nova York convidavam-me ao parto de tudo aquilo que havia abafado.

No instante em que escrevo estas linhas, dou-me conta do silêncio de vó Vitalina mirando-me no meu sonho, de seu olhar manso incitando-me a buscar respostas dentro de mim. Não! Eu não podia prever que os ventos noturnos daquela primeira Lua de outubro só agora se completassem! Assim, percebo que a cura descreve sinuosos caminhos, como uma espécie de serpente que nos espreita ao longo da estrada e nos surpreende mais à frente: numa encruzilhada.

Mas, voltando à história. Depois de passar alguns dias mergulhada na ausência de Marco, fui me acostumando aos poucos com a idéia de que agora ele se encontrava num outro país — correndo atrás de seus sonhos e se lambuzando com a vida. Indefesa como um caramujo, eu insistia em não jogar-me na vida. Embora carregasse os conhecimentos transmitidos por minhas ancestrais, não me sentia segura. Um enorme sentimento de inferioridade perante as outras meninas trancava-me dentro de um quarto que abrigava minhas fantasias. Tinha poucos amigos e, ao olhar-me no espelho, só conseguia enxergar a face de meu desvalor. O mundo era uma equação complicada que eu recusava solucionar.

Nas poucas vezes que tentei mergulhar nesta matemática mundana e insana, experimentei algumas decepções. Daí, aprendi a construir um pequeno universo dentro do meu quarto. Um mundo onde não havia farpa que ferisse ou que por descuido rasgasse os véus metafísicos que cobriam meu ser. Minhas avós, preocupadas com aquela pequena feiticeira tão assustada, muitas vezes tentaram inverter com seus feitiços os danos que eu mesma me causava. Mas a magia não se aplica aos machucados da personalidade que, com tristeza, viam seus encantamentos sem resultado.

Vó Virgínia, a mais vaidosa de minhas avós, percebendo que minha infelicidade não era produto de encantamentos, dedicou-se naquele outubro à difícil pedagogia aplicada aos fracos. Ela temia que as deusas me abandonassem e que eu tivesse meus poderes retirados. Muitas vezes ela mesma havia presenciado casos como o meu, que provocaram a ira das divindades. Sim! Pois quando uma filha não honra os dons que suas mães divinas lhe deram, inevitavelmente sofre a perda de todos os seus atributos! Então, preocupada com a estranha melancolia que naquela Lua se instalara sobre mim, trouxe de volta as praias do Algarve, a melodia lunar dos fados e outra vez se fez uma doce musa portuguesa.

Reunindo em si a força das mulheres de Portugal, ensinou-me os mistérios dos lenços e o olhar de cristal. Deu-me o dom de colar conchas nos espelhos e trazer o oceano ao meu corpo. Mostrou-me como espetar uma agulha num pano alvo e aprisionar minhas tristezas num bordado. E ainda como lavar os panos pálidos de minha dor e colocá-los para quarar ao sol, misturados com um leve perfume de lavanda. Os dias passavam e eu escavando minhas fraquezas, absorta em pequenas tarefas mágicas que vó Virgínia trouxera de Portugal.

Misteriosamente, como se tivesse tomado uma daquelas bolinhas da homeopatia, gradativamente a melancolia estava indo embora. Eu, antes encolhida como uma ostra, pouco a pouco ia tomando forma, como se necessitasse de um longo espaço que me pudesse conter. Vovó, ao ver que seus instrumentos mágicos me trouxeram à tona, mostrava-se cada dia mais confiante, enchendo-me de pequenos mimos. Dela ganhei o seu famoso Buda que, pomposo, guardava um minúsculo Eros em cima de um móvel de sua sala, um lenço estampado que havia trazido do Algarve e um mimoso par de brincos que pertencera à sua mãe Afonsa.

Hoje, quando a Lua da Cura me mostra os machucados que carrego e me recuso a ver, executo outra vez as mesmas tarefas e uso os instrumentos que ela me deu como poderosos talismãs. Muitas vezes esses machucados são antigos e levaram muito tempo para brotar, fazendo com que eu me perca em suas próprias origens. As tarefas servem-me então de um tempo especial que me reconecta com as antigas e quase perdidas causas. É como vó Virgínia um dia me disse: "Márcia, alguns sofrimentos são como aspargo, levam muito tempo para germinar!"

A Lua da Cura, naquele outubro, mostrou-me que tudo na vida é cíclico, que possui um tempo de germinar e colher, que nenhuma cura se dá se não damos chance para a doença se manifestar. Mostrou-me que a doença irrompe em terrenos mal arados, fruto de nossa indiferença com nossos pequenos medos e covardias, e que nem sempre ela é imediatamente curada. É necessário que o caminho tenha dado muitas curvas, para que o solo árido que a fez nascer seja tratado por nossas mãos.

Foi preciso que muitas luas se passassem para que enfrentasse meus medos, foram precisos muitos bordados e muita linha para que eu costurasse, num pano alvo, os monstros que havia gerado. Foi necessário colher os frutos secos da covardia, para que eu sentisse na boca o azedo amargo das pequenas doenças que, por longo tempo, infligi a mim mesma.

Não posso dizer que esteja totalmente curada. A Lua da Cura tem me ensinado que cada momento da vida é o tempo necessário para que a semente dos males penetre em nosso ser. A nós, cabe a função do lavrador que a cada dia ara sua roça, retirando pacientemente as ervas daninhas.

Quando aquele primeiro outubro de iniciação se encaminhava para seus últimos dias, vivenciei aquilo que vó Vitalina denominava como "o momento de espremer o carnegão". As lições de vó Virgínia me retiraram da incômoda melancolia que me abatera. Eu já tinha acalmado as dores e me sentia razoavelmente bem, tendo retornado às minhas antigas atividades. Como fizera poucos amigos, minhas investidas sociais não eram intensas, o que me dava tempo de sobra para entregar-me à minha insaciável fome de livros.

Restabelecida a normalidade, eu via o desfilar dos dias como as páginas dos livros que devorava. Assim, tive lindas tardes coloridas pelas cores pastéis de Proust, noites estreladas com Shakespeare, manhãs bêbadas com Scott Fitzgerald. Enfim, tudo voltava ao normal.

Até que no penúltimo luar da Lua da Cura tive, em sonho, a visita de uma misteriosa velhinha. No sonho, eu andava por uma estreita estrada numa noite escura. Não havia ninguém ao meu lado, não sabia onde estava e tampouco para onde ia. A noite, envolta por soturna escuridão, exalava estranhos perfumes, e um vento gelado percorria minha espinha, causando-me alguns calafrios. Embora a situação evocasse medo, eu seguia pelo caminho sentindo uma gostosa sensação de conforto. Era como se todo o universo me protegesse como um pai zeloso que ampara as primeiras pedaladas do filho. Confiante nessa proteção, eu seguia pelo caminho, guiando-me somente pelos pés, que com olhos de animal selvagem tateavam a árida areia do caminho.

Depois de muito andar, depois de serpentear por todas as curvas da estreita estrada, cheguei ao sopé de um pequeno monte. A estrada parecia acabar ali e algo me avisava que devia subir pela trilha que terminava no alto do monte. Então, querendo verificar o que aquela caminhada escondia, decidi continuar. No momento em que me preparava para subir a trilha, surgiu à minha frente uma senhora com cabelos brancos e pele muito branca. Vestia um antigo vestido preto de veludo e nas mãos finas trazia uma vela acesa.

Seu olhar possuía o tom das manhãs de inverno e seus lábios, o frescor dos botões de rosa quando se abrem. Com voz aveludada me disse que estava ali para me entregar a vela, pois o caminho era muito escuro e abrigava buracos traiçoeiros que poderiam me engolir num piscar de olhos. Sorrindo, entregou-me a vela e desejou-me sorte.

Alguma coisa me dizia que aquela senhora fazia parte de meu clã, embora nunca a tivesse visto nos velhos álbuns de fotografias de minhas avós. Como havia aprendido que os sonhos são rasgões no tempo, pequenos buracos que nos enviam para outras dimensões, acatei os conselhos da gentil senhora e me embrenhei cuidadosamente pela trilha. Quando já havia percorrido uma boa parte do caminho, subitamente a vela se apagou com uma rajada gelada de vento. Neste instante percebi que a senhora se encontrava ao meu lado. A escuridão era intensa, eu mal conseguia enxergar seu vulto. Vagarosamente fomos escalando a íngreme trilha. À medida que caminhávamos, ela me falou que me conhecia desde o dia em que eu nasci, que me ninara com antigas canções que um dia também a ninaram, e que eu possuía um objeto que um dia lhe pertencera. Falou-me dos meus bordados e me exibiu orgulhosa um pequeno lenço, dizendo que nele estavam presos os meus medos e que não me preocupasse, pois um dia teria coragem suficiente para soltá-los e extirpá-los de vez. Disse-me que um dia, quando jovem, também bordara nos alvos panos que sua mãe lhe tinha dado. E que à medida que florescia como fêmea, libertava cada ponto do bordado e enfrentava aquilo que um dia a assustara.

E me disse mais: "Quando bordamos, também nos aprisionamos nos panos, e se por acaso nos esquecermos de costurar um só ponto, esse medo nos pedirá algo em troca." A troca era esse caminho que agora eu percorria, mas que eu não tivesse medo, pois os deuses sabiam que eu era muito atrapalhada e que não esquecera de bordar alguns pontos deliberadamente. Simplesmente, eu havia esquecido de arrematar a costura! Assim, ela convencera aos deuses a me guiar no caminho. Mal acabara de me dizer tudo isso, tropeçou em alguma pedra e caiu num enorme buraco. Neste momento acordei com a pior dor que já havia experimentado!

A dor era tão intensa que não conseguia mover as pernas, parecendo uma forte cãibra Minha mãe, bastante preocupada, imediatamente chamou o médico que, logo ao chegar, constatou tratar-se de uma crise de apendicite. Eu precisava ser operada com a máxima urgência.

Prontamente foram tomadas todas as providências para a operação. Em pouco tempo eu me encontrava à mesa de uma fria sala de operações. Até hoje, só consigo me lembrar de uma enorme Lua fria que iluminava a mesa. Horas depois acordei num quarto, recebendo a notícia que havia nascido de novo: eu havia tido um inexplicável problema durante a operação e morrera por alguns minutos.

Depois de algum tempo, já totalmente recuperada, folheando um velho álbum de fotografias, dei de cara com uma foto da senhora que havia visto em meu sonho. Era Afonsa, minha bisavó, mãe de vó Virgínia.

Naquela Lua, entendi a "troca" de que vó Afonsa havia me alertado. Totalmente inconsciente de alguns medos que carregava, não dei a eles a devida importância, esquecendo de bordá-los nos panos. Desse modo, eles acabaram por acarretar uma doença real, que bem podia ter me matado, uma doença física que crescera em meu corpo, silenciosa e traiçoeiramente...

Na Lua de outubro do ano seguinte, ainda preocupada com a operação que sofrera naquela época, procurei vó Vitalina, com o objetivo de aprender alguma técnica mágica que me propiciasse reconhecer os pontos do bordado que porventura eu viesse a esquecer.

Minha avó, envolvida com a divertida disputa que por toda a vida travara com vó Virgínia, disse-me que alguma coisa havia faltado na feitura do bordado mágico que ela tinha me ensinado. Eu precisava entrar no meu corpo e lá pegar as linhas!

Achando que a disputa, dessa vez, tinha passado dos limites, usei de argumentos científicos para demonstrar o quanto era impossível uma pessoa entrar no seu próprio corpo. Vovó, com olhar divertido, me disse: "Ora, Márcia, seu corpo a todo momento vem para fora, e, se ele consegue lhe visitar todos os dias, por que você não? Nosso corpo abriga muitas casas e muitos amigos que você ainda não conhece. Amigos que podem fortalecer seus poderes, pois carregam a essência dos ingredientes mágicos. Olhe, você bem que conhece o poder de minhas maldições! E de onde é que você acha que extraio a essência fundamental para que elas se concretizem? Não adianta fingir que está pensando, pois você não sabe. Eu lhe digo: consigo no meu fígado!"

Aquela afirmação passou dos limites. Minha avó decididamente estava exagerando na antiga rixa com vó Virgínia! Pela pura demonstração de que era uma feiticeira mais poderosa, me saía com aquela bizarra fonte de essências mágicas. Não! Definitivamente aquilo não era para ser levado a sério... Percebendo em meu rosto os traços irônicos do descrédito, vovó, muito séria, lançou-me um argumento fulminante: "O seu coração está me dizendo que numa Lua do ano passado você esteve com esse mesmo coração e navegou por seus rios!"

Como eu não havia lhe contado sobre a estranha viagem que fiz, no ano anterior, em plena Lua da Risada de Afrodite, coube-me apenas encolher-me em minha própria ignorância e admitir que seu argumento estava certo. E o pior: tive que admitir que além da possibilidade de entrada em nosso corpo, alguma coisa, que ainda não conhecia, possibilitava a comunicação com o interior dos outros corpos. Assim, humildemente, escutei suas lições.

A primeira coisa que aprendi foi que a respiração era a linguagem "oficial" do corpo. Que através dela podíamos comunicar nossas idéias e sentimentos, tendo uma resposta quase que imediata de nossos órgãos. Na respiração reside uma infinidade de significados que comumente não percebemos, mas que espelham cristalinamente aquilo que se encontra em nosso inconsciente mais profundo.

Nossos órgãos, por sua vez, estão estreitamente conectados com essa linguagem, desconhecendo completamente as mensagens mandadas via consciência. Dessa forma, se num dado momento houvesse em mim um sentimento de terror, minha respiração imediatamente o captaria, mesmo que conscientemente eu ignorasse o fato. Meus órgãos também captariam o terror e responderiam através de algum sintoma específico, demonstrando assim sua insatisfação com esse tipo de comunicação. Se, pelo contrário, eu me encontrasse tomada por sentimentos prazerosos, minha respiração conteria todas as alegrias dessa experiência, ao mesmo tempo que meus órgãos responderiam com um bom funcionamento, demonstrando então a solidariedade típica de uma boa vizinhança.

A mim cabia ficar atenta, durante alguns dias, à minha própria respiração, observando-a a cada minuto, para só assim decifrar aquilo que se escondia em meu inconsciente.

E foi assim que vi, no entrecortar descompassado de minha respiração, a face gelada da insegurança. E vi no inspirar paralisado do ar, que como pedra se solidificava em cada parte de meu corpo, o rosto indefinível do medo.

Em poucos dias, vi o quanto meu inconsciente estava fragilizado, desenvolvendo uma linguagem desengonçada, o que fazia com que meu corpo se ressentisse e em mim não confiasse. Era como se meu corpo dissesse: apertem os cintos porque o piloto sumiu!

Depois dc localizar as regiões nevrálgicas de minha personalidade, pude localizar o local exato onde elas se manifestavam, tornando visível algo que só tinha o contorno. Então, um problema se apresentava e eu me perguntava como iria reverter o quadro neurótico, que eu mesma criara. Foi aí que recebi a segunda lição: buscar nos órgãos específicos as linhas para o bordado que vó Virgínia me ensinara!

Como vó Vitalina tinha dito, essa era a parte mais complicada, pois teria que mergulhar concretamente dentro do meu corpo e não por via imaginária. Teria que estabelecer, com meus órgãos, uma relação exatamente igual à que tinha com meus amigos mais íntimos. Conhecer seus desejos, humores e reconhecer suas individualidades: que comigo ocupam o mesmo espaço e no mesmo tempo em que eu vivo.

Enfim, teria que admitir a realidade dos órgãos não mais no plano de simples objetos que compunham minha individualidade, mas como sujeitos almados que, por razões misteriosas, compartilham comigo a existência!

À medida que calorosamente ela me expunha suas teorias, pude compreender certas atitudes que muitas vezes lhe acarretavam o estigma de "esclerosada" e que tanto chocavam as pessoas. Quando, por exemplo, num jantar repleto de convidados, ela se recusava a comer um suculento rosbife, argumentando que naquele dia seu coração não estava para carne. Ou quando, mais uma vez surpreendendo, recusava uma longa caminhada, dizendo que isso acordaria o estômago e que, devido à ingestão excessiva de álcool na noite passada, ele precisava curtir sua ressaca. Muitas vezes a surpreendi falando bem mais baixo que de costume, e, ao interrogá-la sobre a razão, recebi como resposta o argumento de que sua bexiga tinha tido uma briga séria com um dos seus rins e não dormira a noite toda.

Realidade ou não, nunca vi minha avó tomada por qualquer doença. Até quando foi picada por uma venenosíssima cobra coral, mais uma vez surpreendeu a todos, recusando-se terminantemente a receber o soro antiofídico, argumentando que a serpente lhe havia inoculado um poder do qual ela necessitava, e que em troca alguma coisa de seu corpo lhe seria doada. Não preciso dizer o rebuliço que se instalou entre a família. Todos, atemorizados, aguardavam o seu fim. Misteriosamente os dias se passavam e vovó continuava inteira. Somente seus dentes amoleceram e um a um acabou por perdê-los. Orgulhosa, ela me contava que agora o sangue da serpente navegava no seu próprio sangue e que possuía a sabedoria das víboras.

Mas, voltando à história. Como segundo passo a ser tomado, durante o tempo das voltas da Lua Nova, por um período de sete dias, eu não devia ingerir qualquer alimento sólido e toda noite tomar um banho de flores frescas de calêndula e mais algumas ervas. Além disso, não vestiria nenhuma roupa e dormiria com nove calêndulas debaixo do travesseiro. Ao me deitar, colocaria uma folha fresca de louro na boca e a mascaria durante o tempo em que descesse através de meu próprio corpo.

A perspectiva de ficar sete dias sem comer alimentos sólidos provocava-me um intenso frio na barriga. Afinal, eu era conhecida por minha constituição ruminante, sempre mastigando alguma coisa, nem que se limitasse a um míscro chiclete! Divertida, vovó observava minhas apreensões e finalmente me convencia para a tarefa, dizendo que me daria um antigo vestido preto que pertencera a tia Nadir. Para mim, este vestido era a encarnação de Rita Hayworth em *Gilda*, filme que havia visto e revisto dezenas de vezes. A promessa de que aquele tesouro seria meu justificava qualquer sacrifício! Assim, movida pela esperança de um dia bailar nos salões, ostentando tal preciosidade, mudei-me para a casa de vó Vitalina, onde permaneci durante todo o período da Lua Nova.

Conforme o que havíamos combinado, cheguei em sua casa ao amanhecer. Como não tinha comido nada, meu estômago esmurrava minha barriga, dando-me a sensação de que uma furiosa batalha se travava em meu corpo. Vez por outra era sacudida por um ronco escandaloso, o que me deixava com vontade de me esconder no primeiro buraco disponível.

Vovó, percebendo meu péssimo humor, tal como menina despreocupada, me disse que meu fígado se arrebentava em risadas toda vez que testemunhava minhas birras. Não sei se por vergonha ou antipatia, foi o último órgão que visitei.

Penalizada por meu lamentável estado de inanição, vó Vitalina me preparou um suco que me deixou seu gosto na boca durante anos, pasmem: cinco jilós macerados com quatro maxixes! O sabor era tão amargo que pensei estar engolindo asfalto líquido. Meus pêlos, acostumados com os carinhos dissimulados dos doces, eriçaram-se como antenas desordenadas, deixando-me por alguns segundos com a impressão de ter me tornado um desajeitado ouriço.

Após ter passado pelo amargor daquele suco, meu corpo foi magicamente adquirindo um confortante equilíbrio. Minha língua, constantemente coberta por uma substância esbranquiçada, tornou-se rosada como as bochechas de uma linda criança depois de ser beijada pelo sol. A saliva, antes opaca e gosmenta, tornou-se cristalina e líquida como as águas transparentes de uma fonte, deixando-me com os lábios molhados, livres do ressecamento que lhes era peculiar.

Durante todo aquele dia me alimentei do suco viscoso daqueles dois legumes. Surpresa, vi meu habitual mau humor desvanecer-se lentamente, deixando em minha respiração um suave ritmo, que provocava em meus membros um conjunto harmonioso de gestos. Meu estômago cessou estranhamente com a sinfonia lúgubre dos roncos e agora se comportava como gatinho sonolento, satisfeito com sua dose diária de leite morninho.

As idéias afluíam com maior nitidez. Pude perceber que meus poderes se ampliavam barbaramente. Eu podia sentir o cheiro dos sentimentos das outras pessoas, apalpar concretamente seus medos e sentir os desejos secretos que abrigavam, no pulsar do sangue passeando em seus pulsos.

Entusiasmada com as pequenas visões que por vezes me ocorriam, esqueci da antiga ruminância, e durante o dia me dediquei ao desbravamento dos novos dons que surgiam. Descobri a sensualidade de minha língua e me dei conta de que ela era a estrada que conduzia os homens para o centro de fogo de seus umbigos. Tal como bizarro tamanduá, lambi pedras e nelas reconheci seu sexo, lambi flores recém-colhidas e penas de algumas aves. Era incrível! Minha língua funcionava como um potente radar sensual que desvelava o sexo de qualquer ser ou objeto. Desse jeito, aprendi que a sensualidade estava presente em qualquer coisa, que, mesmo dentro de um objeto dito inanimado, pulsavam indolentes as curvas sinuosas das serpentes.

Ao anoitecer, eu estava pronta para o primeiro ritual que me conduziria ao encontro de meus órgãos. Seguindo as instruções de minha avó, tomei um demorado banho na banheira cuja água continha uma mistura de folhas frescas de melissa, pétalas de calêndula e um bom punhado de matricária. Mergulhada na aromática poção, deixei que o líquido impregnasse meu corpo, permitindo que meus poros gulosos absorvessem tudo.

Com os olhos fechados, deixei que a respiração fluísse compassadamente, até o ponto em que realizasse a peculiar simbiose que a respiração carrega: a capacidade de transformar-se naquilo que ela deseja. Daí, com minha respiração transformada em água, deixei que escorresse pelo interior de meu corpo, como se em si levassem o potencial dos rios que procuram o útero dos oceanos, para fecundarem as águas. Eu percebia nitidamente as mudanças que ocorriam nos locais por onde o rio de águas perfumadas se insinuava: uma intensa sensação de harmonia e limpeza que me provocava uma tranqüilidade nunca antes experimentada!

A sensação era tão intensa que senti um formigamento na região do umbigo ao sair da banheira. Era como se meu corpo estivesse sendo suavemente sugado para o alto, totalmente desprovido dos rigores da lei da gravidade. Experimentava pela primeira vez a liberdade da ausência de peso e o esvaecimento das fumaças.

Não sei se ocasionado pelo mágico banho ou pelo desvario da imaginação, dirigi-me até a cozinha como se meus pés não tocassem o solo, completamente entregue às artes sutis da levitação. Minha avó, percebendo meu estado, rapidamente me serviu uma xícara de chá quente de artemísia, acrescentada com nove gotas de água de chuva e um pequeno fio recolhido de uma teia de aranha.

Depois, segurando na mão esquerda uma pequena colher de cristal, mexeu o líquido quente da xícara por nove vezes. Uma fumaça rodopiante, preguiçosa, descrevia no ar um estranho funil que se agigantava na extremidade superior até desvanecer-se na atmosfera. Inebriada por este pequeno ritual, eu observava cada movimento com extrema atenção, irremediavelmente perdida nos primeiros sinais de esvaecimento de minha consciência.

Logo após o chá, dirigi-me até o quarto, onde previamente vovó já havia estendido uma esteira no chão, salpicada com folhas frescas de artemísia e pétalas frescas de calêndula. Um pequeno travesseiro escondia nove flores desta mesma erva, deixando-me com a indizível sensação de que ali estava como um poderoso guia de uma viagem para terras desconhecidas.

Minha avó gentilmente me ofereceu uma folha fresca de louro, pedindo-me que a mascasse e ao mesmo tempo me despisse de cada peça de roupa, imaginando-me uma enorme cebola que via suas cascas sendo retiradas pouco a pouco. Executei a tarefa com cuidado, procurando, o máximo que pudesse, harmonizar os movimentos temporais de minha mastigação com os que realizava ao despir cada peça. Aos poucos, já não havia a menor fração de tempo destoando: minhas roupas pareciam uma extensão exata do ir e vir curvilíneo de minha boca.

A folha de louro transformava-se em mágico pedaço de nuvem que se abria vagarosamente no céu de minha boca, indicando-me, ao fundo, o grande orifício de minha garganta. Um nebuloso túnel pulsante, composto por uma tênue cortina de um cristal líquido que graciosamente sustentava uma rubra gota. Um mágico sino, que tal qual Creonte, velho barqueiro do Tártaro, região de Perséfone, conduzia as almas daqueles que aprenderiam os mistérios escondidos por trás da morte.

E foi assim que, nua e levada por um mágico tapete bordado com fios do perfume da calêndula, deixei que meu corpo se estirasse naquela rústica esteira, que me conduziria aos chamados sonoros do rubro sino de cristal no portal de meu túnel: aquilo que na escola aprendi a chamar de garganta.

Descendo vertiginosamente pelo abismo da grande boca que engole o mundo, misturei-me aos pequenos fragmentos coloridos do ar que ventilava minhas artérias e criava o vendaval orgânico das transformações. Reconheci o soturno vento da inveja na luminosidade verde de minúsculas respirações: aquele que descompassa e se atropela, fazendo com que os engasgos irrompam e a gagueira se instale. Mirei o rosáceo vento da respiração da paixão, espalhando pela garganta pequeninos diamantes pontudos que eriçam a língua, revirando-a em curvas que lambem o objeto do desejo.

Na garganta recolhi minha primeira linha. Um delgado novelo composto com todas as cores e ventanias do ar que varre as terras das emoções. Coloquei no bolso e segui caminho...

Pouco a pouco estava com meu bolso repleto. Eu possuía agora uma gama de instrumentos mágicos poderosíssimos: os atributos de cada órgão do corpo. Assim, desvendava a infalibilidade dos encantamentos de vovó. Ela contava com a ajuda de sua própria essência vital: o mais poderoso ingrediente que existe na magia!

Durante sete dias me dediquei aos procedimentos indicados por vó Vitalina. Cheia de felicidade vi meu corpo responder a todas as indagações que guardara intimamente, sem que tivesse a capacidade de transformá-las numa linguagem acessível a meus órgãos. A cada dia visitava uma das regiões onde os órgãos construíram sua morada e com eles aprendi a erigir em meu corpo o meu próprio templo. Agora eu possuía o poder real das feiticeiras.

Passaram-se muitos anos e, hoje, respiro aliviada pelas lições aprendidas no decorrer da Lua da Cura, pois nunca mais sofri o ataque de qualquer doença que se desenvolvesse na escuridão, sem que eu tomasse conhecimento. Meus órgãos, esses amigos mágicos, sempre me avisam com antecedência, dando-me tempo suficiente para enfrentá-la.

Aprendi que o túnel de minha garganta é o lugar sagrado que devo resguardar com muito cuidado. Não permito que estranhos ali penetrem, para que dentro de meu corpo enfraqueçam meu poder. Assim, descobri os alimentos prediletos desses aliados mágicos e os alimento a cada dia como se alimentasse os deuses.

* * *

Ao terminar este capítulo, dou-me conta de que a Lua da Cura é uma das luas mais sutis da jornada lunar. Durante todo o tempo em que o escrevi, pequenas manifestações de doenças bailaram por minha mesa, interrompendo-me constantemente e obrigando-me também a interromper a escrita.

Ora o telefone tocava e Patrícia, entregue ao sofrimento das ventanias rosadas, chorava pelo fim de um relacionamento doente que alimentara despreocupadamente. Ora os pensamentos me levavam até a clínica onde Adelaide, uma querida amiga, internada, curava as mutilações que infligira a seu corpo, lutando agora como uma guerreira amazona, remodelando seu corpo e recuperando sua força feminina há algum tempo enfraquecida. Ora Daniel, num muxoxo de menino ainda se adaptando às pernas compridas da adolescência, reclamava de uma incômoda dor no joelho.

Enfim, foi um capítulo de cura no qual, a cada bater de teclas, tive a presença das divindades que se revelam em outubro!

1º de outubro Dia em que os chineses comemoram o festival de Hsi-Wang-Mu: deusa protetora das mulheres e guardiã da energia feminina, essência do princípio Yin. Diz a lenda que a deusa habitava um palácio todo feito com belíssimos tijolos de ouro. Situava-se nas montanhas Kun-Lun e lá festejavam seu aniversário a cada 3.000 anos. Quando chegava essa data, Hsi-Wang-Mu preparava uma enorme festa, na qual os deuses se regalavam com iguarias que ela mesma preparava. Nesse dia se deliciavam com o alimento próprio da deusa, o pêssego, colhido por ela mesma de uma velha p'an-t'ao (árvore sagrada). Comiam também fígado de dragão e deliciosas guloseimas extraídas dos lábios de macacos. A lenda conta que Hsi-Wang-Mu nem sempre foi essa deusa. Um dia, num tempo muito antigo, ela era uma mulher selvagem com enormes dentes de tigre e um comprido rabo de gato. Nesse tempo não morava num palácio dourado e sim numa lúgubre caverna, onde pássaros mágicos a alimentavam. Essas aves possuíam três patas e espalhavam sobre o mundo tanto a doença como a cura. Nessa época, Hsi-Wang-Mu era a mãe que presidia o destino dos mortais e, sob esse aspecto, foi venerada como a deusa das pestes e das pragas.

2 de outubro Dia em que os antigos druidas celebravam a Festa dos Espíritos Guardiães.

3 de outubro Dia em que o povo hopi celebra a cerimônia de Marawu: dedicada à fertilidade feminina. Ali se realizam rituais de sexualidade com o intuito de assegurar a vida e a cura.

4 de outubro Dia mundial de proteção aos animais. Dedicado a todas as divindades ligadas a eles: como Epona, Bast e Ártemis. Dia em que os antigos romanos celebravam o Jejunium Cereris, festival dedicado a Ceres: deusa-mãe, doadora de fertilidade e abundância.

5 de outubro Dia em que os antigos romanos celebravam a Rumaniam Dionysiad, festa do vinho: dedicada a Dioniso e Ariadne.

6 de outubro Dia em que o México celebra a Virgem de Zapopan: deusa doadora das chuvas e do renascimento da terra.

7 de outubro Dia em que a antiga Suméria celebrava o Ano-Novo, dedicado a Bau: deusa celeste. Dizem os antigos textos que Bau é uma das divindades mais antigas da Babilônia. Mãe do deus das águas, Enki, e esposa do deus da irrigação, Ningirsu. Aparecia aos homens sob a forma de estrela matutina, dando-lhes a certeza de que sempre estaria no céu a protegê-los. Dia em que Bali celebra Galungan: ano novo e festa onde se reverenciam os mortos.

8 de outubro Dia em que os antigos gregos celebravam a Oschophoria. Festa que comemorava o regresso de Teseu, onde cada pessoa carregava um galho verde.

9 de outubro Dia em que o México celebra Wima'Kwari: Festival dos Olhos de Deus. Dia em que os antigos romanos celebravam Felicitas: deusa da sorte e da boa fortuna.

10 de outubro Dia em que na Espanha se celebra a festa da Virgem do Pilar.

11 de outubro Dia em que os antigos gregos e romanos celebravam a Thesmophoria de Deméter e Perséfone: festival de celebração dos direitos femininos que durava três dias. O primeiro dia: o Kathodos e Anodos, representava a descida de Perséfone e o seu renascimento.

12 de outubro Segundo dia da Thesmophoria: o Nesteia, que representava a procura de Deméter, sua jornada pela Terra e seu sofrimento.

13 de outubro Terceiro dia da Thesmophoria: o Kallengenia, que representava o reencontro de Deméter e Perséfone. Retorno da vida na Terra e promessa de um eterno renascimento. Nesse dia as mulheres se confraternizavam e se dedicavam a rituais de representação da Primavera. A Thesmophoria era um festival onde era proibida a presença de homens, pois era uma celebração absolutamente feminina.

14 de outubro Dia em que no Nepal se celebra o Dasain ou Durga Puja: festival onde se comemora a vitória da deusa Durga sobre o Mal. Dia em que na Lídia se comemorava Ma: deusa da fertilidade e da força feminina. Introduzida em Roma pelo ditador Sulla, por volta de 85 a.C.

15 de outubro Dia em que na Islândia se celebram As Noites do Inverno. Festival onde se comemora o início do inverno, primitivamente dedicado a Freya e Disir: deusas provedoras do amor e destino. Disir, originariamente era uma deusa que personificava a mulher ancestral de cada família. Com o tempo seu significado mítico perdeu-se, até se transformar numa palavra que tem como significado "qualquer deusa".

16 de outubro Dia em que o Nepal comemora Lakshmi Puji, festival em honra de Lakshmi: deusa da fortuna e da abundância. Dia em que os antigos gregos celebravam Pandrosus, festival em honra de Pandrosus: primeira mulher a usar a roca e o fuso.

17 de outubro Dia em que no Japão se celebra Kanname-Sai, festival do grão: dedicado à deusa solar Amaterasu-Omikami.

18 de outubro Dia em que os antigos celtas celebravam Herne, deus de chifres, ligado aos mistérios da Natureza e Fecundidade.

19 de outubro Dia em que no Japão se celebra Bettara, festival dedicado a Ebisu: uma das sete divindades da sorte.

20 de outubro Dia em que na China se celebra Chung Yeung, festival das pipas: dedicado aos ancestrais.

21 de outubro Dia em que no Panamá e nas Ilhas Virgens se celebra o Cristo Negro. Dia em que os antigos eslavos celebravam cultos em honra de Orsel, deusa lunar: protetora das mulheres. Transformada pelos cristãos em Santa Úrsula.

22 de outubro Dia em que no calendário hebraico se comemora Succoth, festa da colheita, oriunda do antigo culto mesopotâmico dedicado à deusa Belili.

23 de outubro Dia em que se inicia o signo astrológico de Escorpião, dedicado a Pele: deusa havaiana dos vulcões e do fogo.Contam os havaianos que Pele era a filha mais bonita da deusa Haumea: senhora da Terra. Durante toda sua infância, a pequena deusa se dedicava a observar as manifestações do fogo e logo aprendeu como produzi-lo e controlá-lo. Porém, desta íntima convivência resultou a formação de seu caráter irascível e tempestivo como o próprio fogo. Namaka, deusa soberana das águas, logo percebeu o temperamento incontrolável da jovem deusa e, quando esta atingiu o corpo de moça, advertiu Haumea que Pele teria um futuro infeliz se não controlasse seu temperamento indomável. Como Haumea procurasse defender a jovem Pele, Namaka reveloulhe que Pele, sem seu consentimento, havia instalado nas profundezas da terra um enorme fogo que arderia eternamente. Haumea, compreendendo a travessura da filha, como uma boa mãe desculpou-a. Contudo, preocupada com as possíveis perseguições de Namaka, logo tratou de convencer Pele a encontrar um lugar bem distante para morar. Convencida por sua mãe, ela e sua irmã Hiiaka, a nuvem, partiram numa canoa em busca de um novo lar. Durante dias navegaram pelas águas de Namaka, até chegarem a um atol completamente deserto. Era o Havaí. Pele, usando seus poderes mágicos, transformou o atol numa terra fértil constituída por pequenas ilhas. Namaka, furiosa com o ato de Pele, considerado como uma afronta que não respeitara seus domínios e nele criara uma terra, começou uma terrível guerra contra a filha divina de Haumea. Dizia-se que foi a pior luta que o mundo presenciou. Água e fogo por longos dias se engalfinharam. O resultado foi a derrota de Pele. Esta, dizem as lendas, tornou-se espírito e se refugiou nos vulcões do Havaí, principalmente o Kilauea, o seu preferido. Assim ela se tornou a essência do fogo terrestre para o povo havaiano. Muitas são as oferendas feitas a Pele nas crateras dos vulcões: mechas de cabelo, açúcar, flores, pássaros brancos, dinheiro e morangos.

24 de outubro Dia em que as feiticeiras celebram a Festa dos Espíritos do Ar: dedicada a Gula, Cardea, Athena, Minerva, Aditi, Maat, Dione, Nuit, e a muitas outras deusas ligadas a este elemento.

25 de outubro Dia em que os chineses comemoram o Festival de Han Lu: deusa lunar, protetora das colheitas. Dia em que as feiticeiras realizam rituais dedicados a deusas ligadas à fertilidade e colheita, tal como Uke-Mochi: deusa japonesa provedora dos alimentos. Diz a lenda que Uke-Mochi, toda vez que necessitava de comida, vomitava. Se ela mirasse a terra, brotava arroz, que logo estava pronto para ser comido. Os homens não sabiam como cozinhar arroz, então aproveitavam-se do vômito da deusa, que lhes oferecia o arroz já cozido e temperado. Se ela estivesse com fome e mirasse o mar, de sua garganta logo brotavam inúmeros peixes. Se olhasse para as montanhas, surgiriam animais próprios para a caça. Os mortais, acostumados com os alimentos que a deusa lhes dava, nunca reclamaram de sua estranha forma de se alimentar. No entanto, um dia, um deus, visitando-a, descobriu como o alimento estava sempre presente em sua mesa e enjoado com seus vômitos, assassinou-a. O corpo inerte da deusa guardava uma incrível fertilidade. Atônito, o deus presenciou o fenômeno que aconteceu: seu corpo, ao entrar em contato com a terra, dissolveu-se, transformando-se em inúmeros alimentos que brotavam em cada canto da terra. Foi assim que os homens conseguiram os seus primeiros campos de arroz.

26 de outubro Dia em que o antigo Egito celebrava o Festival de Hathor: deusa-mãe de todos os deuses e deusas do Egito.

27 de outubro Dia em que o povo hopi celebra sua terceira cerimônia feminina de cura. É a Owagit: festa dedicada ao poder curador das mulheres, as guardiãs das ervas e dos segredos da cura. Neste ritual, a mulher é simbolizada como receptáculo das sementes da vida: o grande útero gerador de todas as coisas.

28 de outubro Data em que os antigos egípcios celebravam o primeiro dia da Ísia, festival que durava seis dias e que representava a procura e o reencontro de Ísis com seu amado Osíris. Uma celebração com fortes conexões com os Mistérios de Elêusis.

29 de outubro Dia em que as tribos iroquesas celebram sua Festa dos Mortos: dedicada a seus ancestrais. Segundo dia dos Mistérios de Ísia.

30 de outubro Terceiro dia dos Mistérios de Ísia. Aqui era representada, ritualisticamente, a procura de Ísis, percorrendo terras estranhas em busca de Osíris. Dia em que no México se comemora a Festa dos Angelitos. Festival onde se honram as almas das crianças mortas. Primitivamente dedicado ao deus da morte, Xipe Totec, e à deusa-mãe, Tonantzin: divindades que acolhiam as almas dos mortos e nutriam pelas crianças um especial carinho.

Com o desenvolvimento do cristianismo no México, Angelitos tornou-se uma festa dedicada à Virgem de Guadalupe.

31 de outubro Dia em que as feiticeiras do hemisfério sul comemoram Beltane: *sabbath* que anuncia a chegada do verão e intimamente ligado aos ritos de sexualidade e fertilidade. Quarto dia dos Mistérios de Ísia: quando Ísis se encontra mais próxima do final de sua procura.

Novembro

A LUA DOS SONHOS

"Existe alguma coisa que detesta os muros,
Sob eles faz inchar a terra congelada,
Ao sol derrama as pedras superiores,
E rasga brechas em que dois passam de frente.
A obra dos caçadores é outra coisa:
Tenho seguido as suas pegadas, trabalhando
Onde não deixam pedra sobre pedra
Até espantarem o coelho de sua toca
Para o agrado dos cães sempre a latir. Tais brechas
A que me referi, ninguém viu serem feitas,
Nem ouviu serem feitas, mas na primavera
Eu as encontro lá, no tempo dos concertos.
Aviso meu vizinho lá detrás do monte,
E marcamos um dia para vistoriar
E levantar de novo o muro entre nós dois.
E vamos juntos, com o muro entre nós dois.
Cada um repõe o que rolou para seu lado.
Umas pedras são pães e outras parecem bolas,
E só por mágica as mantemos no lugar:
"Até que nos viremos, fiquem onde estão!"
Os dedos criam calos ao lidar com elas.
Com um de cada lado, isto não passa
De outro jogo ao ar livre. E nada mais talvez:
Desnecessário é o muro onde se encontra:
Além há um pinheiral e aqui há macieiras.
As macieiras, digo-lhe, não vão passar
E comer seus pinhões. Mas ele secamente
Responde: "Boas cercas fazem bons vizinhos."
A primavera é a minha malvadeza, e penso

Ser capaz de enfiar-lhe idéias na cabeça:
"Mas por que fazem bons vizinhos?" Não seria
Apenas onde há gado? E aqui não temos gado.
Antes de erguer um muro, sempre me pergunto
O que busco reter e o que busco deter
E a quem ofenderia, se não o fizesse.
Existe alguma coisa que detesta os muros,
E os quer ver arrasados! "Dir-lhe-ia que os elfos",
Mas não são elfos propriamente, e eu gostaria
Que ele mesmo o dissesse. E observo como traz
Firmemente uma pedra em cada mão, pelo alto,
Igual a um homem das cavernas bem armado.
Caminha pelas trevas, me parece,
Que não são as dos bosques ou das sombras de árvores,
E, sem nunca ir além do dito de seu pai,
Satisfeito de nele haver pensado tanto,
Repete: "Boas cercas fazem bons vizinhos."

ROBERT FROST, "O CONCERTO DO MURO"

Novembro se insinuava nas carícias dos ventos mornos, arrepiando as areias onde os sonhos coçavam nos olhos de quem, como eu, vivia perfurando horizontes e rabiscando segredos sobre as estrelas.

Ventos dourados traziam os rebolados das mulheres que buscam água nas beiras dos rios. Toda a cidade inundava-se do cintilar travesso de uma Lua que, tal qual prostituta ancestral, esparramava seus peitos na janela recém-desenhada do céu.

Uma ponte invisível atravessava o oceano, convidando àqueles que cultivam o olhar dos piratas a embrenharem-se nos seus abismos. Possuidora dos dons das alucinações, eu farejava com narinas ferinas os arrepios das tentações. Esticava meus músculos como se fosse uma enorme gata vadia, que arranha as almofadas acetinadas com suas lâminas de curvas imaginárias. Sentindo-me como pirata bêbado, embriagava-me com os raios de uma Lua que me prometia mergulhos vertiginosos numa etérea prancha de sacrifícios...

O mar, conhecedor de meus desvarios, cismava numa eterna sedução, como astuto senhor das perversões que inebriam as meninas... Todos os dias, convidava-me para afagos obscenos e violações marinhas, quando Posídon me deflorava em profundos abismos onde os homens não ousam chegar. Como uma vítima sedenta pela mordida fatal de um fálico vampiro, eu perambulava pela areia, esperando, a cada manhã, os odores de um mítico falo com pêlos de plantas aquáticas, que me conduzia pelas vielas marginais das fantasias que fazem corar as meninas.

A aproximação do lugar, onde o beijo da Lua se transforma em delicada guirlanda, já dava para ser sentida nitidamente. Eu me encontrava muito próxima do laço que arremataria o caminho percorrido naquele ano. Sentia que minha vida se transformara em mítico vaso ancestral, recolhendo, a cada lua, os líquidos sagrados que renovavam meu poder. Líquidos compostos de pequenas cenas, fragmentos de idéias e retalhos de delírios dos poetas. Uma poção mágica feita com minhas próprias experiências e que estariam sempre ali, resguardadas e prontas para serem utilizadas nos momentos que delas necessitasse..

Assim como uma jovem africana que leva em sua cabeça um vaso gentilmente equilibrado com as águas que as deusas aquáticas lhe deram, adentrei em minha décima primeira Lua, literalmente bombardeada pelas flechas dos sonhos. Cada cena real, que a mim se apresentava, transmutava-se em visões que se contorciam como um malabarista de circo em ágeis cambalhotas.

Assustada com esse estranho processo de tradução de realidades, achando que a hipersensibilidade, um dia diagnosticada por meu analista, por alguma razão que eu desconhecia, havia se transformado em loucura, procurei vó Luísa: a mais poderosa feiticeira em matéria de sonhos.

Já tendo decidido que iria visitá-la naquela tarde, recolhi-me em meu quarto, com receio de sair naquela manhã e mais uma vez vislumbrar nos cabelos de Sylvia as pequeninas estrelas que brincavam de esconde-esconde entre os tufos de suas mechas. Ou então, como possibilidade aterradora, deparar-me com o almirante do quinto andar. Vê-lo rodeado pelas almas dos jovens que tiveram seus sonhos extirpados em escuras salas com paredes manchadas de sangue. Definitivamente, eu não queria presenciar esta cena! Se fossem apenas estrelas, arco-íris e chuvas de cristal... Mas não! As cenas eram as mais variadas e muitas se constituíam de pesadelos aterradores.

Encolhida em meu canto, vi entrar Conceição, a arrumadeira. Ao mirá-la, imediatamente observei em seus olhos uma enorme cama dourada, que se amarfanhava com os carinhos de Onofre, o porteiro, explorando a brancura de seu corpo desnudo. Não podendo conter o riso, desatei em gargalhadas. Afinal, o sisudo porteiro se revelava um autêntico amante latino! Conceição, incomodada com meu riso, logo me indagou pelo motivo de tantas risadas. Ao relatar-lhe o que estava vendo dentro de seus olhos, olhou-me assustada e saiu de meu quarto, fazendo o sinal-da-cruz e dizendo a todo mundo que eu estava ficando lunática.

Não sei se envaidecida ou acuada, sua definição me serviu de sinal para que pegasse na estante um livro de poemas de Jules Laforgue: um poeta do século dezenove que fez da Lua a sua maior musa. Munida de um velho dicionário de francês, pouco a pouco fui compreendendo *Climat, Faune et Flore de la Lune*. Hoje, dado à belíssima tradução de uma edição brasileira, posso transcrevê-lo, sem ter de novo que recorrer ao dicionário:

"Ó Lua, de Imaculada Conceição,
Sim, eu, verme das nuvens de ocasião,
Amo, das telhas de nossa Babilônia,
Conceber teu clima, tua flora e tua fauna.

Invento: para te oferecer meus tédios,
Barca do Nada, cais só, sem remédio!

Tua atmosfera: fixa. Sonhas, gelada,
Eco de hipogeu, climas-silêncio, nada,
De um céu átono, onde nuvem nenhuma dorme
E ventos cochicham alto estamos mortos?
Montanhas de nácar e golfos de mármore
Muros de místicos cibórios se espalham
Em angras onde, sobre vigas, ar lento,
Sereias trançam cabelos, movimentos,
Brancas, fartas de luxúrias lunares,
Ali, golfinhos de mercúrio em gêisers.

E o outono encantatório e permanente,
Sem pé, embalsama os mares, continentes,
Lagos cegos, oftálmicos, sim, fontes,
De Letes, cinzas — ar, porcelanas, montes,
Crateras senis, oásis impotentes,
Serras árticas, desertos, zinco em frente
Platôs-gesso, carreiras abandonadas,
Necrópoles não envelhecidas nada,

E dólmens em caravanas — eles todos
Viveram seu tempo, sonham com o novo!

Salve — sapos enrugados, sentinelas
Sobre picos, rangendo bicos a elas,
Rolinhas, que intrigam ares, ou cetáceos
Luminosos! Vós, ao nível coriáceo,
Cisnes de antanho, seres de cataclismas,
Pavões empinados, auroras de prismas;
Vós, fetos murchos, glabros contemporâneos
Esfinges pastando tédios, nos arames,
Que, dentro do som de grutas de basalto,
Ruminais o Enfim, tabaco imortal!

Renas de galhos de cristal, ursos brancos
Sérios magos, num passeio levando-vos,
Braços em cruz, ao néctar do deus silêncio,
Porcos polindo vossas pálidas lanças;
Borboletas empavesadas de jóias,
Abrem asas a dois batentes de in-fólios;
Sim, gelatinas de hipopótamos pálidos
Vai e vem de exploradores encefálicos;
Pítons, tripas de crânios, tudo abstrato,
Num sopro secaria! Elefas mofado!

Vós, flores fixas! mandrágoras com rostos,
Cactos obeliscais, frutos sarcófagos,
Florestas de círios, parques polipeiros,
Palmeiras corais de ferro resineiro,
Vós, lis marmóreos de sorrisos histéricos,
Que ensinais, oh! os claros sons primevos
De cem em cem anos, quando tiverdes leite,
Champignons com palácios de deleite!

Ó Fixa, não sabemos a quem dar a palma
Do lunar, sobretudo a lição de calma!
Tudo tem o ar de um mesmo ato de fé
No Nada Cotidiano sem porquê!
Nada faz sombra e nada se desagrega;
Vive só de Sortilégio, é a regra,
Sem lares que induzam a gastos excessivos

De amores brancos, lunares, distraídos...
Ó, não terminemos com dor de cabeça,
Riso idiota de mármore à beça
Que tudo se estagne num espelho morto!
Não vamos nos lembrar de sair, absortos.
Ah! mas é pra lá que se volta na certa
E sempre, quando se compreende a Madrépora."

Em cada linha que ia lendo, sentia a ebulição lunar infiltrando-se na cabeça do poeta e transformando qualquer possibilidade lógica num alucinado cometa, que com sonhos rasgava o céu. A Lua lhe havia injetado as drogas sagradas que reviram o mundo em debruar de rendas e tafetás oníricos.

No instante em que percebi as voltas alucinantes do poema, constatei a realidade das palavras de vó Vitalina, naquele dia em que para ela eu lia *Dom Quixote*, quando, revirando seus olhos, me disse: "Márcia, somente os poetas conseguem desvendar os mistérios das feiticeiras!" Sim, somente o olhar transverso das impossibilidades possíveis dos poetas consegue atingir o fogo indomável de Pele, esta transgressora ancestral que em nós se abriga, explodindo em lavas delirantes e fazendo os sapos se tornarem príncipes e abóboras em ricas carruagens.

Somente feiticeiras possuem o caldeirão mítico onde os dejetos se tornam irresistíveis perfumes, onde dores transbordam de hilariantes gargalhadas e Baubo mostra suas nádegas para um mundo sisudo.

A Lua dos Sonhos, em meio às cintilações estreladas das sílabas de Laforgue, trazia-me a primeira chama dos vulcões indomáveis de Pele e mais os contornos sutis de Yemanjá Olokun: aquela que só se mostra em sonhos... Assim, confortada pelas visões dos poetas e confiante nas deusas que me iniciavam nesta ótica mágica de traduzir o mundo num interminável poema, dirigi-me à casa de minha bisavó Luísa: a costureira dos sonhos.

Até hoje retenho as impressões extraídas durante o trajeto. Cenas multifacetadas que, como tricô de uma gentil senhora, brincavam com minha imaginação, enlaçando-me em redondos nós.

Como vó Luísa morava na Tijuca, resolvi me servir de um ônibus para chegar à sua casa. Antes passei no escritório de meu pai, onde pegaria uma quantia necessária para comprar alguns livros, o que faria quando retornasse da casa de minha avó.

O escritório ficava no centro da cidade. Com minha velha mania de andarilha, peguei o caminho da Praia do Flamengo, caminhando até a Avenida Rio Branco. Depois, enfiando-me pelas ruelas antigas do Centro, finalmente cheguei à Praça Quinze, diante do enorme prédio de escritórios onde papai possuía o seu.

Tendo transformado aquela visita numa verdadeira jornada épica, dispensei o elevador e fiz dos onze lances de escadas um interminável episódio cercado de aventuras. Ali os monstros aterradores me separavam do graal. Portanto, vencendo um último monstro, adentrei pelo escritório, seguida pelo atônito olhar da secretária, que, para mim, a essa altura, já se transformara em solícita aia de castelo. Sem entender os motivos de minha louca jornada, ela tratava de utilizar a lógica estúpida das primeiras lições de psicologia, dizendo-me, com voz empostada, que eu devia enfrentar meus medos e que elevadores não mordiam!

Nem de longe ela desconfiava que escadas, sim, é que podiam morder! Na sua lógica obtusa, o fato de que eu tenha subido de escada, ao invés de, como todos, utilizar o elevador, colocava-me baixo o grupo dos fóbicos e paranóicos: aqueles que necessitam de uma "boa conversa". Por uns quarenta minutos escutei-a desfilar um punhado de "casos", desde o simples medo de insetos até uma engraçada fobia a tampas de embalagens! Enquanto sua voz procurava o tom exato, aquela sonoridade bizarra que cisma em parecer mais tranqüila que um plácido lago, meus olhos oníricos vislumbravam em suas mãos os estalos das bofetadas que diariamente espancavam três lindas crianças, que a generosidade de sua psicologia ainda não havia alcançado.

Seus cabelos, geometricamente bem penteados, teimavam em exibir um redemoinho desgrenhado, o que a tornava parecida com as toscas caricaturas de bruxas dos contos de fadas. Assustada com tudo que via, eu procurava desviar meu olhar de todas as maneiras, o que acabou me comprometendo de maneira irreversível: a aspirante a psicóloga, assustada, chamou por meu pai, alegando que eu estava "muito esquisita".

Papai, filho de feiticeira, logo percebeu que eu bisbilhotava outras dimensões e, fingindo preocupação, introduziu-me na sua sala. Tirou rapidamente da carteira a quantia que havia me prometido. Com olhar divertido, balançou a cabeça e me disse: "Sua avó devia ter lhe ensinado a não bisbilhotar a alma de estranhos!"

Lisonjeada por despertar em meu pai a certeza de minha condição de bruxa, saí de sua sala e, ao passar pela secretária, lhe disse, com ar de triunfo: "Não bata com tanta força em seus filhos, eles não são culpados pelas suas frustrações..." Até hoje retenho seu olhar assustado, como se tivesse saído de um exame de raios X!

Pois bem, tendo vencido a irritante secretária e com o dinheiro que precisava no bolso, tratei de tomar um ônibus que me levasse até a Tijuca, onde vó Luísa aguardava minha visita. O lugar onde os ônibus faziam ponto final ficava numa enorme praça povoada por inúmeras filas. Desacostumada com a prática deste ritual urbano, fui de fila em fila perguntando qual ônibus deveria tomar para chegar na Rua Haddock Lobo. Não sei se ensimesmados com seus próprios problemas ou enlevados com seu ritual, o fato é que ninguém respondia. Por mais que eu insistisse em perguntar, nenhuma resposta obtinha.

Cansada de rodar de fila em fila, acabei por optar por minha intuição, instalando-me numa fila que me pareceu ser a do ônibus que me servia. No momento em que parei de procurar, instalada atrás de uma senhora com duas crianças, comecei a fazer planos sobre os livros que compraria. Daí, na dúvida entre *A Convidada*, de Simone de Beauvoir, *Seqüestrados de Altona*, de Sartre, *A Metafísica*, de Aristóteles, *A Metamorfose*, de Kafka e *O Inspetor Geral*, de Gogol, não percebi que mais uma vez penetrava numa outra dimensão. Praticamente só me dei conta quando estranhos aromas penetraram em minhas narinas. Odores os mais variados, com cerveja se misturando a velas, flores, lágrimas, alimentos e incensos.

Intrigada com a imensa gama de aromas, abandonei minhas dúvidas e passei a observar o que acontecia à minha volta. Eu já me encontrava do outro lado! A senhora à minha frente havia se transformado numa frágil mocinha de mãos dadas com um esguio soldado. As crianças, como se fulminadas por um feitiço, eram cintilantes luzes, incrivelmente parecidas com as luzes do olhar de cada um dos apaixonados. O magro senhor, um pouco mais à frente, trazia uma esquálida senhora a seu lado, que muito chorava e por vezes me pedia com os olhos que a ajudasse. Ao me aproximar, senti um forte calor, como se ela ardesse em febre. Um gordo rapaz, o primeiro da fila, beijava apaixonadamente um crucifixo e dois padres se aproximavam dele lentamente. E assim, vislumbrando os sonhos mais secretos de cada pessoa da fila, fui pouco a pouco sendo tragada pelo lugar dos sonhos...

Os aromas lentamente ficavam para trás e eu me sentia como uma pipa: um menino soltando tanto a linha que por fim não se vê mais nada além do menino! Uma escuridão tomou conta de meus olhos, e as vozes ficaram cada vez mais distantes.

Depois de algum tempo, enfumaçada entre altas nuvens negras, percebi que me encontrava amparada pela senhora com as duas crianças. Uma roda bizarra de pessoas perguntava curiosa o que havia acontecido. Eu estava bem defronte à rua de minha bisavó! A senhora, encarnando o papel de uma enfermeira, dizia ao grupo que eu desmaiara no ônibus...

Despedi-me da senhora com os devidos agradecimentos e, intrigada, subi a rua de vó Luísa. Dentro de mim um milhão de indagações fervilhavam. Eu não me lembrava de ter entrado no ônibus e nem tampouco ter sentido qualquer coisa que justificasse um desmaio! Para mim, era como se ainda estivesse de pé, na fila, observando as cenas que haviam vazado a realidade.

Ao chegar na casa de minha avó, não foi preciso que eu narrasse os acontecimentos. Vó Luísa, ao me ver, disse, divertida: "Você esteve na terra dos sonhos, filhinha!" Atônita com sua afirmação, perguntei-lhe por quê. Afinal, ainda não lhe havia dito nada que pudesse levá-la a tal conclusão! Conduzindo-me até seu quarto, depois de me oferecer um suculento pedaço de rapadura, com extrema delicadeza, minha avó me disse que atrás de mim se encontrava uma senhora muito doente, que ela morrera com uma estranha febre e que sofria por ver seu filho entregue à bebida. E mais: que nessas horas, quando o álcool anestesiava sua consciência, ele se lembrava demais de sua mãe.

A descrição de minha avó foi o bastante para despertar meu velho medo de fantasmas. Ao mesmo tempo, sua descrição era tão semelhante à imagem que eu havia visto, que a curiosidade acabou por vencer o medo, levando-me a uma interminável lista de perguntas. Eu queria saber o que acontecia comigo. O que me levava, sem que eu pudesse exercer um mínimo controle, a vazar a realidade e colocar-me numa outra dimensão. Onde ficava essa terra de que ela tanto falava? Seria somente minha tão falada hipersensibilidade, minha imaginação eternamente grávida, ou seria mais um dom a ser trabalhado?

Vó Luísa, desde pequena acostumada a um estreito convívio com os sonhos, insistia para que primeiro eu saboreasse o pedaço de rapadura. Dizia-me que era preciso dissolver o açúcar na alma, para que eu entendesse as coisas que ela me falaria, que os sonhos não gostavam de ser visitados quando o frio da aflição gelava nossa barriga...

Por um longo período, vi o duro pedaço de rapadura virar um cristalino líquido, que, preguiçoso como todas as águas doces, descia por minha garganta, brincando com a gula do meu céu da boca, estremecendo afoito em minúsculas contrações, exatamente igual às cócegas que hoje experimento ao comer goiabada ou cana!

Movida por um travesso Marte que carrego na sexta casa de meu mapa natal, esquecia por vezes o conselho de que devia deixar a rapadura derreter em minha boca, e, rápida, cravava os dentes, tentando pulverizá-la imediatamente. Vó Luísa, esperta como toda feiticeira, dizia: "Não adianta tentar apressar aquilo que você não comanda. Deixe que o doce faça sozinho o trabalho!" Não sei se influenciado por suas palavras ou assustado com as tempestades do olhar de vovó, Marte, como um bom menino, recolheu-se ao quarto de estudos, para lá fazer direitinho a lição de casa.

À medida que a rapadura operava sua alquimia mágica, senti que uma intensa tranqüilidade me absorvia toda, como se eu me tornasse um sonolento algodão-doce de parque. Uma sensação imensa de que tudo ficara redondo confirmava minha teoria do algodão: o doce que irrompe de minúsculos cristais, que descrevem no tacho invisíveis círculos, que se aglutinam numa apoteótica circunferência translúcida, ávida por curvilíneas lambidas de línguas...!

Dessa forma, dei-me conta das redondas realidades do corpo de minha avó, pequenos círculos desenhados por sobre os ossos, torneando seus seios, seu ventre, seus dedos, seus joelhos e as bochechas rosadas. Num relance, compreendi seu poder de dominar os sonhos! A terra que ela tanto falava, requeria de nós, mortais, a qualidade dos círculos. Não se podia compreendê-la com a lógica do tolo Marte. Era necessário que fizéssemos um laço no ar e a caçássemos nos prados como um potro selvagem!

O que me fizera vazar a realidade para desembocar no lugar dos sonhos tinha sido a maneira circular de engendrar meus pensamentos e transformá-los em algodão-doce no interior de um tacho invisível. A língua dos sonhos tinha sido atraída e lambia gulosa os meus delírios.

Vovó, parecendo ler minhas loucas teorias, me disse, num piscar moleque dos olhos: "Filhinha, os beijos dos sonhos podem ser traiçoeiros, um dia você pode não conseguir voltar. Não se deve rasgar o tempo só por diversão, você ainda tem que aprender muita coisa, senão o sonho lhe mastiga e nunca mais você retorna!"

Naquele dia aprendi minha primeira lição da Lua dos Sonhos: reconhecer que os sonhos podiam afogar os mortais nas águas nebulosas do esquecimento, no desmaio aquático de Letes, onde os mortos bebem para esquecer a vida terrena. Sim, podiam nos agarrar neste lugar onde habita a suave deusa filha de Éris — "a discórdia" —, aquela que tornou-se fonte e seduzia os passantes que procuravam a sabedoria no oráculo de Trofônio. E que só despertavam de seu sono através das águas de Mnemosine: a memória.

Conhecendo então os ardis de Letes, fui presenteada com um pequeno frasco contendo as águas da memória. Uma água que vó Luísa me garantira vir de uma nascente que guardava a lembrança do mundo. Muitos anos mais tarde, ao estudar a mitologia grega, constatei a veracidade de suas explicações.

Conhecendo o primeiro axioma da intrincada disciplina dos sonhos, comecei naquele mês um longo aprendizado com vó Luísa. Diferente de vó Vitalina, que possuía a seriedade ancestral de Hécate, vó Luísa se distinguia por sua pedagogia regada a doces e devaneios. Sempre risonha, com as bochechas redondas lembrando os rosados bumbuns dos bebês, ela me conduzia carinhosamente pelas vielas dos arrebatamentos.

Pude então descobrir bem cedo que possuía o dom de controlar os sonhos. Às vezes, por mera bisbilhotice, escorregava no corredor que separava meu apartamento do de Sylvia e a encontrava dormindo, entregue às doces seduções de Morfeu. E como mítica assaltante pude violar seus sonhos e misturar-me aos seus enredos. Divertia-me com sua face de espanto, quando, no dia seguinte, entre uma pedalada e outra, eu lhe dizia o que ela sonhara na noite anterior. Seu rosto adquiria o vermelho das indignações e, já totalmente subjugada, me dizia com seu engraçado sotaque suíço: "Márcia, é muito feio invadir a privacidade dos outros!"

Ao contrário de vó Vitalina, que com certeza me repreenderia por tal façanha, vó Luísa se divertia, como uma criança levada se diverte ao saber das traquinagens do amigo. Para ela, indiferente às normas rígidas de conduta de Hécate, não havia abuso de poder nas pequenas brincadeiras maldosas que as bruxas tanto gostam de fazer. Era como se, brincando, os nossos poderes se ampliassem e pudéssemos, instaladas numa outra dimensão, ajudar àqueles que necessitavam. Seu dom de controlar os sonhos dera-lhe uma liberdade absoluta: a capacidade de transcender toda e qualquer realidade, invertendo-a na forma que quisesse lhe dar.

Alguns dias após ter me aperfeiçoado devidamente em pequenos assaltos noturnos, tive uma prova suficiente de sua teoria: podemos mudar as situações, tanto nossas como de outros, quando nos encontramos na dimensão dos sonhos.

Curiosa e também intrigada com o misterioso namorado que Conceição arrumara, e que num piscar de olhos transformou-a em sisuda jovem sempre agarrada a uma pequena Bíblia, esquecida de suas revistas de fofocas sobre artistas, além de emudecer suas canções de Cauby Peixoto, desaparecendo seu delírio tiete quando imaginava-o cantando somente para ela "Conceição, eu me lembro muito bem!", resolvi averiguar o que se passava. Já que por meio de conversas era impossível saber qualquer coisa, apelei para minha recente especialidade: penetraria em seus sonhos.

Naquela noite, dormi com seu nome debaixo de meu travesseiro e preparei-me com um bom banho de arruda. Afinal, eu não conhecia o sujeito e tinha que estar bem protegida. Em pouco tempo, encontrei-a deitada em sua estreita cama no quarto das empregadas. Vera, a cozinheira, roncava como sempre na cama ao lado, entregue aos requebros de passista de escola de samba. Como tinha por tarefa desvendar o mistério que cercava o novo namorado de Conceição, reprimi meu desejo de sambar a noite inteira ao som das cuícas. Rapidamente entrei nos sonhos daquela que, igual à música de seu ídolo, cantava "vivia no morro a sonhar com coisas que o morro não tem".

Foi então que, outra vez plagiando a canção, apareceu o objeto das investigações. No sonho, Conceição encontrava-se no Largo do Machado, em meio a uma grande roda de pessoas, todas com uma Bíblia nas mãos. No centro da roda estava um homem que aparentava uns trinta e poucos anos e com um ridículo bigodinho que lhe servia de cerca entre o nariz e os lábios. Sua aura era sinistramente escura, com pequenos contornos vermelhos projetando-se como lanças assustadoras que impediam a minha aproximação. Seus olhos, por mais que tentassem parecer gentis, emitiam a frieza implacável dos psicopatas. De sua garganta saía a fúria de seu fígado mutilado. Um frio vento percorreu minha espinha, levando meus joelhos ao conhecido balé do terror. Fiquei literalmente paralisada pela visão, já convencida de que havia cometido um erro, preferindo os sonhos de Conceição aos requebros de Vera e seu samba.

No instante em que me preparava para sair de seu sonho, fomos vertiginosamente conduzidos a um pequeno quarto perdido num edifício do centro da cidade. Dentro dele, um cheiro insuportável inundava a atmosfera, misturado aos gritos de mulheres que a mim pareciam ser espancadas. Nas paredes, fotos de mulheres nuas eram exibidas com a luxúria doente dos que violam as mulheres.

Conceição jazia deitada sobre a imunda cama. Seu corpo coberto pelas marcas de uma surra que havia levado. Ao ver que o homem se aproximava dela com o intuito de enforcá-la, esqueci meu medo e lancei-lhe uma poderosa maldição: carregaria por toda vida a sensação de que seu pênis era ininterruptamente mordido por ferozes escorpiões! Assim, já tendo submetido o covarde às piores dores, acordei Conceição e levei-a de volta aos braços de Cauby Peixoto. Deixei-os dançando num jardim iluminado por uma redonda lua. Ela, com um longo vestido branco, igualzinho ao de Ginger Rogers. Ele, impecável em negro *smoking*.

No dia seguinte, ao acordar, fui surpreendida por Conceição, que loucamente queria me contar seu sonho. A experiência de ser tomada nos braços por seu ídolo era maior do que qualquer paixão. Durante todo o dia ouvi-a cantarolando "Conceição!", tal qual uma doce Julieta que suspira por Romeu.

Dois dias após este sonho, ouvi de Vera a seguinte conversa: "O namorado de Conceição foi internado. Imagine que ele tentou estuprar uma moça e na hora H começou a chorar, dizendo que os bichos estavam mordendo o seu pinto!"

Em pouco tempo, acabou-se por descobrir que aquele respeitável pastor abrigava uma personalidade patológica, utilizando a religião como uma sinistra capa que ocultava sua crueldade. Ao comentar, por pura gabolice, tudo que havia se passado em seu sonho, acabei criando em Conceição um ritual crônico: sempre que passava por mim, agilmente se protegia com o sinal-da-cruz!

As lições de vó Luísa tornaram-se cada vez mais melindrosas. Tive que aprender a interromper um pesadelo, controlar o medo e transformá-lo em coragem, reconhecer os sonhos dos que sonham acordados e, principalmente, a lição mais difícil: rastrear os sonhos.

Embora fosse a lição mais complicada, era-me irresistível a possibilidade de localizar aquele que comigo sonhasse em qualquer lugar do planeta. Minha paixão pelos mistérios de Conan Doyle atraía-me como poderoso ímã catando alfinetes, dando-me a experiência do mercúrio dos termômetros que, quando se quebram, esfacelam-se em partículas infinitas, que de forma irreversível se atraem buscando a integração. Então, como partícula de mercúrio fora do termômetro, fui irresistivelmente atraída pela nova função de farejadora de sonhos.

Fascinavam-me as histórias de vó Luísa, quando, divertida, zombava de alguma pretensa inimiga, dizendo: "Fulana é tão boba que não sabe que eu posso saber o que ela anda fazendo. Imagine que a tonta foi para a casa de uma cunhada e as duas tentam de todas as formas me derrubar!" Para mim, essa possibilidade de captar uma intenção localizada num determinado espaço e tempo era o mesmo que uma dose dupla de Banana Real do Castelinho: bar que servia a melhor banana *split* do planeta!

Seduzia-me a idéia de que saberia com certeza se o objeto de meus desejos me correspondia, ou se minhas amigas nutriam por mim uma amizade verdadeira. Sem falar na possibilidade remotíssima de que algum professor, em véspera de prova, sonhasse comigo e de alguma maneira eu acabasse descobrindo as questões que cairiam na prova.

Vó Luísa se divertia com minhas tontas expectativas, sem emitir qualquer juízo de valor. Para ela, o mais importante era que eu exercitasse a técnica de um dom que possuía e não tinha controle. Pois, como feiticeira dos sonhos, sabia intimamente que só me aproveitaria dele quando quisesse brincar. Hoje, depois de muitos anos entrando e saindo de sonhos alheios, posso dizer que pouquíssimas vezes agi por pura curiosidade. Os sonhos dos outros podem conter armadilhas que podem ser fatais quando nos pegam desavisadas...

A técnica de rastrear os sonhos se limita à total abertura dos canais perceptivos, seguida da respiração que nos transforma em pássaros. Uma técnica muito antiga, que minha avó aprendeu um dia com sua irmã Maximiana: uma viajante eterna dos sonhos, que um dia enlouqueceu ao vislumbrar, daqui do Brasil, o naufrágio do *Titanic*... Vó Luísa contava do quanto sua irmã havia sofrido, ao se ver impotente perante tantas mortes. Do quanto passara toda a noite entregue ao doloroso trabalho de orientar aos que não se conformavam com uma morte tão precoce. De como ensinara o atalho que deviam tomar até que alcançassem a estrada que vai dar no acampamento do outro lado. E do quanto sua estrutura frágil e delicada havia sucumbido nas águas geladas, junto com o imenso navio, deixando-a com enorme temor de outra vez dormir...

Tia Maximiana, ao perceber que seus poderes se enfraqueciam à medida que o véu da loucura cegava seus olhos, e sabendo dos dons de vó Luísa, ensinou-lhe como virar pássaro noturno, para encontrar qualquer coisa que quisesse na escuridão das florestas. Vovó, talvez por seu fascínio europeu pelos "bons selvagens", tratou logo de associar este dom a alguma atividade própria dos índios. Assim, o vôo noturno de Maximiana, como num passe de delírio utópico, passou a ser conhecido como a tarefa de rastrear sonhos. Solidária às visões dos loucos e apaixonada pelas indígenas amazonas, transformei-o no vôo da coruja caçadora, e desde então varo as noites seguindo pistas e chocando visões...

Os primeiros dias de abertura dos canais perceptivos foram como um árduo período de exames na escola. Aprendi a andar pela casa com uma venda negra nos olhos, guiando-me somente pelo faro de minhas narinas e o arrepio de meus pêlos. Embora no início tenha trombado com a quina de muitos móveis e beijado frias paredes, em poucos dias me movimentava livremente pela casa. Vovó, ao ver que sua aluna aprendia rapidamente, iniciou-me no segundo estágio de abertura do olho incluso das feiticeiras. Este olhar que rasga os muros frios da realidade, metamorfoseando-o em cristal transparente, multifacetado por infinitas realidades.

Tratava-se do passo mais importante: andar pelas ruas de olhos fechados e reconhecer as transparências de cada contorno sólido que por mim passasse. Por uma semana me dediquei a este compromisso tão bizarro. Tropeçando nas dobras das calçadas, farejava estonteantes lapidações. Até que consegui decifrar os hieróglifos urbanos das pausas dos sinais e a linguagem das vozes das ruas. Em pouco tempo sabia reconhecer as múltiplas verdades de cada corpo, distinguia os tons exatos dos aromas e a intensidade das emoções. Eu podia ver nitidamente aquele fio invisível de que vó Vitalina falava: um fio delgado que nos conecta a todo e qualquer elemento.

Lembro que ao mirar as precisões de minúsculas partículas que compõem este fio, logo relatei a vó Luísa minha recente descoberta. Falei-lhe das curvas dos ventos que as agitam como tênues teias, indo, não se sabe por quê, grudarem-se em outros corpos desavisados. Vovó, ao escutar minhas palavras, disse-me que eu havia achado a chave para rastrear os sonhos. Era somente um pequeno artifício, pois lançava meu próprio fio ao corpo ou objeto que quisesse! Dessa forma, dediquei-me por um bom tempo a enroscar meu fio no fio de outras pessoas. Grudada como um engraçado ímã de geladeira, eu era por elas carregada durante todo o tempo. Embora eu conseguisse, enquanto acordada, sentir o que as pessoas sentiam, somente em sonhos tinha uma visão mais completa, podendo até mesmo influenciá-las naquilo que eu desejasse.

E foi assim, por mero divertimento, que trancei meus fios no rapaz estonteante que morava na esquina de minha rua. De noite, em meus sonhos, influenciei-o para que comigo falasse quando cruzássemos na rua! Em poucos dias constatei a eficácia de minha experiência. Ao me ver subindo a rua, vindo do colégio, ele me parou para perguntar meu nome. Muito sério, disse-me que andava sonhando comigo há alguns dias!

Depois de familiarizada com a abertura de meus canais perceptivos, faltava-me uma última coisa: aprender a transformar-me numa ave. Como diria vó Vitalina: "Dessa vez a porca torce o rabo." Esta simples idéia de que um ser humano pudesse realmente se transformar num animal colocava em questão quase tudo o que havia aprendido nos livros — pois seres humanos são seres humanos e animais são animais!

Para mim era inconcebível imaginar tal disparate, embora na infância tivesse experimentado alguns tímidos passos. Mas isso ficava por conta da imaginação das crianças... Agora o cenário era outro, eu tinha crescido e adquirido conhecimentos que negavam terminantemente teorias como essa.

Vovó, com a falta de lógica dos doces, seduzia-me com sorrisos melados, rindo-se dos meus argumentos, tal qual uma bomba de chocolate ri ao ver do outro lado da vitrine o rosto guloso de alguém perdido em dietas. Definitivamente, nenhum argumento adiantava, por mais sólido que fosse! Então, rendida às goiabadas e cremes de seu raciocínio, deixei-me levar por suas mãos de doceira...

O seu argumento residia na negação de um outro argumento de minha lógica catada nos livros. De chofre, ela o jogou na minha cara de estudante aplicada: "Filhinha, se os homens são só homens e não podem se transformar em nenhum animal, eles tampouco possuem fios e muito menos conseguem entrar pelos sonhos dos outros!" Dessa vez ela me pegara pelo pé. Não havia nenhuma possibilidade de negá-la. Assim, submetida à metafísica curvilínea de seus delírios, iniciei a última fase de aprendizado.

Ao longo de alguns dias me vi envolvida na escolha da ave na qual me transformaria. Estudei atentamente suas qualidades e a correspondência que havia entre nós. Depois de ter forçado um sem-número de correspondências com as aves mais majestosas, acabei por me conformar com a espantosa semelhança de comportamento que eu e a coruja possuíamos. Estranhamente, no momento em que admiti nossas correspondências, senti que um novo poder se instalava dentro de mim. Algo tão poderoso que me dava a impressão de que podia alçar os ares e cortar com minhas asas o tule das noites.

Como uma coruja, eu possuía a hipnose noturna, meus olhos abriam para as transparências da escuridão. Tinha também um estranho fascínio pelas cobras. E nutria pelos camundongos uma aguçada curiosidade, o que tornou-me uma eficaz desmancha-ratoeiras, numa época em que a garagem do edifício se encontrava tomada por eles.

À medida que reconhecia entre nós uma estreita gama de correspondências, minha curiosidade noturna aumentava consideravelmente. Ao deitar-me na cama, eu sentia um forte pulsar que me empurrava para fora de meu corpo, sempre acompanhada por um bando de corujas. E pela primeira vez comecei a experimentar aquilo que comumente se chama de "viagem astral".

Porém, acontecia um problema. Medrosa por natureza, ao perceber-me fora do corpo, depois de um certo tempo, eu entrava literalmente em pânico! O resultado era sempre desastroso: retornava bruscamente ao meu corpo e finalizava meu terror com um grito que acordava a todos na casa.

Aos poucos, aprendi com minha avó que não devia me assustar, pois nada de mal me aconteceria, enquanto estivesse usando o poder das corujas. Que eu devia programar os lugares que visitaria e principalmente quando fosse sugada pela noite, sem que tivesse nenhuma intenção, que eu ficasse bem atenta a tudo que presenciasse, pois muitas vezes seria chamada para auxiliar na travessia dos mortos!

Recentemente, há uns dois anos, comprovei as palavras de vó Luísa. Depois de um dia repleto com tarefas domésticas, numa noite em que só via à minha frente um bom travesseiro e o macio de um lençol, deitei-me preguiçosamente em minha cama e de tão cansada nem conversei com a Lua. No momento em que fechei os olhos, senti intensamente o bater das asas das corujas que sempre me acompanham. Um nervoso rebuliço, como se querendo me alertar de alguma coisa. Como, na época, minha cozinha abrigava a visita de uma divertida família de camundongos, balbuciei qualquer coisa como "já sei que os ratos estão fuçando a comida". Virei-me para o canto da parede, demonstrando claramente que naquela noite não estava disponível para vôos noturnos.

No momento em que fechei os olhos, fui bruscamente sugada para fora de meu corpo. Numa fração de segundos, parei na rua principal de meu bairro, onde um carro batera fortemente num poste e dois corpos de adolescentes jaziam mortos no chão. Um deles estava bastante atordoado, custando a crer no que havia acontecido. Já que o acidente acontecera há poucos minutos, ninguém havia acorrido à rua. Fora os meninos mortos, eu era a única presença.

No instante em que minha presença foi percebida, o menino atordoado agarrou-se a mim desesperadamente, como se assim o fazendo garantisse que tudo não passava de um sonho, que na manhã seguinte acordaria como de costume e tudo estaria do jeito que sempre fora. A pressão de suas mãos era tão desesperada que, tomada pelo pânico, custei a perceber que seus familiares mortos estavam se aproximando para encaminhá-lo ao acampamento do outro lado. Com muito custo consegui convencê-lo de que seus mortos não representavam perigo e que dele cuidariam com especial atenção. Por fim, já devidamente tranqüilizado, foi se soltando aos poucos de meu corpo e em pouco tempo sumia junto a seus mortos, naquela neblina que envolve os atalhos da trilha que conduz ao reino dos mortos.

No dia seguinte, Daniel, ao retornar de manhã cedinho da padaria, revelou-me aquilo que eu já sabia: um terrível acidente matara dois adolescentes, sendo que um deles estudava em seu colégio.

A Lua dos Sonhos já dava sinais de sua despedida. Enchiam a cidade de fios luminosos, que na anunciação dos verões se agitam mais do que o habitual, como se, ansiosos, quisessem demonstrar que os homens não foram feitos para a solidão e os muros.

Eu, que havia exercitado meus canais perceptivos, enxergava o enroscar contínuo das almas, entregues à luxúria dos primeiros encontros. Sem surpresa, via o início dos idílios e as paixões repentinas explodirem furiosamente como os vulcânicos fogos de Pele lambendo os milharais. Assistia, com doçura, o agrupamento dos bebês nas pracinhas, sempre cercados por fios embaraçados que se atropelavam nos velocípedes e nas bolas.

O verão se aproximava, e o mundo era abraçado pelo calor orgânico de uma realidade metafísica que nem todos conseguiam enxergar. De longe, as divindades desta Lua me acenavam despedidas, prometendo num outro novembro retornar.

1º de novembro Data em que os antigos egípcios comemoravam o quinto dia do festival de Ísia. Momento em que Ísis encontra o corpo de seu amado Osíris. Dia em que os antigos celtas realizavam o Festival de Tea: deusa fundadora de Tara. Dia em que os antigos escandinavos realizavam o Rito de Hella, dedicado à deusa Hel: senhora do reino dos mortos, aquela que o próprio nome significa "a que oculta" ou "a que cobre".

2 de novembro Dia em que os antigos egípcios celebravam o sexto dia do festival de Ísia. Quando era representada a ressurreição de Osíris: seu retorno do reino da morte.

3 de novembro Data em que os antigos egípcios celebravam o último dia do festival de Ísia. Momento da representação do renascimento de Osíris: celebrando a vida oferecida pelo leite de Ísis.

4 de novembro Dia em que na Bélgica se celebra Santo Humberto.

5 *de novembro* Dia em que o povo hopi celebra a cerimônia de Wuwutcim, dedicado à iniciação dos garotos da tribo, que na idade de 15 e 16 anos são introduzidos nas fraternidades dos homens adultos. Esta cerimônia tem por objetivo a introdução do jovem na religiosidade e cultura de seu povo.

6 *de novembro* Dia em que na antiga Babilônia celebrava-se o aniversário de Tiamat; deusa-dragão, guardiã das águas, mãe de todos os deuses e deusas.

7 *de novembro* Dia em que algumas tribos havaianas ainda celebram o Festival de Makahiki, dedicado ao deus Lono: senhor da fertilidade. Conta a lenda que um dia, num tempo muito antigo, Lono, ao passear pelas praias, avistou uma linda jovem, que se banhava nua no mar. Seu nome era Kaikilani e sua beleza era tão intensa que até os peixes se aproximavam dela inebriados. Lono, senhor absoluto das seduções, logo despertou na jovem uma furiosa paixão. Em pouco tempo se casaram e por longo período os mortais assistiram os dois apaixonados banhando-se nus, nas ondas da baía de Kealakekua.No entanto, Lono, com a prepotência dos machos, encontrou um jeito de tornar insatisfatório aquele romance. Começou a desconfiar neuroticamente da fidelidade de Kaikilani. Cego pelos véus do ciúme, acabou por assassiná-la num de seus incontáveis acessos de fúria. Dizem que, ao perceber seu engano, Lono vagou muito tempo pelas areias, atormentado pelo remorso. Até que, vendo sua dor perturbando os mortais, retirou-se para uma outra terra, prometendo aos nativos que um dia, quando sua dor se aplacasse, retornaria numa ilha flutuante e fértil.

8 de novembro Dia em que na Tailândia se celebra Loy Krathong, o festival das luzes, dedicado a Mae Kongkha: deusa soberana das águas doces dos rios.

9 de novembro Dia em que no Japão se celebra Fuigo Matsuri, festival dedicado à deusa Hettsui No Kami: guardiã das cozinhas, senhora da abundância e prosperidade das famílias.

10 de novembro Dia em que na Índia se celebra Kali Puji, festival dedicado a Kali: deusa que dá aos mortais aquilo que eles plantaram, senhora da criação e da destruição.

11 de novembro Dia em que na antiga Irlanda se celebrava Lunantishees, festival no qual Banshee, o espírito da mulher, era reverenciado. Diz a lenda que Banshee, coberta com enorme capa cinzenta, até hoje é vista vagando sobre as lavouras da Irlanda. Muitas vezes, não querendo ser vista, bate nas janelas das casas, anunciando que alguém irá morrer.

12 de novembro Dia em que os antigos romanos celebravam Epulum Jovis: festa dedicada a Júpiter, Juno e Minerva. No décimo segundo dia dessa lua, algumas feiticeiras se dedicam a rituais em honra de Deméter, evidenciando seu aspecto fertilizador. Portanto, é um ótimo dia para as mulheres que não conseguem ser fertilizadas pedirem à deusa que possibilite uma futura gravidez.

13 de novembro Dia em que os antigos romanos celebravam a Fontinália, festival das águas dedicado a Fons: deus da primavera. Fons ou Fontus é um deus ligado às águas das fontes: nascentes onde os romanos buscavam as águas mais puras. Dizem as lendas que era filho de Juno, a deusa guardiã dos casamentos. Seu templo se localizava em Roma, nas proximidades da Porta Fontinalis, a porta do muro de Sérvio, próxima do Capitólio. Dia em que na Espanha se comemora a Festa de Nossa Senhora de Garanbadal: a Virgem vista por quatro crianças no ano de 1965.

14 de novembro Dia em que algumas tribos do Canadá celebram ritos em louvor a Akycha: deusa solar que dá aos mortais o calor divino. Diz a lenda que num tempo muito antigo, Akycha, o Sol, vivia com seu irmão, Lua, numa aldeia onde os mortais se reuniam para as danças sagradas. Um dia, enquanto lá fora todos dançavam, Akycha se retirou para dentro de sua cabana, pois se encontrava muito cansada. Deitada sobre as peles, não percebeu que um homem se aproximava no escuro. Quando se deu conta, era tarde demais, foi violentada brutalmente por alguém de quem ela não conseguiu ver o rosto. Durante algumas noites a violência se repetiu. Por fim, Akycha, ultrajada pelos estupros contínuos e querendo reconhecer seu agressor para puni-lo, elaborou uma armadilha. Untou os dedos com óleo de lamparina e depois mergulhou-os num punhado de cal. Pacientemente aguardou a chegada de seu agressor e, quando ele a violentava, passou as mãos em sua face. Depois do estupro concluído, Akycha saiu até o quintal onde todos dançavam. Com horror, reconheceu no rosto de seu irmão a tinta gravada. Dilacerada pela descoberta, Akycha pegou uma faca e cortou seu seio esquerdo, dizendo as seguintes palavras: "Se você me deseja tanto, coma-o!" Ao terminar a frase, atirou o seio ensangüentado na face de seu irmão e saiu correndo, tentando ficar o mais longe possível de seu agressor. A Lua, ao vê-la fugir, saiu furiosa em seu encalço. Diz a lenda que até hoje Akycha corre no céu, fugindo de seu irmão...

15 de novembro Dia em que os antigos romanos celebravam a Feronia, festival dedicado a Ferônia: deusa da fertilidade e das florestas. Dia em que no Japão se celebra Shichigosan: festival dedicado à segurança das crianças de três, cinco e sete dias.

16 de novembro Dia em que os antigos gregos celebravam a Noite de Hécate: deusa-mãe, senhora dos caminhos.

17 de novembro Dia em que os católicos celebram Santa Hilda: padroeira das profissões femininas.

18 de novembro Dia em que a antiga Pérsia celebrava ritos dedicados a Ardvi Sura: deusa-mãe das estrelas.

19 de novembro Dia em que a Índia celebra Bharatri Dwitya: Festival das Irmãs e Irmãos, dedicado a Yama, deus da morte, e sua irmã Yamuna, deusa do rio.

20 de novembro Dia em que no México se celebra a Revolução, dedicada à Virgem de Guadalupe.

21 de novembro Dia em que os antigos maias celebravam o festival dedicado a Kulkulkan: deus primitivo que inventou o calendário e que era conhecido como "a cobra de penas que percorre as águas". Dia em que os antigos celtas honravam a deusa Cailleach: uma das deusas mais antigas do panteão celta. Conhecida por diversos nomes. Na Escócia era chamada pelo nome de Cailleach Bheur. Na Ilha de Man, sob o nome de Cailleachny Groamch. Em grande parte da Irlanda ela era Digne. Diz a lenda que possuía um olho bem no centro de sua face azul e dentes vermelhos enfeitavam seu sorriso. Controlava as estações e o tempo. Era tão poderosa que permaneceu venerada por muito tempo, mesmo com a invasão das divindades estrangeiras, trazidas pelos povos conquistadores.

22 de novembro Dia em que se celebra o início astrológico do signo de Sagitário: dedicado a Ártemis e Diana.

23 de novembro Dia em que no Japão se celebra Shinjosai: festival dedicado a Konohana-Hime, neta da deusa solar Amaterasu. Nessa festa os japoneses agradecem a colheita farta do arroz e a qualidade do saki: licor preparado com esse mesmo grão.

24 de novembro Dia em que os antigos egípcios festejavam as Luzes de Ísis e Osíris.

25 de novembro Dia em que os católicos celebram Santa Catarina: padroeira das mulheres solteiras. Dia em que os antigos gregos celebravam o festival de Gaia: a deusa dos profundos seios, criadora do universo, da primeira raça de deuses e da espécie humana. Presidia os casamentos e, em oferenda, lhe eram dados os primeiros grãos da colheita.

26 de novembro Dia em que na Suíça se celebra o aniversário de Paracelso: o alquimista das plantas. Dia em que no Tibete se comemora o Festival das Luzes: dedicado às deusas do fogo e da luz.

27 de novembro Dia em que na Índia se celebra Parvati-Devi: deusa-mãe do Universo, aquela que se dividiu em três formas, as três mães sagradas: Sarasvati, Laksmi e Kali.

28 de novembro Dia em que se celebra Sofhia: deusa gnóstica, guardiã da sabedoria e da verdade.

29 de novembro Dia em que no Daomé se celebra Mawu: deusa-mãe criadora de todos os seres vivos. Diz a lenda que a deusa utilizou argila e água para criar a espécie humana. À medida que esses homens iam morrendo, Mawu utilizava pedaços de seus cadáveres, mesclando-os à mistura de argila original. Assim, os homens que nasciam possuíam semelhanças e daí se explicam os traços característicos de cada família. Embora a experiência da criação tenha sido um sucesso, Mawu se ressentia com o que havia criado. Os homens, com a chama da vida, pouco a pouco tornavam-se arrogantes, sempre em conflitos e totalmente esquecidos do amor que Mawu lhes dera. Daí, entristecida pelo desprezo dos homens, Mawu retornou ao seu lugar de moradia, distante dos homens e inacessível a eles. Mesmo com a ausência protetora da deusa, os homens não reconheceram seus limites. Continuaram aviltando os valores gentis de Mawu, convencidos de que seu poder dispensava qualquer divindade. Em pouco tempo a arrogância deu lugar ao caos. Os homens entraram num total estado de selvageria. Mawu, penalizada com o triste estado do ser humano, enviou seu filho Lisa à Terra, para que ensinasse aos homens as artes da civilidade. Pediu-lhe que não tirasse os olhos de cima dos homens por um só dia. Que Lisa os vigiasse severamente para que nenhuma das regras fosse quebrada. Lisa tornou-se o guardião implacável da humanidade e no Daomé ainda é usado pelo povo o seguinte ditado: "Quando Lisa pune, Mawu perdoa."

30 de novembro Dia em que os antigos gregos celebravam Hécate das Encruzilhadas: deusa que personifica a face escura da Lua.

Dezembro

A LUA DE CONTAR AS BÊNÇÃOS

"E eu digo-lhe, que não são
vãos os anos que vivi,
nem inúteis os caminhos percorridos,
ou sem objetivo tudo o que ouvi.
Não são imunes ao mundo,
nem são imaginariamente uma prenda de anos,
os amores em vão também não foram,
amores fraudulentos ou doentes,
a sua luz limpa e imortal
sempre em mim,
sempre de mim.
E nunca é tarde para de novo
começar toda a vida,
encetar o caminho,
para que do passado — nem uma palavra,
nem um gemido seja destruído."

OLGA BERGOLTS, "E EU DIGO-LHE"

No primeiro dia de dezembro acordei sentindo as primeiras contrações de uma gravidez, que carregara durante todo o caminho que a Lua havia desenhado no céu para mim. Um longo e curvo percurso que me tornara redonda como o calor banhando as primeiras noites que antecediam o verão. Ao meu redor, notei que toda a natureza estava grávida, experimentando as mesmas contrações que eu sentia, preparando-se lentamente para o parto ancestral, quando a vida explode num vertiginoso coro sangüíneo.

Os pássaros, eternos mensageiros das respirações dos deuses, pregavam plumas nas nuvens. O céu tornava-se uma imensa cama, onde as mulheres abririam as pernas num arco suspenso por duas montanhas, e, com o grito dos trovões e a faca dos raios, romperiam a bolsa e jorrariam as águas...

Excitada pelos pensamentos que dançavam em minha cabeça, corri para narrar minhas impressões a Thirla. Esquecendo que nossos relógios traçavam um percurso diametralmente oposto e no meu delírio de um amanhecer, não lembrei que o Sol somente nascia para Thirla depois do meio-dia!

Misteriosamente e contrariando o passo descontrolado de nossos relógios, encontrei Thirla acordada. E entregue à languidez de uma noite passada nos braços delirantes de Nietzsche, filósofo com quem até hoje mantém um caso. Ao ouvir sua voz, percebi que ainda trazia no corpo as carícias de uma loucura germânica que um dia, talvez numa manhã como aquela, ousara gritar a plenos pulmões: "DEUS ESTÁ MORTO !!!" Sim, eu entendia o que dissera, todas nós, feiticeiras, entendíamos...

Thirla, uma feiticeira que cismava em dizer que não era feiticeira, bem o havia entendido. A prova indubitável residia naqueles encontros noturnos, que enchiam seus olhos com as obscenidades curvas de uma vagina tornada deusa, no dia em que um homem teve a coragem de lambê-la. Sim, eu entendia agora os atalhos que Thirla havia tomado. Ela era uma feiticeira que tinha o estranho poder de quebrar a lógica patriarcal dos homens e colocá-los outra vez nos braços das mães...

Mas vamos com a história. Sonolenta por uma noite inteira acordada, minha amiga ouvia a narrativa de minhas primeiras contrações e a louca teoria que tudo em volta estava prestes a parir. Acostumada com meus delírios, Thirla ouvia atentamente, mastigando cada palavra como se fosse um naco de um fino chocolate, doce que a tirava do sério e que não produzia em seu corpo nenhum grama a mais.

Sabendo de sua loucura por chocolate, e ouvindo-a do outro lado da linha mastigando-me gulosa, por instantes esqueci dos motivos que me haviam feito pegar o telefone e entreguei-me à inveja daquela combinação mágica, que em mim provocava desastrosos gramas que se esparramavam na balança. Thirla, percebendo que um nó incômodo se instalara em minha garganta, disse-me, irônica e com a crueldade de um lamber de dedos: "Olhe, Márcia, não tenho culpa se você engorda quando come chocolate!" Nesse instante me veio a certeza daquilo que desconfiara: ela realmente estava devorando alguns bombons enquanto eu falava! Reconhecendo a afronta, timidamente esboçou desculpas, tipo não tinha tomado café, passou toda a noite acordada e a mais estúpida: minha teoria havia despertado nela uma intensa necessidade de doces!

Ao ouvir sua última desculpa, fui violentamente sacudida pelo riso de vó Luísa. Os sonhos, com sua química que, sabe-se lá por que, produzem mesmo uma estranha gula por doces! Refeita dos efeitos nefastos de minha inveja, afinal ninguém era culpado de minha tendência a engordar, retornei ao assunto que me fizera procurá-la tão cedo. Então, depois de algum tempo ao telefone, decidimos nos encontrar para constatarmos pessoalmente aquilo que eu intuíra. O encontro seria no Aterro do Flamengo.

Mesmo desconfiando que o sono desviaria Thirla deste encontro matinal, não dei muita importância. Eu já havia feito o que vó Vitalina me dissera ser o nosso grande poder: compartilharmos mutuamente de nossas experiências. E dessa maneira fazendo com que as tradições não morressem! Assim, tendo passado adiante aquilo que o tempo soprara em meus ouvidos, preparei-me para sair.

O céu se abria lentamente, expondo a nudez azul das manhãs que anunciam as grandes tempestades. Um vento morno de verão brincava com a cortina da janela, dando-me a nítida impressão de uma parteira ágil preparando os panos brancos a serem usados no momento do parto. A imagem era de uma velha senhora trazida pelas ninfas do ar, lá de um canto distante do tempo, onde as mulheres dão à luz toda impossibilidade biológica. Um lugar muitas vezes descrito por minhas avós, lá mesmo onde os dons das feiticeiras revolviam as águas e fertilizavam os campos. Lá, onde um dia eu iria parir meus rebentos, misturar-me com a força primal da terra e transformar-me em princípio. Num lugar onde desvendaria os traços de minha própria finalidade e desenharia na areia os contornos de meu destino.

Desde o primeiro dia em que ouvi as histórias dessa terra distante, nutria intimamente uma vontade imensa de ver chegar logo a hora em que para lá seria levada. Embora minhas avós tentassem abrandar minha expectativa, dizendo-me que só iria no momento em que estivesse preparada, naquela manhã alguma coisa me dizia que havia chegado o momento.

Ao entrar na sala de jantar, atraída pelos perfumes hipnóticos do café que toda manhã me recebia com seus ares de príncipe marroquino, desmanchado em mesuras líquidas e grossas ilhas flutuantes de nata, deparei-me com

Conceição. Ela estava como sempre: perdida nas canções de Cauby e inebriada pelas fotografias das estrelas de Hollywood, que brilhavam em suas mãos sob a forma de uma impecável revista. Como de costume, ao me ver irrompendo na sala, esboçou seu habitual sinal-da-cruz. Naquela manhã, algo de misterioso deteve sua mão e, esquecida do perigo que eu representava para suas cismas, confidenciou-me o seguinte segredo: "Menina, você não sabe o que aconteceu! Hoje, ao voltar com o pão da padaria, a louca do primeiro andar sorriu quando eu passava debaixo de sua janela!"

A notícia não podia ser mais bombástica! Dona Remy, uma senhora ensimesmada, cravada em seu próprio silêncio, nunca sorrira para ninguém! Vivia debruçada no parapeito da janela, construindo impenetráveis teias com os fios de cada um que passava, realizando misteriosas alquimias que, apenas pela ignorância dos moradores do prédio, foram batizadas como loucura.

Lembro-me de quando a crueldade das crianças alcançava o tênue limite de um elástico. A pobre senhora era assolada por pequeninas pedras de algumas atiradeiras, curiosas para ver o que abrigava debaixo do lenço colorido que sempre usava na cabeça. Muitas apostas foram feitas no decorrer dos anos, quando Virgilhinho, o mais cruel, apostava sua mesada, jurando que um dia havia visto a careca de dona Remy, reluzindo sob a luz da Lua...

Enfim, além de louca, a silenciosa senhora era careca! Eu, herdeira da lógica alucinada de minha bisavó Maria, muitas vezes me atraquei com Virgilhinho. Sempre puxando com raiva seus louros cabelos e, enquanto o esmurrava, afirmando a plenos pulmões que a cabeça de dona Remy abrigava incontáveis tesouros e que eu mesma um dia vira sua longa cabeleira de fios de ouro!

Assim, entre apostas, crueldades e fantasias, pouco a pouco o silêncio da mulher foi comentado de boca em boca com o rótulo de insanidade. Lentamente, o temor que só atingia as crianças do edifício espalhou-se para todos os adultos. A loucura passou a ser evitada e em cada apartamento as vozes dos pais advertiam: "Não aborreçam dona Remy. Ela não sabe o que faz..."

Então, a notícia que Conceição me dava, confirmava minhas suspeitas. Dona Remy era uma bruxa e por um longo tempo andara envolvida na feitura de algum feitiço! Seu silêncio nada mais era do que aquilo que eu cansava de experimentar. Ela saía de si e, enquanto estava no campo colhendo as ervas necessárias, os ingredientes que só se encontra numa outra dimensão, num pequeno buraco do tempo, deixava debruçado seu corpo inerte. Já que ela era muito idosa, poderia assustar seu filho se dissesse onde estava. Sim, definitivamente eu estava certa! E se o silêncio de dona Remy havia sido quebrado com um sorriso, todas as minhas teorias sobre a gravidez do mundo também estavam corretas! O dia era mesmo muito especial...

À medida que ouvia minha fala atropelada por algumas mordidas no pão, Conceição, nervosa, fazia uma série interminável de sinais-da-cruz. E dizia que eu ainda ia ser castigada por falar tanta besteira. Por fim, não contendo o terror que passou a sentir depois que livrei-a do pastor tarado, disse-me assustada: "Eu ainda vou contar para os seus pais as barbaridades que você fala e eles vão acabar te internando!" Depois, balançando seus ossos, retirou-se para a cozinha, recitando sua lista infindável de "credos".

Indiferente às ameaças de Conceição, continuei a estabelecer conexões. Elas me mostravam por A mais B que havia chegado o momento de conhecer a terra de que minhas avós tanto falavam. Algo bem no fundo de meu ser me avisava que o laço da Lua estava prestes a ser arrematado e que o ano iria parir um milhão de estrelas.

Assim, prestes a ser sugada pelas asas da Lua, corri à cozinha atrás de Conceição e lhe sapequei um beijo estalado no rosto recheado por pequeninas sardas. Sardas que a mim sempre juraram ser pequeninos sóis disfarçados, tentando ocultar os azedos que sempre a atacavam. Ela, desconcertada por meu gesto, desacostumada aos carinhos vindos de uma classe que pertencia ao seu mundo de revistas, encolheu-se como um frágil molusco, escondendo com o pano de prato duas tímidas lágrimas que teimavam em brotar de seus olhos azuis. Completando o cenário do meu ato, despedi-me dela, gritando bem alto da porta: "CONCEIÇÃO, EU TE ADOOORO!!!"

Sem me aperceber, eu realizava meu primeiro ritual daquela Lua. Eu tinha vislumbrado algo além da ranzinzice daquela jovem, que durante todo o ano me atormentara com seus sinais-da-cruz, credos e ironias. Havia visto a luminosidade de seus fios trançando-se com os meus, dando-me fragmentos de crescimento e dos quais ela não se dera conta. Hoje, ao escrever estas linhas, me pergunto por onde ela andará. Será que teve filhos? Será que continua fã do Cauby? Será que o destino se cumpriu e hoje ela se dedica a feitiços...? Não sei, algo lá no fundo me assegura que hoje conta nossas histórias para os seus netos, histórias de um tempo em que aprendeu a ser bruxa...

Mas, continuando com a história. Ao descer no elevador, senti uma leveza instalada ao redor de meu umbigo, lugar onde vó Vitalina dizia estar situado o poder das feiticeiras. Uma felicidade imensa se expandia por cada célula de meu corpo, deixando-me com a impressão de que tudo explodiria nos acordes de uma orquestra sinfônica. O elevador, consciente dessa felicidade, brincava comigo, parando preguiçoso em todos os andares, como se estivesse adiando ao máximo o momento em que me largaria.

Numa dessas paradas, entrou dona Ruth, a linda mulher dos gatos do terceiro andar. Seu perfume incendiou as engrenagens do velho elevador, levando-o a uma ereção que loucamente nos levou ao oitavo andar, o sinistro corredor do suicida que assombrava o prédio.

Diferenciando-se do suicídio marxista do marido de dona Alcina, o suicida do oitavo andar arrastava a dor de um amor pelas frias escadarias do edifício. Alguns diziam que um dia ele tinha sido um homem muito bonito, delicado como os matos que balançam ao vento e sempre enterrado nos seus livros de poesia. Depois da fuga de sua mulher, para ele somente restara o consolo ébrio dos poetas e a inseparável garrafa de gim. Outros, contrariando os poetas, diziam ter sido ele um abominável espécime, dado a violências e bebedeiras que acabaram por assustar sua mulher.

Mas nada disso importava. O importante era o medo que todos nós sentíamos, toda vez que inexplicavelmente o elevador parava no oitavo andar e ninguém entrava. Bem verdade que numa reunião de condomínio, ventilou-se a constatação de um defeito no elevador. Mas eu conhecia muito bem as artimanhas desse velho marujo! Suas peças, por mais enferrujadas que fossem, de forma alguma comprometiam o seu desempenho. O que todos fingiam não ver era que realmente havia, no oitavo andar, o fantasma de um homem que na morte não tinha encontrado o sossego que tanto procurara!

No momento em que o elevador parou no oitavo andar, curiosamente não senti o frio habitual na espinha, que sentira muitas vezes naquele ano, sempre que me via frente a uma porta que ninguém abria. Em mim não havia o terror da visão de sua cabeça estourada por dois tiros, nem mesmo o insuportável cheiro de um corpo que levara alguns dias para ser descoberto. Uma paz intensa me acenava com uma pálida luz, tremulando atrás da pequeníssima janela da porta. Uma cintilante aglomeração de minúsculas partículas de energia que transbordava pelo corredor, enchendo o ar de aromas e vozes que diziam delirantes poemas.

O gato, no colo de dona Ruth, eriçava-se maroto, enroscando o rabo em movimentos que lembravam intrincadas pontuações. Seus olhos me diziam que já haviam avistado o fantasma e que agora sua alma descansava em paz. Lentamente o velho marujo rangeu sua grade como se dando um suspiro, e, enquanto descíamos, ecoaram em meus ouvidos os suspiros portugueses de Herberto Helder, acalentando aquele estranho fantasma, que segurava numa das mãos um velho livro de poesias e na outra um copo de gim:

"Mulheres correndo, correndo pela noite.
O som de mulheres correndo, lembradas, correndo
como éguas abertas, como sonoras
corredoras magnólias.
Mulheres pela noite dentro levando nas patas
grandiosos panos brancos.
Correndo com lenços muito vivos nas patas
pela noite dentro.
Lenços vivos com suas patas abertas
como magnólias
correndo, lembradas, patas pela noite
viva. Levando, lembrando, correndo.

É o som delas batendo como estrelas
nas portas. O céu por cima, as crinas negras
batendo: é o som delas. Lembradas,
correndo. Estrelas. Eu ouço: passam, lembrando.
As grandiosas patas brancas abertas no som,
à porta, com o céu lembrando.
Crinas correndo pela noite, lenços vivos
batendo como magnólias levadas pela noite,
abertas, correndo, lembrando.

De repente, as letras. O rosto sufocado como
se fosse abril num canto da noite.
O rosto no meio das letras, sufocado a um canto,
de repente.
Mulheres correndo, de porta em porta, com lenços
sufocados, lembrando letras, levando
lenços, letras — nas patas
negras, grandiosamente abertas.
Como se fosse abril, sufocadas no meio.
Era o som delas, como se fosse abril a um canto
da noite, lembrando.

Ouço: são elas que partem. E levam
o sangue cheio de letras, as patas floridas
sobre a cabeça, correndo, pensando.
Atiram-se para a noite com o sonho terrível
de um lenço vivo.
E vão batendo com as estrelas nas portas. E sobre
a cabeça branca, as patas lembrando
ela noite dentro.
O rosto sufocado, o som abrindo, muito
lembrado. E a cabeça correndo, e eu ouço:
são elas que partem, pensando.

Então acordo de dentro e, lembrando, fico
de lado. E ouço correr, levando
grandiosos lenços contra a noite com estrelas
batendo nas patas
como magnólias pensando, abertas, correndo.
Ouço de lado: é o som. São elas lembrando
de lado, com as patas
no meio das letras, o rosto sufocado
correndo pelas portas grandiosas, as crinas
brancas batendo. E eu ouço: é o som delas
com as patas negras, com as magnólias negras
contra a noite.
Correndo, lembrando, batendo."

Ao chegarmos no térreo, mirei outra vez dentro dos olhos do gato. O angustiado suicida era agora recebido no acampamento do outro lado, pelos braços carinhosos dos poetas que tanto amava, aqueles que um dia desenharam em brancas folhas as letras que acariciavam os homens, tal qual o arranhar suave das mulheres afiando suas garras nas carnes redondas de seus ventres. E assim, abraçado pelas letras dos poetas e bêbado com os líquidos das mulheres, seguiu silencioso pela longa estrada, onde os desejos se espalham em múltiplas cenas que nunca terminam.

Agradecida pelo terror, nutrido muito tempo por aquele soneto suicida, soprei um beijo nos olhos do gato. Um lânguido beijo de despedida...

Chegando ao jardim de meu edifício, me dei conta de que a Lua de Dezembro me presenteara um segundo ritual. Um rito que metamorfoseou o medo e agora se instalava definitivamente em meu ser: como a marca quente do ferro perfurando a carne das vacas. Assim, carregando em meu corpo a tatuagem do rebanho mítico da Lua, desci minha rua em direção à praia. Exibia uma enorme barriga grávida que só eu via e mais ninguém.

Ao chegar na encruzilhada da Rua Marquês de Abrantes com a Paissandu, parei ao lado do sorveteiro, entre a dúvida de me afogar num sorvete de chocolate ou num picolé de limão, quando fui subitamente raptada de minha gula pelo grito de vó Vitalina. Ela me acenava do outro lado da rua. Sua figura morena me pareceu a própria encarnação de um verão intenso que se aproximava com a sofreguidão dos desejos dos amantes. Um verão que derreteria os rancores e retiraria das dores os risos.

Avistando o verde sol que iluminava o cinzento do asfalto, atravessei a rua feliz por encontrá-la. Vovó, como sempre, desviou o atropelo de minhas palavras. Chamou minha atenção para um delicado jogo de pequenas colheres de prata, que piscavam para os pedestres, envoltas pela cintilação natural das vitrines. Sem entender o porquê de sua paixão repentina por colherzinhas de prata, esbocei alguns resquícios de discursos marxistas, esclarecendo-lhe a respeito do desvio burguês que lhe estava atacando. Ela, com um risinho misterioso nos lábios, cravou no ar um engraçado encantamento:

"Colheres rodam em círculos
Colheres raspam o mingau.
Colheres abrem o círculo
Colheres dão o final."

Depois de tatuar o espaço com as letras do encantamento, sem me dar nenhuma bola, adentrou pela loja, pedindo à balconista que lhe desse o jogo que se encontrava na vitrine. A mocinha, sem nenhum êxito, tentou lhe provar que o jogo que pegara na prateleira era o mesmo da vitrine. Mas vovó foi irredutível: só compraria o da vitrine! Nocauteada pela insistência de minha avó, a mocinha escorregou lentamente seus chinelos pela loja, indo pegar, com muita má vontade, o jogo que vovó queria. Com a indiferença sutil dos vendedores, embrulhou desajeitadamente a pequena caixa e resmungou alguma coisa sobre a quantidade de moedas que vovó lhe dera.

Em poucos minutos saímos da loja. Vovó, carregando o embrulho nas mãos, parecia uma guerreira que havia vencido sangrentas batalhas. Eu, com o pudor dos adolescentes, procurava o buraco mais próximo, para esconder a vergonha do tilintar das moedas que vovó tinha dado como pagamento.

Indiferente à minha presença, vó Vitalina displicentemente me disse: "Você não tinha um encontro na praia? Vai logo senão sua amiga vai embora! De noite, vou até sua casa..." Não! Definitivamente, dessa vez ela tinha ido longe demais! Não contente da vergonha que me havia feito passar, agora me descartava sem me dar nenhuma explicação sobre a insistência com o jogo da vitrine...!

Como aprendi a duras penas que não adiantava tirar explicações quando ela se recusava a dá-las, segui meu caminho, levando comigo um mistério que não tinha a menor idéia de quando desvendaria. Não sei se por efeito do encantamento ou mesmo por uma procura de sentido, desde o momento em que nos despedimos sentia como se uma grande colher me misturasse a estranhos ingredientes num enorme tacho.

Ao atravessar a rua que dava na praia, alguma coisa soprou no meu ouvido que Thirla não estaria lá. Afinal, esperar que ela estivesse acordada tão cedo era a mesma coisa que convencer vovó a comprar o jogo que a balconista mostrara! Eu teria que enfrentar os desejos daquela

Lua sozinha. Teria que suportar as contrações de um parto que se anunciava, contando comigo mesma e mais a ajuda de uma invisível parteira que se colocara ao meu lado, no momento em que senti o vento agitando as cortinas de meu quarto...

Confirmando minhas suspeitas, Thirla não estava nas pedras, onde havíamos combinado o encontro. Somente alguns pescadores silenciosos, equilibrando-se nas escorregadias pedras do pontal do Flamengo. Movimentando-me com cuidado, escolhi uma pedra arredondada próxima da água. Com muito custo alcancei-a e estendi-me preguiçosa sobre ela, deixando meus pés imersos na água.

Minha imaginação de águia selvagem por pouco não me colocou um longo capim na boca e transformou o oceano no imponente Mississípi. Não! Dessa vez eu não permitiria uma súbita viagem às aventuras de Mark Twain. Nem mesmo um *blues* vindo de uma velha balsa me tiraria dos tambores de Yemanjá, que batucavam em meus dedos submersos. Desta vez eu não voaria, por mais que minha águia ficasse zangada, eu não voaria! Mas, como a precaução é irmã da determinação, desconfiada de alguma traição coloquei a corrente amarrada no pé da águia...

Meus pés, acarinhados pelos mimos de Yemanjá, transmitiam uma força misteriosa ao resto do meu corpo, como se todo o poder das águas salgadas se misturasse magicamente ao meu próprio sangue. Como havia aprendido a delicada arte de conversar com meus órgãos na Lua da Cura, divertia-me com os mergulhos atléticos de meu fígado, renovado pelo sal sagrado desta deusa dos mares. Assistia perplexa ao remexer de meu estômago, tentando desempenhar piruetas impossíveis, por pura exibição, por um desejo irresistível de ser admirado pelos olhos de água da senhora dos peixes. Enfim, perdida entre namoricos e suspiros de meus órgãos, custei a perceber que a meu lado sentara-se outra pessoa.

Ao virar-me para mirar quem havia se sentado a meu lado, deparei-me com a figura esguia de dona Remy: a silenciosa senhora do primeiro andar. Contrariando a cruel sentença que se havia abatido sobre sua cabeça, dona Remy não demonstrava nenhum sinal de loucura. Seu olhar manso se misturava às contas dos colares de Yemanjá e amamentava maternalmente o mundo, enroscada nos seios da deusa. Desarmada por tanta doçura, eu olhava curiosa na direção das águas que puxavam seus olhos. Um pequeno ponto distante o suficiente dos olhares dos pescadores, como se fosse um minúsculo quarto de moças perdido nas águas.

À medida que seus olhos também eram puxados por este círculo em meio ao azul, sentia que meu corpo se modificava, adquirindo uma tal leveza, que por vezes me obrigava a segurar fortemente a pedra na qual me sentava. Minha águia, ávida por novas aventuras, remexia desajeitadamente sua perna, tentando soltar-se da fina corrente que a mantinha presa. Dona Remy, entendendo a aflição da ave, destravou delicadamente o anel fixado em torno da fina perna de meu pássaro, e, sorrindo para mim, me disse: "Deixe que as águas se misturem às suas lembranças. Eu irei também. Não tenha medo, as lembranças são nossos tesouros..."

Agora, eu compreendia seu silêncio no parapeito de sua janela. Dona Remy fazia parte de um grupo de feiticeiras que um dia vó Vitalina havia me dito existir: as bruxas guardiãs das lembranças dos homens!

Muitos anos depois, ao mudar-me para Friburgo, deparei com uma outra feiticeira de seu grupo: a louca do Cônego. Uma silenciosa senhora que com seu bastão varre as tristezas do bairro e recolhe as lembranças que seus moradores perdem...

Mas, voltando à história. Ao terminar de dizer estas palavras, dona Remy, carinhosamente, segurou minha mão. Juntas e de mãos dadas, ficamos por um bom tempo naquela pedra. Ao longe, pequeninos barcos flutuavam por sobre as águas, trazendo-me as lembranças que haviam se acumulado em mim durante aquele ano. Doces retalhos flutuantes que os deuses me ofertaram para o costurar de minha colcha.

Ao fim de um tempo que até hoje não consigo precisar, dona Remy lentamente se levantou, desamarrando o lenço de sua cabeça. Nesta hora, lamentei a ausência de Virgilhinho. Seus cabelos eram realmente compostos por finíssimos fios de ouro!

Alheia a meus pensamentos, a gentil senhora depositou seu lenço nas águas. Um pequeno jardim brotou nas águas azuis de Yemanjá. Um jardim que aos poucos tomou o rumo dos barcos, perdendo-se nos devaneios das correntezas... Com os cabelos de ouro caindo-lhe pelos ombros, tal qual os doces rios de Oxum, dona Remy tirou um pequeno objeto de sua bolsa: uma caneta, que há muito tempo eu tinha perdido ao voltar da escola! Ao me dar, disse-me que com ela escreveria minhas lembranças e que cuidasse muito bem das bênçãos que havia recebido. Um dia, ela continuou, eu haveria de precisar delas. Quando o silêncio da noite estendesse sua nudez sobre mim, seria com elas que eu falaria, e seriam elas que levariam minha águia a pousar em outras terras, onde outras iguais a mim se reconheceriam...

Assim, da mesma maneira como chegara, retirou-se silenciosa, deixando-me um carinhoso calor nas pontas dos dedos que se entrelaçaram com os dela. Como no final de um filme, vi a câmera se afastando lentamente até o ponto em que sua imagem sumiu totalmente. Em minhas mãos, somente a caneta e seu perfume me comprovavam que ela realmente esteve ali.

Embora o dia em que a Lua de Contar as Bênçãos tenha começado com tantas aventuras, o parto que eu estava intuindo não acontecera, como tampouco minha ida às terras de que minhas avós tanto falavam. Bem verdade que havia sentido efetivamente a presença de Yemanjá, durante todo o período que estive nas pedras, mas isso não se constituía numa novidade. Desde cedo eu me acostumara a vazar a realidade dos mortais, ficando numa região intermediária onde os deuses nos visitam. Dessa forma, carregando o muxoxo próprio das crianças mimadas, voltei ao meu edifício, carregando comigo a caneta que havia reavido. Uma pequena caneta mordida na ponta e que talvez nem mais funcionasse!

Ao chegar no jardim do edifício, deparei-me com a tradicional rodinha de mulheres, regalando-se com as últimas fofocas. Como sempre, falavam da beleza de dona Ruth, como sendo o produto de uma infinidade de cremes, e, sabe-se lá, talvez tenha feito uma plástica durante o tempo que viajara. Depois, mudando de assunto como num piscar de olhos, comentavam sobre o estranho comportamento de dona Remy, que acabara de passar distribuindo sorrisos. Com ares de pena estampada no rosto, fingiam uma preocupação que absolutamente não tinham, tal como "pobre filho de dona Remy, tão moço e com tantos problemas...!" Não sei se por culpa de um raio que acabava de rasgar o céu ou se por culpa das contrações que ainda sentia, ao passar por elas chamei-as de fofoqueiras, o mais alto que pude! No céu, um forte trovão me garantia que Oiá, senhora da justiça, havia aprovado meu tresloucado gesto...!

Vitoriosa por ter conseguido dizer com todas as letras aquilo que ensaiara por muito tempo, entrei na portaria da mesma forma, que num tempo muito antigo, Hipólita, rainha das amazonas, retornava à sua tribo depois de vencer sangrentas batalhas. Dentro de mim fervilhava um milhão de idéias sobre o estúpido papel que algumas mulheres desempenhavam, e que as tornavam um tosco simulacro de um desenho malfeito, quase parecido com as distorções dos espelhos de circo, que mudam grotescamente as formas das pessoas. Era vergonhoso pensar que elas faziam parte da espécie feminina, daquele estado absoluto e mágico de ser, que um dia minhas ancestrais disseram-me ser meu lugar! Não! Definitivamente, elas eram um bando alienígena de fofoqueiras...! Mulheres não eram assim.

Ao subir no elevador, percebi que a Lua me dera um terceiro ritual. Aos poucos, percebi que, num curto intervalo de horas, tinha realizado uma porção de coisas que dignificavam meu dia. Um imenso carinho instalou-se num cantinho vago de meu coração. Eu começava a me apaixonar por aquela Lua.

Já esquecida do bizarro encontro que tivera com minha avó, vi o resto do dia se molhar numa chuva que começara ao meu chegar da praia. A luminosidade indecente da manhã tinha sido substituída pelo recato obsceno dos femininos líquidos das nuvens.

Entregue à preguiça que antecede os partos, dediquei toda a tarde à leitura de coisas que escrevera durante aquele ano em meu Livro de Sombras. Percorria vagarosamente todo o trajeto que trilhara com a Lua. Já havia esquecido de muitas coisas, e de repente associei-as com a caneta que dona Remy havia me dado. Eu precisava ficar mais atenta! Não podia continuar deixando minhas lembranças esquecidas em folhas brancas de um caderno, pois bem sabia que um dia a tinta poderia se esvanecer e das letras nada restaria. Mas o que eu poderia fazer? Como tornar eterna alguma coisa? Como transformá-la numa tatuagem que o tempo não apaga? Vovó ainda não tinha me ensinado...

Então, tentando recompor as cenas, desenhando no ar os traços das pessoas que ao longo daquele ano estiveram no meu caminho, não percebi que a tarde se retirara para seus aposentos e que o perfume da noite indicava que as estrelas já se encontravam no céu. A chuva, intimidada com o brilho do olhar do universo, recolhera suas nuvens, e, com sua vassoura mágica, ligeira, limpara o céu. A noite, triunfante, cavalgava sua égua negra sobre os vácuos que os sonhos dos mortais iam deixando no espaço.

Entregue às seduções das estrelas, não percebi que vó Vitalina estava em meu quarto. Surpresa com sua presença, mal tive tempo de perguntar o que a levara a sair de casa para uma visita noturna. Coisa que por sinal ela detestava, salvo no caso de se tratar de uma festa!

Vovó, ao perceber meu espanto, com uma fisionomia muito séria me disse: "Menina, você se esqueceu do que prometi? Será que o cupim da memória anda corroendo seu cérebro?" De tão absurda que havia sido a cena da loja, acabei por esquecer de suas palavras, achando que o fato dela ser uma feiticeira tão poderosa não a impedia de ser bombardeada por alguns sintomas de arteriosclerose. Afinal, aquela lengalenga toda das colheres da vitrine me pareceu uma evidência, para lá de concreta, de que minha avó já dava sinais de senilidade.

Surpreendendo-me com sua incômoda habilidade de saber o que o outro pensava, passou-me um longo sermão.

Esclareceu-me que aquilo que os doutores enxergavam como uma doença, nada mais era do que os fios do poder embaralhados. Assim, uma pessoa que levara toda sua vida distante de seu próprio poder, à medida que ia envelhecendo sofria as conseqüências, pois não cultivara a delicada arte de enrolar o novelo. Como exemplo me citou o caso de Odete, uma senhora que vez por outra assustava sua família com fragmentos de visões, que ela dizia as perseguir. As visões nada mais eram do que seu poder jamais cultivado. O poder de rasgar o tecido da realidade e projetar-se em outras dimensões. Como nunca havia se exercitado, o fio de seu poder se embaralhara, e agora entrava e saía dos diversos mundos sem nenhuma proteção! Por fim, parou sua exposição, dizendo-me: "Você merecia mesmo era umas boas palmadas!"

Envergonhada pelos pensamentos que criara em torno de sua conduta, restava-me, como única alternativa, escutar as explicações sobre o estranho caso das colheres. Alguma coisa agora me dizia que um ato tão desprovido de sentido devia mesmo ocultar uma razão mágica bastante forte.

Utilizando-se da maiêutica socrática, método que a havia enfeitiçado, desde que lera para ela alguns diálogos de Platão, no qual, a partir de minhas respostas dadas às suas perguntas, vovó levou-me a chegar à brilhante conclusão de que os objetos expostos nas vitrines conseguiam captar a alma do mundo. Os desejos que os homens deixavam escapulir de seus bolsos eram guardados dentro do coração das vitrines, como se fosse uma bizarra seção de achados e perdidos! Assim, como eu passava todos os dias em frente à loja, ela resolvera me dar de presente algo que me devolvesse aquilo que fui perdendo pelo caminho. Aliás, eu precisaria muito disso durante esta lua, pois me prepararia para o parto na décima terceira lua do ano: a Lua da Serpente.

Enfim, alguém reconhecia a gravidez que antes só eu percebia! Um enorme peso foi retirado de minhas costas, livrando-me dos "desconjuros" que Conceição, ao escutar minha história, desenhara no ar, fazendo-me parecer uma tola lunática, sempre em busca de pretextos exóticos!

Alheia a meu rebuliço, vovó, calmamente, começou a orientar-me sobre os procedimentos que eu deveria seguir naquela lua. O mistério das colheres estava agora totalmente desvendado. Iria utilizá-las em alguns rituais que deveriam ser realizados no decorrer daquele mês.

A primeira coisa a ser feita consistia numa agradável tarefa. Na manhã seguinte, eu e vovó nos embrenharíamos pela mata da Floresta da Tijuca, em busca de um bom punhado de lágrimas-de-nossa-senhora, uma erva que tinha umas contas e era bastante usada pelos índios em seus apetrechos. Como se tratava de uma erva muito sagrada, vovó orientou-me sobre a necessidade de tomar um forte banho de arruda, antes de vestir uma roupa que fosse, de preferência, branca. Teria também que levar uma tesoura virgem e minha faca de cortar ervas.

Sem me dizer mais nada, demorou-se ainda um pouco com meus pais e retirou-se com a promessa de que no dia seguinte, exatamente às quatro da madrugada, comigo se encontraria na frente do edifício. Papai, ouvindo o resto de conversa entre nós duas, advertiu-nos sobre o perigo de andarmos na rua numa hora daquelas. Depois, devidamente rendido, acalmou-se, com a promessa de vovó de que iríamos no táxi de um português que sempre a conduzia.

Não sei se influenciada pela expectativa do que me aguardava no dia seguinte, naquela noite tive estranhas visitas. Lembro que alguns minutos antes de deitar-me, enquanto da janela conversava com a Lua, senti que alguém se sentara em minha cama. Como já havia aprendido que não se deve interromper o assunto, quando nos encontramos perante a deusa, deixei para depois a revelação de quem era aquela pessoa que penetrara tão tarde em meu quarto. Assim, depois de relatar à Lua todas as minhas expectativas, o relatório de um dia repleto de acontecimentos insólitos, dela despedi-me.

Na cama, me aguardava dona Marina. Gelada pela possibilidade de ver algum fantasma naquela hora da noite, desviei uma possível conversa com as futilidades que disfarçam o medo. Falei-lhe das blusas de meu uniforme e das pregas de minhas saias. Finalmente, covardemente culpei-a pelas manchas de tinta que a caneta vazou em meu bolso e que inutilizara uma blusa do colégio!

Dona Marina, como toda feiticeira, percebia as curvas que eu traçava, movida pelo terror de ver alguns de seus mortos. Daí, exausta ou tonta por minhas voltas, deu uma gostosa gargalhada e me disse: "Márcia, deixa de ser boba, eu não vim aqui para trazer meus fantasmas. Nessa hora, eles estão descansando! Só vim trazer uma prenda que você vai precisar na mata!"

Sem nem mesmo me perguntar como ela havia descoberto o compromisso firmado com minha avó, a curiosidade em ver a tal prenda foi maior que qualquer devaneio.

Dona Marina, com extrema delicadeza, retirou, de uma grande caixa de vime, uma cesta forrada por um tecido estampado com inúmeras estrelinhas. No instante em que suas mãos se estenderam para me entregar o presente, reconsiderei sobre as obtusas teorias da empertigada professora de boas maneiras, quando, sarcástica, afirmava que pobres não tinham "bom gosto". A cesta era de tal forma delicada, que poderia muito bem estar exposta numa das elegantes lojas de decoração, onde minha mãe e suas amigas faziam compras.

Ao entregar-me o mimoso objeto, dona Marina, muito séria, me advertiu: "Coloque nesta cesta somente aquilo que valha a pena, coisinhas valiosas que precisem navegar no céu de seus pensamentos!" De nada adiantou perguntar-lhe sobre as "coisinhas" a que ela se referia. Dona Marina, da mesma forma que entrara em meu quarto, agora saía, deixando-me como últimas palavras uma curiosa afirmação: "Você saberá quando chegar a hora!"

A situação não podia ser mais confusa! De um lado, eu estava grávida e sentia que toda a natureza também estava. De outro, existia um jogo de colheres, uma cesta de estrelas e ainda por cima chegariam as tais lágrimas-de-nossa-senhora! Realmente, por mais que me esforçasse em estabelecer conexões, não encontrava o começo do fio da meada. Resolvida a esquecer a solução da difícil equação que o dia me apresentara, deitei-me em minha cama, louca para que a manhã seguinte chegasse.

Quando já estava prestes a cair no sono, papai irrompeu em meu quarto com um estranho olhar de surpresa. Dessa vez era demais! O que o dia me reservava? Será que já não se encontrava suficientemente satisfeito com tantas aventuras? De mau humor sentei-me na cama, para ouvir o que fizera meu pai visitar-me numa hora daquelas...

Com os olhos arregalados pelo espanto, atropeladamente, ele me disse que dona Remy me aguardava na sala de visitas. Positivamente, a situação já começava a ficar cômica! Não era possível que a Lua me desse tantas reviravoltas num curto espaço de tempo! Dona Remy em minha casa era simplesmente impossível!!! Afinal, todo mundo sabia que o máximo que ela saía era para umas compras ocasionais na padaria ou farmácia. E diga-se de passagem: ninguém jamais a tinha visto conversar com alguém no período dessas saídas. Se essas pequenas incursões no mundo dos vivos já eram vistas como o máximo de excentricidade, imaginem o que significava uma visita!

Com joelhos moles, atravessei o estreito e comprido corredor que ligava os quartos à sala de visitas. Nunca o corredor me pareceu tão comprido! Cada passo que riscava no solo era seguido imediatamente de um pequeno pretexto para de novo retornar ao meu quarto, ou para mudar a camisola, escovar os cabelos ou calçar um chinelo. Por fim, com todos os pretextos esgotados, vi-me frente a frente com a estranha senhora que habitava os temores dos moradores do prédio. Por mais que eu tentasse me convencer de que ela representava perigo, o manto da noite com suas sombras negava-me a visão que dela tivera na praia.

Meu pai, desconfiado de algum ato que negasse em público a educação que dava a seus filhos, já se preparava para as desculpas habituais, tipo "a senhora entende, a juventude é assim mesmo!", "o que podemos fazer, se a televisão vem e destrói tudo aquilo que ensinamos!" E aquela série interminável de frases feitas e exatamente sob medida para ocasiões como aquela.

Fui tomada por um súbito acesso de riso enquanto assistia àquela cena absurda. Eu não sabia, nem podia avaliar qual de nós três era o mais maluco!

Dona Remy vestida com um antigo robe de cetim, já bem gasto pelo tempo, segurava nas mãos um pequeno embrulho. Eu, com a camisola para dentro da calça e mais duas ridículas tranças, rindo sem mais nem quê. E papai, equilibrado na pose de uma paternidade responsável, incomodado com o silêncio abismal da senhora, desmanchava-se em ofertas de café. Sim, definitivamente formávamos um belo trio de loucos!

Passados alguns minutos, depois que o riso se esgotara, a velha senhora, polidamente, pediu a meu pai que se retirasse, pois queria ter uma conversa comigo. Eu, que a essa altura já lhe havia restituído a sanidade, acatei seu desejo com tranqüilidade, coisa que provocou um grande espanto em meu pai. Não sei se pelo fato de ser o filho de uma bruxa, ou estimulado por minha calma, papai acabou por negar a insensibilidade masculina, e, envolto nas malhas do feminino, deixou que seu coração lhe dissesse que não havia perigo em me deixar a sós na sala com dona Remy.

Até hoje desconfio seriamente que meu pai, durante o tempo de nossa conversa, colou seus ouvidos na porta, contrariando o dito que homens não se interessam por fofocas.

Quando nos encontramos sozinhas na sala, dona Remy, delicadamente, abriu o embrulho que todo o tempo segurara. Era um mimoso brinco de ouro, com um pequeno diamante na extremidade. Averiguando minha orelha para ver se era furada, acabou por colocá-lo na minha orelha esquerda, dizendo-me que dele eu nunca deveria me separar, pois possuía o dom de me fazer escutar todas as palavras que nunca foram ditas. Assim, quando por ela passasse, sem que precisasse emitir qualquer sílaba, ouviria tudo o que ela quisesse me dizer. Com este brinco, ouviria também o verdadeiro significado das tagarelices que me rodeavam, pois ele funcionava como uma espécie de raio X sonoro. Depois, despedindo-se com um terno sorriso, desejou-me sorte na mata. Dentro de mim ecoava mais uma pergunta: como ela descobrira que eu iria com minha avó, na madrugada do dia seguinte, colher lágrimas-de-nossa-senhora na mata?

Naquela noite tive a constatação definitiva de que ela era uma bruxa. Uma bruxa solitária, que não encontrara em nenhum de seus descendentes aquilo que vó Vitalina me dizia divertidamente que eu possuía: "as lombrigas dos sonhos!"

Hoje, ao escrever este capítulo, escorrego meus dedos sobre o brinco em minha orelha. Posso nitidamente rever sua figura esguia no acampamento do outro lado. Seus cabelos de ouro misturam-se ao vento, desenhando no ar pequenos jardins floridos. Exatamente iguais aos seus antigos lenços... Nessa hora, as lágrimas da nascente das lembranças transbordam soltas em meu rosto. A águia, que ainda trago comigo, vaza veloz o tempo e de volta traz no bico um pedacinho do parapeito de sua janela. De lá, do campo onde as flores sempre florescem e onde os bambus se arrepiam com os beijos do vento, dona Remy sorri feliz por se saber parte de minhas lembranças...

Mas, voltando à história. Dormi naquela noite embalada por antigas canções de ninar, que o tempo tatuara nas asas dos pernilongos e que agora me eram perfeitamente audíveis com este brinco mágico. Não sei se impressionada pelo poder da pequena jóia ou entregue aos delírios das grávidas, naquela noite tive sonhos onde os ruídos do mundo revelaram seus dons. Dessa forma, reconheci o poder guerreiro do fogo no esfregar de duas pedras, as artimanhas do intempestivo Ares e as criações de Hefesto. No soprar preguiçoso do vento, aprendi as sutilezas do tempo e o correr das éguas velozes do pensamento. No descascar das frutas, no ruído surdo de uma lâmina procurando os líquidos, conheci a concentração necessária para que o mundo pare e se cumpram nossos desejos.

Depois de uma noite inteira sendo iniciada pela magia dos sons, acordei na hora em que havia combinado. Às pressas me arrumei, seguindo fielmente as recomendações de vovó. Engoli apressadamente um bom copo de leite e desci para esperá-la.

Vovó, como de seu costume, já me esperava e, rindo, me disse que já havia chegado com meia hora de antecedência. O pobre motorista, acostumado com as esquisitices de minha avó, travava corajosamente uma dura batalha contra as pestanas que teimavam em se fechar.

Ao chegarmos intactas na Floresta da Tijuca, agradeci fortemente às deusas por segurarem os olhos do motorista, impedindo que o carro penetrasse na dimensão do sono.

O dia já começava a se espreguiçar por detrás das nuvens e a Lua procurava um canto no céu onde pudesse deitar. Meu brinco enrodilhava-se nos infinitos ruídos da floresta que acordava. As plantas, sorridentes, desmanchavam-se em lépidos "bons-dias". Tonta com tantos sons, desviei minha atenção para a cesta do lanche que vovó tinha trazido. Gulosa, vasculhei cada biscoito, cada fruta e um pão fresquinho que ela assara na véspera. Hoje, quando os ruídos do mundo são tantos que se embaralham nas minhas lembranças, recorro ao mesmo artifício e faço de minha geladeira uma enorme cesta. Daí, fuçando as prateleiras, esqueço do falatório e finjo que nada escuto!

A técnica da cesta surtiu resultado por algum tempo. Meu estômago faminto se esqueceu de sua habitual curiosidade, e, como criança que é enganada com um doce na hora da dor, mastigava gulosa uma banana, indiferente aos sons da floresta. Minha avó, percebendo que eu me recusava a concentrar-me, esperou que eu terminasse de comer a banana e colocou-me sentada dentro de um círculo que ela havia feito com algumas pedras.

Com autoridade de avó, mandou que eu ficasse ali por algum tempo, com os olhos fechados e mastigando a respiração como se fosse comida. Afastou-se, porém, e, antes de sumir numa pequena trilha da mata, me disse: "Quando você ouvir a floresta chamar por seu nome, será a hora de sair do círculo."

Entreguei-me por algumas horas à tarefa que me havia sido exposta. Mastiguei cada pedaço de ar, como se fosse um naco de bolo de confeitaria. Meus olhos, talvez cansados por uma noite de pouco sono, fecharam-se agradecidos sem que eu precisasse manifestar qualquer esforço.

Ao final de algumas horas, uma insistente abelha começou a rodopiar ao meu redor, como se eu fosse uma flor exótica, repleta de néctar para seu mel. Com receio de que ela retornasse com um bando de amigas, abri os olhos. Carrego até hoje na memória o que vi: uma intensa luminosidade se estendera como um véu por sobre cada pedaço da mata; desde a simples folha seca que jazia no solo até um preguiçoso caramujo que arrastava com esforço sua casinha. Achando que o excesso de luz se devia ao fato de ter ficado por tanto tempo com os olhos fechados, esperei que o tom do dia voltasse ao habitual. Mais um bom tempo se passou e nada: a luminosidade permanecia a mesma!

No momento em que percebi que havia penetrado na zona que minha avó costumava chamar de "luz verdadeira", ouvi chamarem meu nome ao longe. Uma voz totalmente estranha a todas que já ouvira, algo que por algum tempo me pareceu o tom exato das águas, principalmente quando se ouve um rio! Não querendo admitir que a água chamava por mim, tratei logo de arranjar um milhão de possibilidades, de distorções sonoras agindo sobre a voz de minha avó. Qual não foi minha surpresa, quando, ao virar-me de súbito, pude vê-la frente a frente, displicentemente recostada no tronco de uma grande árvore!

Ao constatar minha expressão de espanto, com uma leve curva de maldade desenhada nos lábios lançou-me a seguinte pergunta: "Já escutou o chamado da Senhora dos Rios?"

Uma ducha de água gelada não podia ser mais forte! Rendida a uma realidade que tentava de todas as formas negar, só me restava uma única alternativa: seguir minha avó pela mata e juntas caminharmos em direção ao chamado...

Pelos meus cálculos, andamos por umas três horas, pois o Sol já se encontrava quase no centro do céu. Por mais que pedisse para que parássemos, minha avó sempre respondia: "Se você não consegue sangrar os pés e misturar sua seiva com os líquidos da terra, você nunca será uma feiticeira! Jamais conseguirá extrair sua força da terra!"

Meus pés já estavam tomados por bolhas e meu rosto trazia as marcas dos chicotes das florestas. Os braços lanhados sangravam em finíssimos filamentos, que se estendiam ao longo da carne tal qual microscópicos rios. Agravando a situação, vez por outra era covardemente atacada por mosquitos, que, atraídos pelo sangue, elegiam meu corpo como o mais sofisticado restaurante.

Quando estava prestes a alcançar meu limite de resistência, ouvi outra vez a voz da Senhora dos Rios, dizendo-me para virar à esquerda, pois, ao cruzarmos a segunda grande árvore, lá ela estaria. Não sei se aliviada pela perspectiva do fim da caminhada ou pela euforia de ver minha curiosidade satisfeita, relatei aos berros à minha avó o que havia escutado. Gentil como a mais suave borboleta, ela disse: "Agora podemos parar para comer. Você deve estar roxa de fome!"

Dessa vez não me contive! Afinal nós havíamos nos despedaçado, ao longo de horas, em busca da misteriosa senhora, e, agora que nos aproximávamos, ela inventava uma pausa para lanche? Era para isso que meus pés tinham-se coberto de bolhas? Para um piquenique ingênuo, recheado por mordidas de mosquitos??? Não, definitivamente nenhuma guloseima me tiraria do caminho!!!

Encolhendo os ombros e com uma irritante expressão de tédio, vó Vitalina displicentemente me disse: "Se você quiser, vá sozinha. Meu estômago já está roncando, e quando ele reclama..." Enfurecida pelo descaso de vovó, prossegui a caminhada, atenta ao que a voz havia me dito. Passada a segunda árvore, penetrei por uma estreita trilha à esquerda, deixando um pedaço de fita amarrado a um galho, para que minha avó, quando por ali passasse, soubesse o rumo que eu havia tomado.

À medida que andava, ouvia o borbulhar de um riacho brincando com as pedras que sempre acompanham as águas. Um som divertido que me trazia de volta às brincadeiras despreocupadas das crianças: no tempo em que o Sol era um anel que escondíamos em nossas mãos de meninas. Por fim, depois de caminhar um bom trecho, deparei-me com o riacho cuja voz havia escutado. Um córrego transparente, margeado por uma estranha folhagem repleta de cachos rodeados por contas ovaladas: ligeiramente esbranquiçadas, como se a Lua tivesse derramado suas tintas sobre elas...

Instintivamente me dei conta de que eram as famosas lágrimas-de-nossa-senhora, as que tínhamos vindo buscar! No mesmo instante da percepção de que me encontrava frente à erva de que vovó falara, nitidamente vi descer uma espessa fumaça sobre as águas do rio. Um forte aroma de alfazema se espalhou por todos os cantos, deixando-me ligeiramente tonta.

No momento em que me encontrava ocupada, tentando encontrar um bom lugar para sentar, notei que uma silhueta feminina se insinuava dentro da fumaça. Aos poucos toda a névoa havia cessado. Saindo da água, uma linda mulher caminhava lentamente, dirigindo-se ao lugar em que eu estava. Lembrei-me imediatamente de uma história que vovó me contava desde criança. A lenda em que Iara, senhora das águas dos rios, conduzia os mortais para as águas tranqüilas da morte. Tomada pelo pavor de morrer tão precocemente, senti minhas pernas tremerem. Embora fizesse um esforço incrível para gritar pelo nome de minha avó, nenhum ruído saía de minha boca. Eu estava literalmente paralisada pelo medo!

À medida que a mulher se aproximava de mim, uma canção muito antiga foi captada por meu brinco mágico, dando-me a impressão de que toda a floresta cantava, acompanhada pelos tambores do ar. Um ritmar compassado, como se a terra respirasse e os ventos expirassem, foi aos poucos confundindo meus órgãos, levando meu corpo àquilo que anos mais tarde aprendi nas aulas de yoga: a integração de corpo, espírito e natureza. Agora, eu estava realmente me experimentando como célula de um corpo que precisava de mim para cumprir seu destino!

Assim, já devidamente tranqüilizada, ouvi a mulher me dizer: "Seu momento se aproxima. A roda do ano irá se cumprir. A você falta contar as bênçãos que eu e minhas irmãs lhe demos. Colha nossas lágrimas e de cada uma faça uma bênção. Use o colar na noite em que a grande serpente nascer...!"

Após dizer essas palavras, a jovem mulher desapareceu, da mesma maneira como surgira: dissolvendo-se numa espessa fumaça. Minha avó, ágil como um moleque da mata, de mim se aproximou, falando-me que agora, com a barriga cheia, iria me ajudar a colher as contas.

Ao contar-lhe sobre meu encontro com a Senhora do Rio, pareceu não se surpreender, optando por seu tradicional trejeito de ombros, como se aquilo fosse a coisa mais comum do planeta! Silenciosamente, começou um ritual que sempre realizava quando colhia ervas. Entoando um antigo encantamento, com sua tesoura cortava uma pequena mecha de seus cabelos. Depois, ajoelhando-se no solo, com a mão esquerda pegava um punhado de terra e o esfregava nas partes nuas do corpo, repetindo as seguintes palavras: "Suor da mão, Sopro da Lua, Sangue do planeta, Semente da Lua." Depois, depositava carinhosamente a pequena mecha ao pé da planta. E, só após cumprido o ritual, dedicava-se ao corte das partes que precisava.

Tendo também realizado meu ritual, juntas colhemos um bom punhado de contas.

Enquanto colhíamos, docemente vovó me orientava, esclarecendo-me sobre o que a mulher falara. Compreendi, então, que deveria, a cada dia daquele mês, me dedicar à feitura de um colar. Cada conta representaria uma bênção, que havia recebido naquele ano em que fizera o Caminho da Lua. Todos os dias, eu deveria relembrar todo meu percurso e eleger as bênçãos que deveriam constar no colar.

No mesmo dia dei início à mágica tarefa, enormemente auxiliada pelo brinco que dona Remy me presenteara.

E assim dezembro correu como um rio, banhando-me com as lembranças que me traziam um amor intensificado pela vida. Até as lembranças que eu imaginava desagradáveis revelaram-se com um novo significado, dando-me conseqüentemente um novo entendimento para os percursos mais difíceis. Eu sabia, então, que me agigantava e ia em direção às estrelas...

Com a Lua de Contar as Bênçãos, aprendi que, independente de nossa vontade, sempre somos presenteados com mimos divinos, delicados retalhos que cintilam em nossa colcha, lembrando-nos que nosso destino é o mesmo do cintilar dos astros, que carregamos em nós as sementes dos sonhos e a sabedoria das águas que a tudo purificam...

Desde então, todo dezembro colho minhas contas e recolho minhas lembranças. Sabendo que, a cada dia desta lua, estive lado a lado com alguma divindade:

1º de dezembro Dia em que os antigos gregos celebravam o Festival de Posídon: deus guardião dos oceanos.

2 de dezembro Dia em que no Japão se celebra Hari Kugo: um festival dedicado às funções e instrumentos femininos. Dia em que os antigos romanos celebravam o Festival de Minerva: deusa do conhecimento e da justiça.

3 de dezembro Dia em que os antigos romanos realizavam os ritos secretos de Bona Dea: totalmente interditos aos homens. Dia em que a antiga Grécia celebrava o Festival de Rhea: deusa pré-olímpica, filha de Géia e Urano. Diz a lenda que foi esposa de Crono e, juntos, governaram todo o mundo. Com ele teve seis filhos: Deméter, Posídon, Héstia, Hades, Hera e Zeus, o mais jovem. Crono, temeroso que a profecia de um oráculo se concretizasse, à medida que seus filhos iam nascendo, os devorava. O oráculo vaticinara que um de seus filhos o destruiria! Rhea, desgostosa com a prepotência e crueldade de Crono, dedicou-se durante algum tempo a um plano que enganasse o marido e salvasse um de seus filhos. Assim, quando nasceu Zeus, a deusa escondeu-o e deu a Crono uma pedra enrolada em panos. Crono prontamente engoliu-a, sem nem mesmo desembrulhá-la! Dessa forma, o jovem deus cresceu, livre dos olhos paternos. Quando atingiu uma certa idade, matou o pai, libertando assim os seus irmãos que haviam sido engolidos. Rhea passou a ser venerada como a bondosa mãe protetora dos filhos. Dia em que os bascos celebram Santa Bárbara, dedicando-lhe preces e procissões.

4 de dezembro Dia em que os antigos gregos celebravam o Festival de Pallas Athena: deusa da sabedoria e da justiça.

5 de dezembro Primeiro dia da festa de Santa Lúcia, na Itália. Padroeira dos partos e da visão.

6 de dezembro Dia em que os povos eslavos celebram Sinterklaas ou São Nicolau.

7 de dezembro Dia em que os antigos egípcios honravam Nefertum: deus do sol poente e da flor de lótus.

8 de dezembro Dia em que no calendário cristão se comemora a Imaculada Conceição de Maria.

9 de dezembro Dia em que no México se comemora a festa da Mãe da Saúde: dedicada a Tonantzin, a Virgem de Guadalupe.

10 de dezembro Dia em que os esquimós celebram a Lua de Dezembro. Uma festa em que pedem a Sedna que interceda pelos mortais junto às almas das baleias assassinadas pelos homens.

11 de dezembro Dia em que os antigos romanos celebravam o Festival de Bruma: deusa protetora do inverno. Dia em que no calendário hebreu se comemora Chanukah: festa da celebração das luzes. Dia em que se celebra Izanami, deusa japonesa: criadora dos homens e da natureza. Diz a lenda que, antes de nosso mundo existir, havia somente o caos formado por óleo e gosma, os quais, lentamente, através de um processo de congelamento, deram origem a inúmeras divindades. Destas, duas sobressaíram: Izanami, a mulher convidada, e Izanagi, o homem convidado. Um dia, quando os dois estavam sentados sobre um enorme arco-íris, resolveram fazer do caos alguma coisa que fosse repleta de vida. Assim, colocaram sobre os óleos algumas ilhas e criaram os oceanos. Com os mares criados, desceram ao mundo para povoá-lo. Embora com muitos poderes, eles não sabiam como fazer os homens e o resto das coisas que hoje temos na Terra. Foi então que perceberam um par de aves aquáticas copulando. Imitando-as, entregaram-se às carícias das cópulas. Izanami ficou grávida. Ao final de um certo tempo, a deusa deu à luz as ilhas do Japão, as montanhas e todos os animais e plantas. O último elemento a nascer foi o fogo, que veio ao mundo produzindo grandes explosões no corpo de Izanami. A deusa sangrava em abundância, deixando escapar todas as vísceras e excrementos através de suas enormes feridas. De seu sangue, fezes, urina e vômito nasceram os homens que habitaram a Terra. Izanami, por conseqüência, morreu.

12 de dezembro Dia em que no México se celebra Nossa Senhora de Guadalupe. Uma festa primitivamente dedicada ao casal divino: Tonantzin e Coatlique

13 de dezembro Dia em que na Itália se celebra o segundo Festival de Santa Lúcia, também conhecido como a Festa da Belíssima, quando se festeja o retorno da luz. Dia em que no Japão se celebra Koto-hagime: festival dedicado à origem de todas as coisas. Dia em que os antigos gregos dedicavam cultos a Deméter: deusa agrária, protetora da fertilidade da terra.

14 de dezembro Dia em que o povo hopi celebra Soyal: festival que marca o início do inverno. Para os índios norte-americanos, Soyal é uma importante cerimônia do solstício de inverno. É quando aparecem os kachinas, espíritos mascarados, mensageiros dos deuses. Cerimônia intimamente ligada à purificação, saúde e preparação das sementes. Dia em que na França se celebra o Festival de Nostradamus: dedicado ao astrólogo criador das célebres profecias.

15 de dezembro Dia em que os antigos gregos iniciavam o Festival de Alcione, festa que durava quatro dias e era dedicada a Alcione: deusa da calma e tranqüilidade. Dia em que Porto Rico inicia o período da Natividade: uma série de festividades dedicadas à criança sagrada e que perdura até o dia 6 de janeiro.

16 de dezembro Dia em que os antigos romanos celebravam o Festival da Sapientia, dedicado à deusa Minerva: senhora do conhecimento e justiça. Dia em que no México se inicia o período de Posadas, uma série de festividades que se prolongam até o dia 24. Dedicado ao nascimento da criança divina de Tonantzin: a Virgem de Guadalupe.

17 de dezembro Dia em que os antigos romanos iniciavam a Saturnália, festa que se estendia até o dia 23 de dezembro e que marcava o término do ano agrícola. Na Saturnália, todos os dias eram consagrados a Saturno e também dedicados a festas tranqüilas, silenciosas, nas quais as classes sociais eram subvertidas. Assim, nesse período os escravos eram os patrões e seus senhores, os servos.

18 de dezembro Dia em que o México celebra a Festa de Nossa Senhora da Soledade.

19 de dezembro Dia em que na Índia se celebra Pongol, solstício dedicado a Sarasvati: deusa rainha do céu e da Terra.

20 de dezembro Dia em que na China se comemora Tsao Chun, festival dedicado a Tsao Wang: deus protetor do lar que, auxiliado por sua mulher, Tsao Wang-nai-nai, registra num grande livro tudo o que as mulheres dizem e fazem. É um festival no qual os chineses saúdam a chegada e a partida desse deus com muitos fogos de artifício.

21 de dezembro Dia em que se inicia o signo astrológico de Capricórnio, dedicado a Awaeh Yegendji: deusa dos senecas, índios norte-americanos. É a Grande Mãe Cisne: protetora das mulheres e do casamento. Dia em que o povo hopi dá início ao ciclo das Danças Noturnas dos Kachinas.

22 de dezembro Dia em que as feiticeiras do hemisfério sul comemoram o *sabbath* de Litha, o solstício de verão: dedicado às deusas ligadas à fertilidade e sexualidade.

23 de dezembro Dia em que a antiga Armênia celebrava o Festival da Libertação: dedicado a Semele e a Dioniso. Dia em que os antigos romanos celebravam a Laurentina, dedicado a Lara: deusa-mãe dos lares. Segundo os textos de Ovídio, Lara seria uma ninfa que na verdade se chamava Lala, ou "a tagarela". Diz a lenda que Júpiter, um dia, ao ver a ninfa Juturna, apaixonou-se imediatamente. Passou a persegui-la com propostas de sedução. Como

Juturna sempre escapulia de suas propostas, Júpiter resolveu pedir às outras ninfas que o ajudassem na sedução de Juturna. Pediu-lhes então que a detivessem no instante em que ela mergulhasse na água para sua fuga. Todas concordaram de boa vontade com o plano do deus. No entanto, Lara, indignada com as intenções de Júpiter, acorreu rápida a Juno, esposa do sedutor, narrando-lhe a pretensão de seu marido. Não contente, correu para prevenir Juturna! Júpiter, enfurecido, já sabendo o que Lara fizera, arrancou-lhe a língua e confiou-a a Mercúrio, para que este a conduzisse aos Infernos. Durante o percurso, Mercúrio violentou-a. Lara deu à luz os gêmeos Lares: protetores das famílias.

24 de dezembro Dia em que os antigos povos anglo-saxões celebravam Modresnach, um festival dedicado à grande noite das mães. Dia em que os antigos romanos celebravam a Juvenália, uma festa dedicada à deusa Iuventus: deusa protetora das crianças e adolescentes.

25 de dezembro Dia em que os antigos romanos celebravam a Dies Natalis Solis Invicti: data que marcava o fim da Saturnália, onde se festejava o nascimento de Saturno e o nascimento do Sol. Dia em que no calendário cristão se comemora o nascimento de Cristo. Dia em que os antigos babilônios celebravam o nascimento do Sol.

26 de dezembro Dia em que os antigos egípcios celebravam o nascimento de Horus: filho da deusa Ísis e de seu marido Osíris. Dia em que na antiga Grécia se celebrava a Haloa, festival dedicado a Deméter: deusa-mãe, doadora da fertilidade e da abundância.

27 de dezembro Dia em que os antigos escandinavos celebravam o nascimento de Freya: deusa lunar protetora dos amantes e senhora da sexualidade e dos mistérios do amor. Diz a lenda que era esposa de Odin e sempre o acompanhava nas batalhas, recolhendo e levando para Volkvang, seu palácio, os corpos dos guerreiros que haviam tombado no campo de batalha. Instalados em seu castelo, esses guerreiros eram por ela servidos com um lauto banquete. Muito vaidosa, Freya adorava os enfeites e jóias femininas, feitos para ela por quatro anões artesãos que moravam numa gruta perto de seu palácio. Um dia, visitando a oficina dos anõezinhos, Freya apaixonou-se perdidamente por um colar que não se encontrava à venda. Obcecada pelo desejo de possuir tal maravilha, a deusa ofereceu uma boa soma em ouro aos anões. Mas eles, que eram os senhores dos metais, desdenharam da proposta e fizeram uma contraproposta: a deusa só possuiria o colar se fizesse amor com cada um deles! Assim, por quatro noites Freya dormiu com cada um dos anões. Porém, Lóki, o deus trapaceiro, observava tudo e logo correu ao palácio e relatou o acontecido ao ciumento Odin. Este, vendo sua mulher chegar em casa com o colar no pescoço, pediu que Lóki o retirasse. O trapaceiro, usando de suas artimanhas, transformou-se num animal e roubou o colar. Freya, por vários dias, procurou em vão pela jóia. Mas um dia, usando seus dons, acabou descobrindo o ladrão. Acuado pela fúria da deusa, Lóki relatou-lhe que o colar tinha sido entregue a Odin. Como uma guerreira, Freya entrou nos aposentos de seu marido e reaveu o colar!

28 de dezembro Dia em que os antigos gregos celebravam o término do Festival de Alcione: deusa da tranqüilidade.

29 de dezembro Dia em que os antigos gregos celebravam o Festival das Ninfas: dedicado a Ártemis, Andrômeda, Ariadne e Ceres. Dia em que o antigo Egito celebrava o aniversário de Rá: o deus solar doador da fertilidade.

30 de dezembro Dia em que algumas partes da África celebram o Kwanza: festival dos primeiros frutos da colheita.

31 de dezembro Dia em que no Brasil se celebra a Festa de Yemanjá. Dia em que os havaianos realizam a Dança do Fogo: dedicada à deusa Pele, doadora do fogo e senhora dos vulcões.

Mais um Dia

A LUA DA SERPENTE

"Esta palavra quente
Quando do canto da boca
Tua
Sai à rua
Faz encanto no lábio e sua
Uma lua que a própria lua
No que aumenta
Sem tormenta
Agüenta
Suave e sentada em parapeito
Jamais desfeito
Logo ela a lua solene
Esta mesma chamada Selene
Mete um ar rarefeito ou perene
E no céu toda prosa
Insinua
Uma lua nova ou crescente
Soberba em noite tão demente
Que o brilho que brilha é a lua
Na verdade que leve insinua
Ela toda todinha nua
E a palavra da boca é crua
Nesta rua cheia de lua
Tua rua nua de nu
E mesmo a rua que sua esta lua
Nesta rua nua do nu
Tal nudez toda nua
Esta lua
Inclusive do nu é desnuda

Assim continua ela nua
Pois enlua de novo uma lua
Uma lua
Uma lua é uma lua
Uma lua cheia de ceia
No repasto que vem
Presenteia
Mais de cem
Mais de cem nessa teia
Outra ceia ela peita e na veia
O teu sangue que é prata
Na vulva
Mais que lata ela é ouro e resulta
Nesta vulva que volto a voltar
Pois sem medo de novo retorno
Lua cheia que volto a cear
Só que agora esta lua é azul
Lua azul tão cheia de lua
Que olhar esta lua é luar
Já de tanto mimar neste ar
Esta lua que é vulva e retorna
No minguante ela faz é pousar
Pois entorna e menstrua outra lua
De um rompante ela é nova
Ela é nua
Num rompante todinha ela é lua
Ela é lua
Ela é lua
Ela é lua."

RONALDO PERIASSU, DO LIVRO "CAFÉ DAS NÚPCIAS"

O sol do último dia de dezembro penetrava com fúria a vulva quente das praias do Rio. A cidade levantava suas saias e rebolava sobre a espuma branca das cervejas, daqueles que nos bares esperavam o final do ano. Em cada esquina, o compasso ritmado do samba anunciava a explosão dos fogos que se seguiriam no final da noite. Todos receberiam um novo desejo, uma nova euforia. E mais uma vez um novo projeto se sobreporia ao velho tal como se trocasse um sapato já gasto, que sadicamente seria deixado de lado, embalado pelo forte encantamento que todos cantariam à meia-noite: "Adeus ano velho/Feliz ano novo".

Enrodilhado em meu pescoço, o colar das contas das bênçãos se comprimia assustado com a possibilidade de que a névoa do esquecimento acolchoasse meu coração. E que inebriada pelo abismo das cervejas, eu abortasse a semente que se entregou à escuridão de meu ventre no doce ofício da germinação, ao longo de todas as voltas da Lua.

Embora eu acarinhasse cada bênção, a desconfiança das contas não sossegava. Afinal, o dia entregava-se aos truques dos deuses trapaceiros, que se divertiam distribuindo uma falsa euforia que no dia seguinte se desvaneceria. E elas bem sabiam que essas brincadeiras escondiam fortes malefícios...

Percebendo o temor de minhas contas, eu compreendia agora a inexplicável recusa de minha avó em participar do encantamento que anualmente expulsava o ano que havia passado. Já podia entender a severa reza que dirigia à Lua, enquanto todos nós nos divertíamos, reclamando do ano vivido e traçando mil planos para aquele que entrava!

Eu, que havia caminhado com a Lua, sabia agora que nada terminava e que tudo é um estirar de fio que busca o cumprimento de seu destino. Sabia que o ano não se acabava e que no dia seguinte eu teria o desenvolver das histórias que a Lua começara a me narrar. Não! Minhas contas podiam ficar tranqüilas! Eu me preparava para parir...

Entregue às contrações que se insinuavam mais fortes, deixei que a intuição me guiasse nos preparativos do parto que se realizaria à meia-noite, na hora exata em que os deuses trapaceiros operam a sublime artimanha de costurar no ano: mais um dia.

Hora em que as bruxas se abraçam e juntas enlaçam a Lua no céu, sempre vistas por algumas crianças que não têm medo das teias noturnas dos sonhos de antigas divindades. As bruxas em suas vassouras, nuas, gargalham entre as estrelas.

Assim, como uma grávida que prepara sua mala na hora de ir para a maternidade, dediquei-me a recolher fragmentos da realidade, que de noite serviriam de ingredientes em meu caldeirão.

Usando o brinco que dona Remy me dera, escutei uma voz feminina, vinda de muito longe, a me dizer que devia vazar nove ondas no mar. E depois sair da água sem virar minhas costas e na areia catar nove conchas. Como o pedido envolvia um bom mergulho na praia, acatei-o sem pestanejar! Pois o dia se desmanchava em suor e um enorme sol boiando no azul prometia quentes carícias...

A caminho da praia, fui subitamente envolvida por um insólito acontecimento. Na calçada, a poucos metros de meu edifício, um grupo se aglomerava em torno de uma pobre mulher moribunda. Sua filha, uma linda menina com os olhos muito vivos, observava, espantada, sua mãe dando os últimos suspiros. As pessoas, tomadas pela euforia daquele final de ano, olhavam impassíveis aquela cena, entregues à morbidez das curiosidades urbanas. Temerosa, eu assistia um grandalhão, com cara pouco confiável, chegando-se para o lado da menina, pronto para levá-la a qualquer momento! No chão, a mulher maltrapilha arfava seu peito, tentando extrair forças e defender a criança. Percebendo em seus olhos a súplica dos animais feridos, eu tomei agilmente a menina pelas mãos e corri até minha casa. Lá, atropeladamente, relatei a minha mãe o que acontecia na calçada.

Mamãe, uma bruxa que sempre teve o dom de me surpreender nas horas exatas, despiu-se de sua eterna coqueteria, vestiu o traje das guerreiras, pegou a menina no colo e comigo se dirigiu até o lugar onde a cena acontecia.

Ao chegarmos, o círculo de pessoas havia aumentado consideravelmente. A mulher, talvez pelo acúmulo de gente, havia piorado. Para completar o caos, aos berros o homem mal-encarado nos acusava de raptoras de crianças. Exibindo sua credencial, disse-nos que era policial e que deveríamos entregar a menina. Mamãe, tomada pela ira de Afrodite, amaldiçoou-o três vezes com encantamentos recheados de palavrões. Depois, tirando uma força sabe-se lá de onde, empurrou as pessoas e aos gritos ordenou a seu Rui, nosso preguiçoso porteiro, que corresse à portaria e telefonasse para uma ambulância.

Enquanto esperávamos o socorro médico, soubemos pela mulher que ela se encontrava sozinha na cidade. Vinha de uma região do Nordeste na esperança de conseguir criar sua filha na capital. Por três meses se abrigara debaixo de marquises e agora, doente, preocupava-se com o destino da filha. Ela já estava certa de que morreria e, seguindo uma voz que lhe falou na noite anterior, andara todo o dia à procura de uma mulher jovem que iria cuidar da menina, segundo o que esta voz lhe disse. Mamãe, esquecendo-se de seu personagem sempre envolvido pelas futilidades dos batons, naquele instante lembrou-se de suas antepassadas, e com lágrimas borrando a maquiagem abraçou-se àquela bruxa matuta que desbravara a cidade à sua procura.

Esquecida de meu compromisso com as águas, segurava em meu colo uma pequena menina que trazia no olhar a ingenuidade própria dos índios, que recebem o homem branco com seus melhores trajes e o coração aberto. Eu não conseguia entender o porquê da ausência de lágrimas em seus olhos num momento triste. Afinal, sua mãe estava se indo! Anos depois, aprendi que a dor dos pobres é uma dor reservada, assustada pelo medo de incomodar...

No instante em que a ambulância chegava, deparei-me com a estranha brincadeira da Lua. Durante todo o tempo, a mulher esteve recostada num hidrante que estampava escandalosamente o número nove! As ondas, que a voz me dissera que eu deveria vazar por nove vezes, nada mais eram do que as lágrimas daquela mãe que morria! Com espanto vi a segunda etapa se completar: ao entrar na ambulância, o olhar da mulher voltou-se para mim e sua cor refletia o mesmo azul dos oceanos! Do lado de fora, na calçada, virada para sua imagem, vi a ambulância se afastar aos poucos...

Segurando a mão da menina, outra vez fui surpreendida pela Lua. A garota, finalmente emitindo um som, pediu-me para que guardasse algo que apertava fortemente em sua outra mão: um pequeno cordão com nove conchas amarradas!

Percebendo que não precisava ir até a praia para realizar a tarefa, dei-me conta de que a Lua, usando de artimanhas próprias, havia nos reunido naquele dia, revelando-me mais um aspecto da Arte: a solidariedade!

Como mamãe havia seguido com a mulher na ambulância, tratei de cumprir suas recomendações. Levei a menina para que se alimentasse em casa, enquanto meu pai, já ciente do que acontecera, tomava as providências legais para que ficássemos com ela. Embora na casa houvesse um clima de euforia, provocado pela perspectiva de termos uma menininha em nossa companhia, algo dentro de mim me dizia que conosco ela não ficaria...

E foi assim que, no final da tarde, mamãe retornou com a notícia de que a mãe da menina havia morrido.

Enquanto nos detalhava os acontecimentos, fomos interrompidos pelo soar do telefone. Uma amiga querida, aos prantos, relatava à minha mãe que tinha perdido o bebê que estava esperando e que tivera do médico a sentença de que nunca mais poderia ter filhos! Mamãe, que ainda não havia se despido do seu traje de feiticeira, olhou para a menina e depressa respondeu à sua amiga que iria visitá-la imediatamente. Logo depois de desligar o telefone, colocou na pequena um vestido novo que havia comprado, e com ela partiu para a casa daquela mãe que sofria a perda de um filho que não tinha nascido. A menina não retornou com minha mãe...

Ao escrever esta história, dou-me conta de que Ana Maria já é uma mulher e talvez já tenha seus filhos. Com alegria agradeço mais uma bênção da Lua, que me fez colocar mais uma conta no colar. Ana Maria, hoje uma advogada, tornou-se a filha renascida de uma mulher que pensara que tudo havia acabado. Sua mãe verdadeira teve um funeral digno: depositamos muitas flores em sua homenagem!

O dia anoitecia. Na casa, os preparativos da grande festa de Ano-Novo sobrepunham-se sobre a história que desenrolara no decorrer do relógio. Mamãe, já despida de suas vestes de bruxa, agitava-se pela casa, carregando dúvidas se o vestido vermelho lhe assentava melhor que o lilás, ou se o cabelo devia estar solto ou preso no engraçado coque banana. Tia Nazair, a responsável pela grande festa, cuidava dos preparativos, atordoando as empregadas com pequenos "retoques" de última hora. No banheiro, um mar de flores brancas refrescava-se na banheira, aguardando a hora em que desceríamos à rua em procissão e depois as depositaríamos nos braços de Yemanjá.

Odores apetitosos das mais variadas comidas banhavam o ar com os ventos da gula. E assanhavam nossos dedos, ocupados com o doce ofício de raspar as tigelas, onde cremes se misturavam aos bolos e açúcares nevavam sobre os ovos. Conceição, entregue aos boleros de Cauby, costurava a barriga de um pequeno leitão, vislumbrando um possível namoro de fim de ano na gafieira que freqüentava. Vera, a sambista, ocupada com as obrigações de seus santos, rodopiava suas saias de filha-de-santo pelo chão da cozinha, despejando pelo solo uma água perfumada pelo cheiro das colônias. Dona Marina, acompanhada pelo cortejo de mortos, acatava estoicamente as ordens de tia Nazair e, talvez confundida por algum fantasma brincalhão, perdia-se na arrumação de uma mesa que nunca se completava. Divertida, eu assistia o pôr e repor de copos e pratos que não combinavam com a cor da toalha e talheres que desbrilhavam e brilhavam...

Como um mágico conta-gotas, a casa ia se enchendo de gente que chegava feliz, embebida pelos sonhos do álcool que desde o amanhecer dominava toda a cidade. Um cortejo engraçado de bruxas, vestindo seus coloridos trajes, me assegurava que a noite estaria isenta de malefícios.

Assim, misturados às arrumações de tia Nazair, pequenos sortilégios compunham a cena do espetáculo. Tia Luísa, irmã mais velha de vó Vitalina, era a responsável pela romã dos caroços dos desejos. Tia Isabel, a irmã caçula, era quem trazia as lentilhas cozidas com água pura de fonte e uma pitada de sua própria saliva. Vó Luísa era quem recortava coloridos retalhos em forma de Lua, expostos por uma noite aos raios da Lua, e que seriam como sempre distribuídos exatamente no primeiro minuto após a meia-noite. Vó Virgínia, a bruxa do Algarve, revirava seu baú de feitiços e trazia pequenos sonhos recheados com creme de baunilha e gotas de um vinho secretíssimo que ela mesma fazia. Dona Benedita trazia pequeninas sacolas de cetim, onde, à meia-noite, colocaríamos nossos desejos e bênçãos que queríamos ver expandidos. Tia Olinda, irmã de minha mãe, a preferida de Ártemis, trazia ramos de camomila que dependurava nas janelas, afastando os maus espíritos. Tia Aída, filha preferida de Afrodite, trazia pequenos pães recheados com algumas pétalas de rosa, jurando-nos que nos dariam loucas paixões. Tia América, filha dileta de Athena, trazia velas que acenderiam nossos espíritos e dariam a lucidez das lembranças aos esquecidos. Tia Nazir, filha predileta de Baubo, trazia o vinho que soltaria nossos risos. Tia Marisa, filha preferida de Hera, impossibilitada de vir, nos mandava do Piauí um enorme peru recheado com uma farofa amarela, que nos mantinha eternamente unidos...

Vó Vitalina, consciente de seu poder, nessa ocasião, como sempre era a última a chegar. Até hoje desconfio de uma certa exibição nesse atraso, o que provocava uma forte energia no ar. Olhando-a atentamente, podia-se perceber uma leve ponta de vaidade, visto ser ela a feiticeira que trazia nossas antepassadas mortas: um outro grupo divertido de bruxas de diversas épocas e nacionalidades, que misturavam-se pela casa ávidas pelas novidades deste século!

Assim, em meio ao barulhento grupo de bruxas, via desfilar à minha frente uma enorme exposição de feitiços, trocados entre elas, indiferentes aos olhares curiosos das visitas educadas que compunham o resto da festa. Dona Benedita, uma feiticeira baixinha, bem magra e com grandes manchas cor-de-rosa tatuadas em seu corpo muito branco, era a que mais se deliciava em provocar olhares arregalados de espanto. Com uma boa dose de maldade, relatava todo ano o estranho feitiço que fizera para calar uma vizinhança fofoqueira. Com os olhos muito vivos e o tom da voz impostada na curva certa do suspense, descrevia o bizarro boneco feito de um pedaço de pano da saia da fofoqueira. Ele era roubado de seu varal numa noite escura de lua minguante, recheado com urtiga seca, um punhado de pó da soleira da porta da tal vizinha e folhas de um pé de jiló que já estivesse seco. Depois de devidamente recheado, com uma risada indecente completava o feitiço: costurava por nove vezes a boca do boneco e o mergulhava em um chá de urtiga que fervia em seu caldeirão!

Ao longo dos anos, assisti o medo tomar conta do olhar das pessoas, toda vez que ela, completando sua pequena maldade, repetia para os presentes a gargalhada que dera ao fazer o feitiço. Divertida, corria a cozinha e se desmanchava em risadas, assistida pelo "disconjuro" da medrosa Conceição.

Embora a festa se repetisse todos os anos, naquela noite eu sentia que alguma coisa tinha mudado. As feiticeiras de meu clã pousavam sobre mim não mais o olhar de mestras, agora comigo trocavam impensáveis intimidades, fazendo-me constatar que efetivamente havia sido admitida como membro efetivo do clã. Eu não me sentia mais uma feiticeira acidental, que pousava ocasionalmente sobre uma tradicional família de bruxas! Dentro de mim, nesta noite, estava a certeza de que havia conquistado meu espaço no clã. Um espaço conquistado no caminho que havia percorrido sozinha no decorrer daquele ano.

Vaidosa por constar intimamente daquele alegre grupo de feiticeiras, pela primeira vez não me entupi com as guloseimas da mesa. Sentada junto a elas, experimentei o mesmo gozo de dona Benedita, quando, timidamente, com a voz um pouco mais alta do que o habitual, relatei uma pequena maldade realizada, como diria vó Vitalina "justamente", contra uma menina insuportável, que entrara no meio do ano no colégio e se divertia em me torturar: criticando meus modos desengonçados e uma miopia que a duras penas eu procurava esconder. Ainda sem a prática de dona Benedita, titubeante, falei do desenho que havia feito sobre uma folha de espada-de-são-jorge. Ali representei a terrível torturadora completamente tomada por um surto de urticárias. Com o peito estufado completei meu relato: a menina se ausentara por uma semana do colégio, vítima de uma misteriosa alergia que nenhum médico decifrava!

Percebendo meu orgulho, vó Vitalina, discretamente, me chamou a um canto da sala e bem baixinho me disse: "Você mereceu o lugar no círculo! Agora é parte de nós!!! A Lua fez seu trabalho direito. Logo mais você terá... mais um dia. Esse dia será sempre mais um, até o momento em que não sobrar nenhum dia e se junte a nós no acampamento do outro lado. Agora, saia de mansinho e me encontre em seu quarto, pois vou ler no café o seu futuro..."

Excitada pelo convite, deixei a sala como um furacão! Afinal, a fama de vovó era tão grande, que diariamente as pessoas a procuravam para ler o futuro no fundo de uma xícara! Mas vovó não lia para qualquer um. Como ela mesma dizia: "O futuro é um pássaro dengoso que só pousa na hora que quer." E nem sempre esse pássaro pousava! Mesmo sendo sua neta, ela nunca havia lido o que o futuro que me reservava. Dizia que minha ave era arisca e não queria pousar... Mas, agora, talvez bêbada pelo vinho de tia Nazir, a ave rebelde pousara! Vovó iria acariciar com jeito as suas penas, e, sem nenhuma resistência, ela ia cantar o que o futuro me daria!

Tomada pela excitação, ao entrar no meu quarto tropecei numa pilha de livros que havia deixado sobre o chão. Vovó, divertidamente, me disse: "Esse pássaro é tão livre, que poucas vezes vem ao solo, e quando vem..." A euforia em ver o futuro escrito com sua mágica pena sobre as folhas de minha vida era tão grande, que fingi não escutar a manguice de minha avó, descrevendo aquele fôlego atropelado que fizera de mim uma real ameaça de desastres.

Pacientemente, esperei que terminasse suas rezas e que me chamasse de dentro do círculo que traçara com um giz e que sempre a acompanhava. No momento em que a ouvi chamar por meu nome, joguei para o alto a paciência e, como águia veloz, adentrei no círculo, esquecendo-me de pedir permissão aos quatro ventos. Como resultado, obtive um sermão sobre a inconseqüência de meus atos, sempre desastrosamente movidos por uma patológica curiosidade!

Após ouvir a série de repreensões, vovó, talvez enternecida ao ver desenhadas no meu rosto as curvas de um lacrimoso *mea culpa*, delicadamente, começou a relatar o que minha ave lhe dizia no oráculo. Falou-me de um tempo que vinha chegando com músicas ao pé das fogueiras, muitas flores, caminhadas sem destino, e uma profunda comunhão amorosa. Me disse que eu ia virar índio quando esse tempo chegasse, que trocaria com meus amigos de estrada o que aprendera com minhas antepassadas. Mas que esse tempo seria curto, pois os homens não entenderiam essas crianças, e, da mesma forma que chegara, iria embora como um vento de verão. Porém, em mim, ficaria uma semente tatuada dentro de um círculo que significava "paz e amor".

Poucos anos depois, vi esta profecia se realizar integralmente, quando, depois de ouvir Carole King pela primeira vez, resolvi ser *hippie*. O mundo vivia então uma grande revolução. Os jovens se negavam a continuar com as besteiras que seus pais realizaram e diziam "não" às estúpidas guerras e aos valores reacionários.

E ouvindo os acordes femininos desta feiticeira cantora, que, em suas canções, pedia que nos agrupássemos em torno das tonalidades sutis dos ensinamentos das deusas, arrumei nas costas uma mochila de brim e tomei a estrada cantando:

"When you're down and troubled
And you need some loving care
And nothing, nothing is going right
Close your eyes and think of me
And soon I will be there
To brighten up even your darkest night
You just call out my name
And you know wherever I am
I'll come running to see you again
Winter, spring, summer or fall
All you have to do is call
And I'll be there
You've got a friend
If the sky above you
Grows dark and full of clouds
And that old north wind begins to blow
Keep your head together
And call my name out loud
Soon you'll hear me knocking at your door
You just call out my name
And you know wherever I am
I'll come running to see you
Winter, spring, summer or fall
All you have to do is call

And I'll be there
Ain't it good to know that you've got a friend
When people can be so cold
They'll hurt you, and desert you
And take your soul if you let them
Oh, but don't you let them
You just call out my name
And you know wherever I am
I'll come running to see you again
Winter, spring, summer or fall
All you have to do is call
And I'll be there
You've got a friend."

Mas, voltando à história. Depois de ter dito que a experiência do vento das flores ficaria tatuada em meu ser por toda a vida, vovó me disse que os sonhos, cantados em torno das fogueiras, aliados aos ensinamentos de minhas antepassadas, um dia, num tempo ainda distante, se tornariam letras. E letras que se espalhariam em muitas folhas e correriam por muitas estradas. Que nesse tempo eu teria um filho já moço e que junto a mim teria um homem que também tinha virado índio. Moraria num lugar cercado por altas montanhas e teria um lindo jardim e uma horta, onde plantaria minhas ervas. Nesse tempo, eu de novo viveria como índio e com as letras ensinaria outras pessoas a se juntarem em torno das fogueiras, fazendo feitiços e cantando músicas...

Hoje, ao constatar que escrevi meu primeiro livro aos quarenta anos, cercada pelas montanhas de Friburgo, a adolescência de Daniel e o amor lisérgico de Ronaldo, fecho meus olhos e revejo a velha xícara onde uma ave muito arisca pousou. Canto outra vez meu velho hino *hippie* e entendo a intensa vontade de partilhá-lo com vocês...!

Embora lisonjeada com as profecias do oráculo, uma parte em mim se frustrou. Afinal, da imaginação fértil que sempre reguei com cuidado, esperava mais aventuras! Talvez, quem sabe, uma romântica viagem à Grécia, um encontro com um aristocrata tísico, ou mesmo uma expedição perdida na África! Espremendo a paciência de vovó, entupi-a com perguntas tolas, movidas por uma enorme necessidade de um futuro brilhante e glamouroso. Vovó, divertindo-se com minha recusa em aceitar o que minha ave relatara, com os olhos bem vivos me disse: "Você parece essa gente que vive dizendo que numa outra vida foi rei ou rainha! Será que você não vê que uma vida, por mais monótona e sem graça que possa parecer, possui o bordado dos deuses? Não seja ingrata, menina! Olha que um dia seu pássaro se cansa e você acaba virando alguém sem alma...!"

A perspectiva de ter minha alma removida era aterradora e fez-me esquecer depressa do *glamour* de um romântico destino. Eu sabia muito bem, pelas histórias que vovó me contara, o que significava ficar sem alma! Com um frio agudo na espinha, lembrei-me de sua tia, uma poderosa feiticeira que preferira interferir em seu próprio bordado, optando pela crueldade daqueles que acham que uma grande soma de riquezas lhes dá o direito de se tornarem donos das outras pessoas. Assim, inebriada pelo poder, esqueceu-se de seus dons de feiticeira e tornou-se uma cruel senhora de terras e homens. Seu fim, dizia vó Vitalina, foi uma estranha doença que lhe tomou todo o corpo com horrendas feridas, totalmente esquecida pelas feiticeiras de seu clã, e tendo como enfermeira uma negra muito bondosa, que desde criança sofrera com suas humilhações...

Ao ouvir esta história pela primeira vez, fiquei chocada com o abandono que minhas antepassadas infligiram àquela outra bruxa. Vovó, ao ver-me tomada pela pena por aquela tia, me disse: "Nós, feiticeiras, não temos a bondade hipócrita dos homens, que perdoam os carrascos só porque ficaram doentes ou velhos. Minha tia escolheu ficar sem sua alma. Nós não éramos mais do mesmo clã..."

Revendo a terrível história de uma antepassada que nunca mais se tornaria parte do clã, encolhi-me na aceitação de um futuro desprovido de *glamour*, mas que não roubaria minha alma! E... afinal, o *glamour* poderia vir, quem sabe, de alguma parte que eu inventasse!

Hoje, respiro aliviada por ter aceito as designações que minha ave traçou naquela velha xícara. Dou boas gargalhadas quando vejo ao meu redor um presente realmente encantador, repleto de acontecimentos tão maravilhosos, que a lembrança de um navio cortando o oceano com a tosse de um conde tísico, acaba se tornando uma novela insípida, que a gente assiste ao primeiro capítulo e já conhece o final!

Todavia, vamos continuar. Após ter lido na xícara o bordado do meu futuro, vó Vitalina deixou-me dentro do círculo. Pediu-me para que ali a aguardasse, entregou-me uma folha verde e fresca de louro, dizendo-me para mastigá-la enquanto ia à sala para chamar as outras. Porém, antes de alcançar a porta, aconselhou-me a não engolir, nem tampouco despedaçar a folha com meus dentes. Eu teria que mastigá-la sem danificá-la, coisa que a mim pareceu impossível!

No momento em que vovó saiu de meu quarto, entreguei-me ao duro trabalho que me havia sido imposto. A folha, enorme, parecia não caber dentro de minha boca! Com dificuldade, estabelecendo um estranho malabarismo entre meus dentes e minha língua, acabei por encontrar o jeito: pequenos impulsos da minha língua colocavam-na exatamente em contato com as pontas dos meus dentes. E assim, dona de uma técnica que talvez tenha sido usada por alguma antiga sacerdotisa de Delfos, deixei que a folha acabasse por se tornar uma extensão de minha boca.

À medida que eu sentia que o louro criava raízes dentro de meu ser, minha consciência foi pouco a pouco se abrindo, oferecendo-me pequenos fragmentos de cenas que viveria no futuro.

Com muita ternura vi o rosto risonho de Daniel, engolindo com avidez uma suculenta sopinha, enquanto Ronaldo, em seu quarto, escrevia poemas ao som de Crosby, Stills, Nash, Young. Vislumbrei a casa de pedras no topo de uma pequena colina, repleta de pássaros no seu jardim. Com espanto, vi a face de meu primeiro livro e o rosto de Rosemary, minha editora. Vislumbrei a face de três mulheres que, indiretamente, se ligavam com o que eu escreveria no futuro. A primeira, Marilene, uma *hippie* que trocaria o burburinho da cidade pela criação de abelhas na montanha, tornando-se uma de minhas melhores amigas. A segunda, Amanda, que trocaria as águas *hippies* de Porto Seguro, já começando a se tornar um paraíso de um turismo selvagem, pelas altas montanhas de Friburgo. Em seu sítio nos reuniríamos em torno de uma mesa, cantando e comendo moqueca de peixe. A terceira, Jaqueline, uma elegante senhora francesa, que trocaria os requintes de uma Europa decadente pelas misteriosas e mágicas montanhas. E aprendi que se pode chegar aos sessenta anos sem perder um centímetro sequer dos sonhos traçados na juventude.

Desta forma, já conhecendo os rostos amigos que me acompanhariam no futuro, assisti também à partida de minhas avós, tia Nazir e dona Benedita. Porém, teve uma cena que me recusei a assistir neste momento. Com raiva parti um pedacinho da folha com a ponta de meu dente: Marco, meu querido irmão, iria para o acampamento do outro lado...

No momento em que me preparava para ver os primeiros contornos da face de Luísa, uma feiticeira bailarina que conheceria muito mais tarde, vovó adentrou pelo quarto, seguida pelo alegre bando de feiticeiras. Ruidosamente, talvez estimuladas pelo vinho de tia Nazir, a alegre filha de Baubo, reuniram-se em torno do círculo, dançando com as costas viradas pra mim. Tia Nazair, de todas a mais responsável pelas festas em família, dançando, resmungava como Héstia, sua mãe divina, que não podia ficar muito tempo senão a mesa não estaria servida! Assim, rodeada por canções, senti que minha consciência ia se perdendo numa longa estrada de terra, margeada por um rio.

Embora conseguisse ouvir o ruído que faziam, era como se estivesse sozinha no quarto, com as luzes totalmente apagadas, tendo a estrada, que se insinuava à minha frente, iluminada por um *spot*. Como aprendi, desde muito cedo, a me deslocar por qualquer caminho que um ritual me trouxesse, penetrei sem medo pela estrada.

Um morno calor se apoderou de todo meu corpo, dando-me a impressão de ter acabado de sair de uma manhã na praia. Nas árvores, pássaros, em grande quantidade, distraíam-se com irrequietos esquilos e coloridos insetos, lembrando-me a caminhada de Judy Garland em *O mágico de Oz*! Embora sem os irresistíveis sapatinhos vermelhos, eu seguia pela trilha, sabendo que aventuras, talvez maiores, também me esperavam. Depois de ter andado um longo trecho da estrada, defrontei-me com uma bifurcação, marcada por uma velha macieira.

Envolvida pela dúvida de optar pelo caminho à esquerda ou à direita, custei a perceber a presença de uma jovem mulher, displicentemente sentada atrás da árvore, limpando algumas flechas de ouro. Atraída por minha própria curiosidade, dela aproximei-me, esquecendo como por encanto das minhas dúvidas e querendo de todas as maneiras compreender as razões de seu ato. Afinal, mulheres guerreiras faziam parte dos mitos que eu estudara, e nunca, nunca mesmo, havia visto uma de tão perto!

Sem nem mesmo ter ainda alguma explicação, minha louca imaginação logo me carregou para um antigo acampamento das Amazonas. Ali, Hipólita, a suprema rainha, sentada sobre um rústico trono, da mesma maneira polia suas flechas. A jovem, que até então não havia emitido palavra alguma, virou seu olhar em minha direção, e, com uma ponta de ironia, me disse: "Não sou Hipólita! Ela se encontra bem atrás daquelas altas montanhas, lutando com suas guerreiras contra uma tribo..." Depois, vendo que o espanto tomou conta de mim, jovialmente se apresentou: era nada mais, nada menos do que Ártemis!

Lutando contra o tremor humilhante, que numa hora tão imprópria resolvera atacar meus joelhos, perguntei-lhe sobre o porquê de sua presença no meu caminho. Pelo que eu sabia, já havia passado por vários rituais a ela dirigidos e nunca ela havia surgido a mim! E, além do mais, o ritual que agora era realizado consistia de uma cerimônia de agradecimento aos presentes que a Lua me dera no decorrer do caminho, então não via absolutamente motivos para que ela estivesse ali!

Ártemis, rindo zombeteiramente de minha audácia, disse-me que eu me encontrava na dimensão do "mais um dia". E que, pelo que ela sabia, era uma dimensão por ela controlada. Depois, completando a zombaria, atingiu-me com um golpe mortal, apelando para o que se constituía num de meus maiores orgulhos: "Olhe só a mocinha! Estudou tanto e não sabe que a Lua me pertence!" Definitivamente, aquilo era demais! Não me importando se ela era deusa e eu uma simples mortal, furiosa lhe disse que muitas deusas também se arvoravam como donas da Lua. Ou ela esquecera que Afrodite, Selene, Hécate e Astarte também possuíam mitos que comprovavam este fato?

Após tê-la afrontado tão fortemente, esperei que uma de suas flechas se cravasse direto em meu coração. Assim, de olhos fechados, respirei bem fundo, sabendo que se aproximavam os meus momentos finais. Eu tinha peitado de frente uma deusa, demasiadamente conhecida por seus ataques de fúria! A possibilidade de pedir desculpas era tão remota, que preferi optar pela atitude que minha avó me ensinara: "Por pior que tenham sido as conseqüências de seus atos, se você os realizou consciente de que eram certos, nunca peça desculpas! Nem que isso lhe custe a vida!"

Assim, encolhida como uma galinha medrosa prestes a ser abatida, estoicamente esperei o instante em que seria fulminada, ou mesmo transformada em algum animal selvagem. Tenebrosas recordações de vinganças passadas da deusa assolavam minha cabeça, fazendo-me lembrar do pobre Actéon, que, um dia, movido por intensa curiosidade, esgueirou-se numa moita e ousou colocar seus olhos sobre a nudez da deusa, que banhava-se despreocupada nas águas claras de um rio. Ártemis, ao ver-se surpreendida por tamanha afronta, transformou-o num lindo veado, que teve o triste fim de ser dilacerado pelos cinqüenta cães que sempre acompanhavam Actéon nas caçadas. Agradecendo ao fato de ser mulher, pois só mulheres tinham o privilégio de se aproximar da deusa, logo descartei a possibilidade de ser transformada num animal, e, tremendo de medo, aguardei a dor da mordida do mesmo escorpião que matara o gigante Órion, num dia em ele a desafiou para um jogo de discos! Como não sofrera nenhuma mordida, nem mesmo uma flecha se cravara em meu coração, com muito cuidado fui abrindo meus olhos. Ártemis, à minha frente, prendia o riso! Depois, olhando-me bem dentro dos olhos, disse-me divertidamente: "Não fique aí tremendo que nem vara verde! Você me disse uma verdade e demonstrou, com sua impulsividade, que é mesmo minha filha! Você por acaso pensou que os deuses punem a verdade? Tolinha...!"

Aliviada por ter sido poupada, escutei atentamente as razões que Ártemis me apresentava como motivo para sua presença. Fiquei sabendo que teria que enfrentar algumas etapas mágicas que me levariam ao encontro da serpente primordial: aquela que um dia, num tempo muito antigo, tinha abraçado o caos e lhe dado forma. Uma serpente tão antiga que, por mais que existissem números, não havia o suficiente para contar sua idade.

Perguntando-lhe sobre o motivo da existência da bifurcação no caminho, Ártemis nada me respondeu, limitando-se a afirmar que minha intuição bem o sabia. Impregnada pela lógica maniqueísta da eterna batalha entre os opostos, respondi-lhe, sem nem mesmo escutar minha voz interior, que uma das estradas representava o Bem e a outra o Mal. A deusa, rindo-se de minha ingenuidade mecanicista, disse-me que aquele tipo de argumento não vinha do coração, e que eu simplesmente procurava um modo cômodo de resolver as coisas! Então, jogou-me na face, como um jato de água fria, a seguinte pergunta: "Um terremoto é bom ou ruim?"

Ao vê-la me fazendo tal pergunta, ventilei a possibilidade de uma provável senilidade precoce de sua parte.

Afinal, o que havia de semelhante entre um terremoto e dois caminhos opostos? Ela, com a mesma expressão tão usada por vó Vitalina ao me demonstrar o óbvio, me disse: "Um terremoto é mau, e conseqüentemente destruidor, se você tiver como ponto de referência situações em que estejam envolvidas, por exemplo, a vida de seres que habitam a região atingida. Mas se, por outro lado, você pensar que se trata de um movimento natural da Grande Mãe, que busca o seu equilíbrio, você verá que a destruição toma outro aspecto!" Depois, concluindo sua exposição, disse, zombeteira: "E no caso de algum acidente natural, pelo que eu sei, aqueles que vivem em completa harmonia com a terra, dificilmente são pegos de surpresa! Ou você já viu alguma ave ensopada por uma tempestade?"

O que Ártemis me dizia fazia sentido. Eu mesma, desde pequena, havia aprendido a reconhecer na Natureza os seus sinais. Praticamente nunca tinha sido surpreendida por chuvas ou vendavais. Aprendera a sentir, efetivamente, os contornos sutis da Natureza, chegando a sentir o cheiro da chuva com muita antecedência.

Percebendo o absurdo de meu maniqueísmo, resolvi apelar para minha intuição, e, através dela, escolher o caminho que a mim seria mais agradável e, por conseqüência, necessário naquele momento. Fechando-me, então, como uma concha, sentei-me debaixo da macieira e rastreei as imagens dos dois caminhos.

O primeiro, o da direita, me oferecia vivências com os fatos que eu enfrentaria no futuro. Situações que de alguma forma já tinha vislumbrado através das palavras de vovó, no momento em que masquei a folha de louro. Não! Por mais que minha curiosidade me impelisse para ele, meu coração sabiamente me dizia que nele não deveria adentrar...

O segundo, o da esquerda, oferecia-me imagens que absolutamente eu não conhecia, e que, a princípio, ao vêlas, pensei não me pertencerem. Era como se fossem imagens da vida de uma outra pessoa, ou, para ser mais exata, de muitas pessoas. Cenas que se confundiam no relógio do tempo, demonstrando-me regurgitações aleatórias da história. Algo como um livro, onde a conclusão do primeiro capítulo pudesse encontrar-se no quarto, ou o fim estivesse no início!

Assim, estimulada pela curiosidade que me fez ver nesse caminho uma fonte inesgotável para minha sede, além de guiada por meu coração que misteriosamente palpitava melancólico ao ver cada cena, resolvi tomar o caminho da esquerda.

Ártemis, ao sentir que eu já havia me resolvido, se despediu carinhosamente, deixando-me como adeus a seguinte frase: "Cenas de um passado que não é seu, mas que lhe pertence, você irá reviver. Elas lhe servirão como meio de encontrar mais um fio para o seu bordado. Mas... não esqueça: o fio lhe pertence, você não pertence ao fio!"

Dessa maneira, orientada pelas sábias palavras de Ártemis, adentrei pelo caminho, ao encontro daquilo que a Lua a mim reservava, com a forte convicção de que este era o último passo que antecedia um parto que eu sentia estar muito próximo.

No momento em que coloquei meus pés no arenoso solo da estrada, fui transportada imediatamente para uma antiga aldeia de índios: localizada próxima ao deserto. Embora jamais tivesse vivido semelhante experiência, sentiame como se sempre houvesse pertencido àquele lugar, como se fizesse parte efetiva de uma comunidade tribal, que, no presente, só conhecia através de livros.

Completamente familiarizada, entregava-me ao debulhar de algumas espigas de milho, quando fui chamada por uma jovem índia, que trabalhava ao meu lado, para o conselho das mulheres, que começaria em pouco tempo. Deixando o cesto de grãos num canto de minha tenda, despi-me das roupas que usava e deixei que a fumaça de um incenso de sálvia me purificasse, vestindo-me depois com meu traje de cerimônia.

Lembro que me dirigi à tenda do conselho ainda ajeitando uma longa pena de ave nos cabelos, e, no caminho, tive a constatação de que ela servia como ponto de referência de minha identidade. Eu era uma jovem índia que tinha sido visitada, em minhas visões, pelo Grande Espírito, na forma de uma coruja!

Ao entrar finalmente na tenda do conselho, reconheci no rosto das mulheres que ali se encontravam o sorriso familiar de caras amigas. Mulheres que docemente me apontavam o lugar no círculo, enquanto, despreocupadas, comentavam os acontecimentos do dia.

Já devidamente instalada em minha posição, e ciente das pequenas banalidades que, divertidas, compartilhávamos, vi entrar uma velha índia cega pela abertura principal da tenda, acompanhada por três negras cadelas. Era a nossa anciã! A mulher sagrada que conduzia os caminhos da tribo e que nos iniciara nos mistérios sagrados de nosso clã. Aquela que um dia havia me conduzido ao lugar onde tive minha primeira visão do Grande Espírito, e também quem pela primeira vez trançou nos meus cabelos a pena de uma coruja.

Tomando seu lugar no círculo, a velha índia, aquela que carinhosamente chamávamos de "A que vê com os olhos da cadela", depois de ter cantado os sons sagrados e nos ter purificado com a fumaça de seu cachimbo, com os olhos cerrados nos disse que a serpente iria morder sua própria cauda, no momento em que a Lua se escondesse atrás das montanhas e os coiotes uivassem no deserto. E que nos preparássemos para aquele instante que se daria naquela noite, e que se repetiria por muitas luas, mesmo quando nosso espírito estivesse num outro corpo e num outro tempo. Pois, mesmo assim, saberíamos dessa lua e a receberíamos como se estivéssemos em nossa tribo...

Depois, virando-se para mim e algumas outras, disse que nós viveríamos essa experiência no futuro, num tempo em que os homens já teriam esquecido de nossas tradições!

Nesse tempo, quando se aproximasse o dia em que a Lua se faz serpente e morde sua cauda no céu, as lembranças se remexeriam em nossos corações e outra vez desejaríamos cantar as cantigas sagradas. Nesse dia, o céu se abriria como uma enorme vulva e as estrelas mergulhariam nas águas, preparando-se para receber nossas sementes. Da tribo somente restaria em nós uma antiga canção navajo, que, como a flecha veloz do guerreiro, cruzara o tempo, sempre ao nosso lado:

"Velho Coiote, ladrão da madrugada
desde os primeiros dias da vida,
argalhando no centro
de todas as coisas profundas
com seu coração troçador,
rindo, rindo
para o sol,
uma memória muito quente
que se agarra
em sua trapaceira língua."

Ao término das últimas notas da canção, novamente sou transportada a um outro tempo. Ali também acontecia uma cena ligada ao dia em que a Lua se transforma em serpente e morde sua própria cauda. Assim, recolhendo, em muitas cenas, algumas recordações sagradas, sou finalmente reconduzida à árvore: onde Ártemis pacientemente me aguardava...!

Vendo-me retornar um pouco atordoada pelas cenas que havia vivenciado, Ártemis, carinhosamente, me explicou que essas vidas de que eu agora tomava conhecimento, de forma alguma interferiam na liberdade de minha vida atual. Elas somente serviam como sinais que me auxiliariam numa melhor compreensão dos fatos sagrados da vida, transformando-a numa linda colcha, bordada com fios que nunca terminam. Depois, beijando-me como uma mãe que acaricia o filho, despediu-se, lembrando-me que estaria comigo mais tarde, no instante em que o tempo dá à luz... mais um dia!

No momento em que a vi desaparecendo em meio à neblina da estrada, ouvi o riso solto de tia Nazir, anunciando que já era hora de nos reunirmos em torno da ceia. Nazair, a feiticeira festeira, com os olhos brilhando nos dizia das delícias que havia preparado, e que se porventura não tivessem saído tal como esperava, isso se devia exclusivamente às misteriosas interferências de Vera, a cozinheira. Afinal, com tanta coisa a ser preparada, por alguns momentos ela havia se ausentado da cozinha e...

Contrariando as prováveis expectativas de Nazair, que no fundo esperava um bom motivo para extravasar uma antiga rixa que nutria com Vera, desde que esta havia curado uma gripe renitente de Mauro, meu irmão caçula, a comida estava magnífica! Entrelaçados numa estranha camaradagem, vi desfilar, à minha frente, alimentos das mais diversas procedências. Eles transformavam divergências étnicas numa saborosa guloseima, onde uma alva tapioca trocava confidências com um esnobe bolo inglês!

Após nos dedicarmos por um bom tempo às transgressões da gula, era hora de iniciarmos os preparativos para a bizarra procissão que a cada ano, pontualmente, realizávamos quando o relógio se aproximava da meia-noite. Um fantástico cortejo de mulheres ruidosas que, tal qual coiotes trapaceiros, rasgavam a reta calçada da rua para explodirem em gargalhadas na praia. Assim, tendo em minhas mãos um punhado de flores brancas e um delicado espelho de prata, me juntei ao bando que já se impacientava pelo adiantado da hora.

À frente, como de costume, Nazair e Olinda carregavam a tradicional bacia branca de ágate, previamente lavada com a água-de-cheiro de Vera e enxuta com uma peça de veludo branco, retirada do tecido que um dia pertencera ao antigo vestido de noiva de minha bisavó Maria. Vestido esse que, por culpa de um misterioso ataque de furiosas traças, obrigara vovó Vitalina a dividi-lo em pequenos pedaços, que acabaram se metamorfoseando em pequenos tesouros de cada uma de nós, transformando-se assim numa de minhas primeiras lembranças de um marxismo mítico!

A origem da bacia era praticamente desconhecida, perdendo-se no terreiro das fazendas de minhas antepassadas. Lá, misturavam-se as rendas da velha Europa com a palha da costa dos africanos escravos. Não se sabendo ao certo os confins de onde a bacia procedia, era, por isso mesmo, carregada com maior pompa e cuidado, pois como diziam minhas avós: "Não se deve desrespeitar uma magia que não se conhece..." Muitos anos mais tarde, quando iniciava meus estudos sobre mitos, reconheci nos objetos redondos, tais como cabaças, bacias, caldeirões e travessas, uma antiqüíssima forma que os povos primitivos, independente de serem do Oriente ou Ocidente, usaram para demonstrar a Grande Mãe: o princípio feminino e gerador da vida!

Seguindo o útero da Grande Mãe, todas nós levávamos pequenos mimos que seriam colocados na bacia e entregues aos braços aquáticos de Yemanjá: deusa por nós escolhida como representante de nossa feitiçaria mulata.

A escolha de Yemanjá era uma parte pitoresca em nossa linhagem. Também havia irrompido de uma maneira peculiar, levando-nos a reverenciá-la com o mesmo respeito que nutríamos por Afrodite, Astarte, Ísis, Nossa Senhora e Yara. A razão da interferência mítica das divindades africanas jazia há muito tempo rondando nossas vidas. Todas nós conhecíamos de cor as lindas canções que vó Vitalina guardara de sua antiga babá: "uma negra que conhecera de perto a dor das senzalas", que lhe ensinara alguns feitiços.

Pois bem, não sei se enfeitiçada pelos lundus melancólicos ou pelos sedutores orixás, vó Vitalina acabou por mesclar suas origens com a distante África, nutrindo por Yemanjá um carinho muito especial. Como, na época, as religiões africanas eram vistas como "manifestações rasteiras de uma classe social inferior", talvez por imposições de sua classe essa devoção tenha sido mantida bem escondida! Mas como dizia vó Luísa: "Quanto mais escondida, mais a bunda aparece!" Então, de uma forma enviesada, os orixás africanos foram costurados nos bordados de nosso clã, trazidos na mala de couro que Vera carregava no primeiro dia em que entrou em minha casa. Aquela mala encardida pelo tempo, com recortes engraçados de revistas, que tentavam lhe dar a dignidade esnobe das malas que passeiam pelas esteiras dos aeroportos.

Ao ver a mala pela primeira vez, tive a nítida sensação de que, por detrás do girar de uma chave, sempre dentro do sutiã de Vera, perdidos na escuridão de um caos disfarçado em calcinhas, perfumes baratos, sandálias douradas e roupas de liquidação, ocultava-se o sorriso dos deuses. Um sorriso beiçudo como o de Vera, que lambia todo o cru e o cozido do mundo, e, não satisfeito com tanta gulodice, ainda encontrava tempo para repetir rezas e beijar as crianças. Um riso maroto, misturado ao aroma da pipoca assada na areia, camarão seco, cebola, e um milhão de ervas que exalavam os cheiros de todas as matas. E como sereia que se esparrama por sobre os rochedos, encantava a todos da casa com ancestrais canções, um dia desenhadas pelos tambores da África:

"Oiá, mulher corajosa que, ao acordar, empunhou o sabre.
Oiá, mulher de Xangô.
Oiá, cujo marido é vermelho.
Oiá, que embeleza seus pés com pó vermelho.
Oiá, que morre corajosamente com seu marido.
Oiá, vento da morte.
Oiá, ventania que balança as folhas das árvores por toda a parte.
Oiá, a única que pode segurar os chifres de um búfalo."

Ao escutar os cantos de Vera, sabia com toda a certeza que ela havia tirado da velha mala os deuses, que deviam andar enjoados com a monotonia das roupas, e que, curiosos como todas as divindades, queriam conhecer as pessoas da casa. Não sei se por excesso de curiosidade ou por sua função maternal, Yemanjá acabou escapando da mala e se enroscou sob as cobertas da cama de minha mãe, perdida na neblina de uma misteriosa depressão, que, vez por outra, lhe atacava. Depressão essa que nenhuma de minhas avós conseguia curar, o que fazia Vera resmungar pelos cantos que "aquilo é coisa de santo!".

Embora os médicos insistissem com diagnósticos ziguezagueados nos pontos sombrios de esquizofrenias e neuroses, minhas avós e tias não concordavam. A cada dia traziam novos encantamentos que, por sua vez, não surtiam o menor efeito. Até que um dia, ouvindo os resmungos de Vera, guiadas pelas artimanhas curvas das contas azuis de Yemanjá, resolveram ouvir o que aquela bruxa africana dizia. Assim, mesclando-se diversas origens, a pequena mala foi aberta e para minha surpresa vi pela primeira vez o rosto daqueles deuses da África! Rostos redondos como estranhas sementes lustrosas, aquáticos como os caracóis do mar, e coloridos como os jardins das contas de compridas guias que abraçavam uma rústica peneira de palha.

Vera, com a face transformada pela sagrada maquiagem dos deuses, disse-nos que a voz das divindades seria ouvida dentro da peneira onde os búzios dançariam. Vó Vitalina, satisfeita por ver que todas nos agrupávamos em torno de Vera, respirou aliviada, e, retirando de suas costas o segredo bem guardado por tanto tempo, orgulhosa nos disse: "Agora vocês verão a feitiçaria de minha antiga 'bá'. Não se assustem se os tambores mexerem com as suas carnes e se de repente uma vontade louca de dançar se apoderar de vocês. É a voz dos orixás que o vento está trazendo e tudo que o vento traz é sagrado!"

Vó Virgínia, de todas nós a mais enraizada nas liturgias da Igreja e devota ardorosa de Fátima, bem que tentou esboçar um ar de reprovação, mas, aos poucos, vendo a euforia infantil de Vitalina, acabou por deixar de lado a superioridade branca da Europa e, balançando ritmadamente o corpo, sucumbiu às seduções de Oxóssi...

Assim, acabamos por descobrir que a misteriosa depressão de minha mãe nada mais era do que uma melancólica depressão de Yemanjá, sua mãe, ao ver que sua filha não a reconhecia! Dessa forma, a deusa se introduziu em nosso clã. Para alegria de vó Vitalina, foi escolhida como a deusa que receberia os nossos presentes no dia da Lua da Serpente. A Lua onde o tempo costurava mais um dia!

Ao chegarmos na areia da praia, retirávamos os sapatos e nos reuníamos num grande círculo em torno da bacia. Depois, cada uma ia colocando os seus presentes. Em pouco tempo a bacia ficava repleta de pequenas oferendas. Perfumes, um pente de prata, um espelho, colares de conchas, o bordado de vó Virgínia, o paninho de crochê de vó Vitalina, uma cocada branca que, sob protestos, vó Luísa todo ano insistia que a deusa ia adorar, brincos, pulseiras, e, sabe-se lá por que, champanhe, que tia Nazir cismara que era a bebida preferida de Yemanjá! Como não éramos bruxas iniciadas nas tradições africanas, nossos pequenos erros sempre foram perdoados e Yemanjá, agradecida, nos recebia, com uma onda espumante, que, como a língua do mar, recolhia, gulosa, os presentes...

Pois bem, naquela noite, ao chegarmos na praia, senti que alguma coisa estava diferente. Não sei se envolvida pelas Luas que vivenciara no decorrer da roda daquele ano, ou entregue às contrações que já não sabia controlar, deparei-me pela primeira vez com o pleno sentido da fertilidade. Percebi que estava prestes a parir minha identidade: aquilo que trazia de mais real dentro de meu ser e que me fazia diferente de cada mulher do planeta e idêntica a mim mesma. Única, em meio ao pluralismo de saias brancas que rodopiavam na areia. E plural dentro de mim mesma. Daí, apaixonada pelo ser que entrevia no túnel escuro de minha vagina, corri pela areia da praia e me abracei às saias que surgiam à minha frente. Experimentei todos os cheiros e todos os tons, misturei-me aos batuques dos tambores e bebi cachaça, e acendi velas...

Depois, exausta por tanto requebro, deitei-me na areia e abracei a bacia com os presentes. Deixei que meus cabelos se enroscassem nos colares e pulseiras, e, tirando da cabeça um prendedor de cabelo, depositei-o em meio às oferendas.

Tia Nazir, inebriada pela euforia de Baubo, despejou sobre meu corpo a espuma borbulhante do champanhe. Eu me encontrava prestes a dar à luz. Vó Vitalina, percebendo que chegara o momento, ligeira reuniu o grupo e levou-me até a água conduzindo-me pela mão. As outras, gargalhando felizes, levaram a bacia e soltaram-na por entre as ondas.

Eu e vó Vitalina seguimos dentro da água, vendo ao longe a bacia sendo engolida pelo negror do oceano. Ao chegarmos num ponto onde a água nos subia pela cintura, vovó, virando delicadamente minha cabeça para trás, me disse que iria mergulhá-la e que eu mantivesse meus olhos abertos.

Aos poucos, docemente, afundou-me na água. Dentro do mar vi o corpo de Yemanjá, como uma sereia costurando as ondas. Ao emergir, vi seu rosto refletido na Lua. No instante em que uma contração se fez mais forte, um milhão de fogos explodiram no céu.

Minha vagina se abriu como um lírio e do túnel irrompeu minha própria imagem: noturna, malcomportada, mulher, obscena, lúdica, alucinada, trapaceira como um coiote, sonhadora como uma coruja, mentirosa como uma flor e bruxa!

Conclusão

"... Teia de aranha. Saltos acrobáticos. Sons e cores. Alguém pede socorro na madrugada. Um fato imaginário. Pássaros de um lado, cães de outro. Lavando as roupas no varal da canção,esfregando e deixando as manchas saírem de molho. No molho por instantes, horas a fio. Pingue-pongue na floresta. Olhos nadando na piscina azul. As surpresas residem na novidade poética do impacto quando reveladas. Quando vejo, vejo mesmo. Moluscos. Holofote sobre o dromedário sujo. Algo profano no sagrado. Beijo com estalo. Numa tabacaria um varal colorido. As palavras são iguais a um camaleão, tomam a cor e força precisa do lugar onde ancoram. Você passeia, faço uma canção. Eu durmo, você voa. Penca de chaves, balde de plástico. Passe de mágica. Eu quero fazer uma canção que fosse como o silêncio total, uma flecha na sua velocidade mortal na direção do coração do mundo e quando lá batesse um toque mágico qualquer, uma explosão, uma iluminação. Carrossel a girar: não caia fora, fique dentro."

JORGE SALOMÃO, DO LIVRO "CAMPO DA AMÉRIKA"

Ao terminar este livro, deparo-me com a enorme teia da aranha de minha janela. Uma chuva fina molha os campos de Friburgo, deixando, sobre os finos fios de seda dessa teia, pequeninas estrelas aquáticas que me trazem a lembrança de todos os instantes que reparti com vocês. Instantes em que revivi minhas dores e alegrias. E juntas, sentadas na sala, tecemos um longo tapete que nos levou ao céu do deserto e às espumas dos oceanos...

Na teia, vejo meu pudor refletido no encolher preguiçoso das patas da aranha, encolhendo-se lânguida, depois de ter revelado suas partes íntimas.

Em mim, o receio de ter contado somente mais um punhado de histórias sem muita graça me faz agora encolher as teclas da máquina, e, titubeante, pedir desculpas por um caminho tão simples e corriqueiro. O caminho de uma bruxa que um dia viu a Lua e conversou com ela, e viu que o mundo dos deuses é simples e claro como as gotas da chuva que se transformam em estrelas numa teia de uma janela.

Um caminho mágico sem muitas explicações mirabolantes e objetivos grandiosos. Somente um caminho. Nada mais. Um giro prateado no céu e uma conversa de mulheres na sala. Um caminho lunar: tímido como a própria Lua e perfumado como esta noite de um verão que se vai...

Agora, ouvindo o estalar dos beijos das teclas na folha, sinto que estamos juntas num imenso círculo traçado por nossas ancestrais e continuado por nossos descendentes.

Nesta hora me orgulho de todas nós, e, com meu peito explodindo em alegria, digo à aranha que somos todas mulheres lindas, que, cada vez mais lindas, seguimos toda noite rasgando o céu e engravidando a Terra...

Leituras Mágicas

The Book of Goddesses and Heroines — Patricia Monaghan, Llewellyn Publications, 1993

Dicionário da Mitologia Grega e Romana — Pierre Grimal, Editora Bertrand Brasil, 1993

O Deus dos Magos — Janet e Stewart Farrar, Editora Siciliano, 1993

Dictionary of Native American Mythology — Sam D. Gill & Irene F. Sullivan, Oxford University Press, 1994

The Woman's Encyclopedia of Myths and Secrets — Barbara G. Walker, Harper San Francisco, 1983

O Duplo e a Metamorfose, A Identidade Mítica em Comunidade Nagô — Monique Augras, Editora Vozes, 1983

Meditations with Animals — Gerald Hausman, Bear & Company, 1986

Poesia Toda — Herberto Halder, Plátano Editora, 1973

Dicionário de Mitologia — Tassilo Orpheu Spalding, Editora Cultrix, 1989

Dicionário de Mitologia — Hernâni Donato, Editora Cultrix, 1989

Uma Luz sobre Avalon — Maria Nazareth Alvim de Barros, Editora Mercuryo, 1994

The Goddess Book of Days — Diane Stein, The Crossing Press, 1992

Magic from Mexico — Mary Devine, Llewellyn Publications,1992

A Prostituta Sagrada — Nancy Qualls-Corbett, Edições Paulinas, 1990

A Deusa Interior — Jennifer e Roger J. Woolger, Editora Cultrix, 1992

O Herói e a Deusa — Jean Houston, Editora Bertrand Brasil, 1995

Laughter of Aphrodite — Carol P. Christ, Harper & Row, Publishers, 1990

Campo da Amérika — Jorge Salomão, Gryphus, 1996

Antologia da Poesia Soviética — Manuel de Seabra, Editorial Futura, 1973

Cartas del Yage — William Burroughs y Allen Ginsberg, Ediciones Signos, 1971

As Américas Negras — Roger Bastide, Difel, Editora da Universidade de São Paulo, 1974

Os Nagô e a Morte — Juana Elbein dos Santos, Editora Vozes, 1993

El Camino a Eleusis — R. Gordon Wasson, Albert Hofmann, Carl A.P. Ruck, Editora Fondo de Cultura Económica, 1980

Mitos, Sonhos e Mistérios — Mircea Eliade, Edições 70, 1989

A Grande Mãe — Erich Neumann, Editora Cultrix, 1996

Litanias da Lua — Jules Laforgue, Iluminuras, 1989

Mito e Sexualidade — Jamake Highwater, Editora Saraiva, 1992

Origens Culturais e Míticas de um Certo Comportamento das Damas Romanas — Pierre Klossowski, Edições Cotovia, 1991

The Grandmother of Time — Zsuzsanna E. Budapest, Harper San Francisco, 1989

Ariadne's Thread, A Workbook of Goddess Magic — Shekhinah Mountainwater, The Crossing Press, 1991

The Serpent and The Goddess — Mary Condren, Harper San Francisco, 1994

Goddess Spirituality Book — Efiona Morgan, Daughters of the Moon Publishing, 1991

O Mito do Eterno Retorno — Mircea Eliade, Edições 70, 1988

O Novo Despertar da Deusa — Shirley Nicholson, Editora Rocco, 1993

The Woman's Dictionary of Symbols and Sacred Objects — Barbara G. Walker, Harper San Francisco, 1988

Retorno da Deusa — Edward C. Whitmont, Summus Editorial, 1991

A Deusa Tríplice — Adam Melean, Editora Cultrix, 1992
O Livro de Lilith — Barbara Black Koltuv, Editora Cultrix, 1989
Lilith, A Lua Negra — Roberto Sicuteri, Paz e Terra, 1990
Os Mistérios da Mulher — M. Esther Harding, Edições Paulinas, 1985
Mulher e Mito — Georges Devereux, Papirus Editora, 1990
The Witches Goddess — Janet & Stewart Farrar, Phoenix Publishing, 1987
Meditações Pagãs — Ginette Paris, Editora Vozes, 1994
The Holly Book of Women's Mysteries — Zsuzsanna Budapest, Wingbow Press, 1989
The Civilization of the Goddess — Marija Gimbutas, Harper San Francisco, 1991
The Goddess Celebrates, An Anthology of Women's Rituals — Diane Stein, The Crossing Press, 1991
Tristão e Isolda, O Mito da Paixão — Maria Nazareth Alvim de Barros, Mercuryo, 1996
The Skeptical Feminist — Barbara G. Walker, Harper San Francisco, 1988
The Crone Oracles — Victoria Ranson and Henrietta Bernstein, Samuel Weiser Inc, 1994
Ancient Mirrors of Womanhood — Merlin Stone, Beacon Press, 1984
Women's Rituals — Barbara G. Walker, Harper San Francisco, 1990
Caminho para Iniciação Feminina — Sylvia G. Pereira, Edições Paulinas, 1985
Guardar — Antonio Cicero, Editora Record, 1996
A Peste — Albert Camus, Edição Livros do Brasil, Lisboa
Poetas Norte-Americanos — Paulo Vizioli, Editora Lidador, 1976
Book of the Hopi — Frank Waters, Penguin Books, 1977
íada — Homero, W. M. Jackson Inc, Editores, 1964
Medéia, Hipólito, As Troianas — Eurípides, Jorge Zahar Editor, 1993
As Nuvens — Aristófanes, Grifo, 1976
Os Deuses Gregos — Karl Kerényi, Cultrix, 1993
The Seven Rites of the Oglala Sioux — Joseph Epes Brown, University of Oklahoma Press, 1971

As Transformações do Mito Através do Tempo — Joseph Campbell, Cultrix, 1993

A Sombra de Dioniso — Michel Maffesoli, Graal, 1985

Mito e Pensamento entre os Gregos — Jean Pierre Vernant, Paz e Terra, 1990

As Máscaras de Deus — Joseph Campbell, Editora Palas Athena, 1992

Os Mitos Gregos — Robert Graves, Publicações Don Quixote, 1990

Tratado de História das Religiões — Mircea Eliade, Martins Fontes, 1993

O Simbolismo na Mitologia Grega — Paul Difel, Attar Editorial, 1991

O Herói de Mil Faces — Joseph Campbell, Cultrix & Pensamento, 1993

Os Gregos e o Irracional — E. R. Dodds, Gradiva, Lisboa, 1988

Del Mito a la Religión — R. Hostie, Amorrortu Editores, 1971

As Antigas Civilizações do Peru — J. Alden Mason, Editora Ulisseia Ltda, 1964

Shiva e Dioniso — Alain Daniélou, Martins Fontes, 1989

American Indian Medicine Dreambook — Brad Steiger, Whitford Press, 1993

The Sacred Path, Spells, Prayers & Power Songs of the American Indians — John Bierhorst, Quill, New York, 1984

The Eternal Drama, The Inner Maning of Greek Mythology — Edward F. Edinger, Shambhala Publications, Inc, 1994

The Nature of Greek Myths — G. S. Kirk, Penguin Books, 1974

Spells and How They Work — Janet & Stewart Farrar, Phoenix Publishing Inc, 1990

As Cartas do Caminho Sagrado — Jamie Sams, Editora Rocco, 1994

The Sacred Hoop, Recovering the Feminine in American Indian Traditions — Paula Gunn Allen, Beacon Press, 1992

Navaho Symbols of Healing — Donald Sandner, M. D., Healing Arts Press, 1991

A Dança Cósmica das Feiticeiras — Starhawk, Record-Nova Era, 1993

Egyptian Magic — E. A. Wallis Budge, Routledge & Keagan Paul, 1979

Lakota Woman — Mary Crow Dog, Harper Perennial, 1991

The 13 Original Clan Mothers — Jamie Sams, Harper San Francisco, 1994

Fausto — J. W. Goethe, Acta Universitatis Conimbrigensis, 1958

La Nausée — Jean-Paul Sartre, Gallimard, 1950

The Complete English Poems — John Donne, The Everyman Library, 1990

Le Deuxième Sexe — Simone de Beauvoir, Gallimard, 1949

A Poética do Devaneio — Gaston Bachelard, Martins Fontes, 1988

Sens et Nons-Sens — Maurice Merleau-Ponty, Les Éditions Nagel, 1966

A República — Platão, Hemus-Livraria Editora Ltda, 1970

A Collection of Critical Essays — Thoreau, Sherman Paul-Prentice Hall, Inc, 1962

Parmênides — Fernando Henrique Moliner, Editorial Gredos, 1960

La Intuición del Instante — Gaston Bachelard, Ediciones Siglo Veinte, 1973

Paidéia — Werner Jaeger, Martins Fontes, 1979

Oiá, uma Deusa Africana — Judith Gleason, Editora Bertrand Brasil, 1998

Café das Núpcias — Ronaldo Periassu, a ser lançado.

Impresso no Brasil pelo
Sistema Cameron da Divisão Gráfica da
DISTRIBUIDORA RECORD DE SERVIÇOS DE IMPRENSA S.A.
Rua Argentina 171 – Rio de Janeiro, RJ – 20921-380 – Tel.: 585-2000